Die Themen der Pastoralsynode

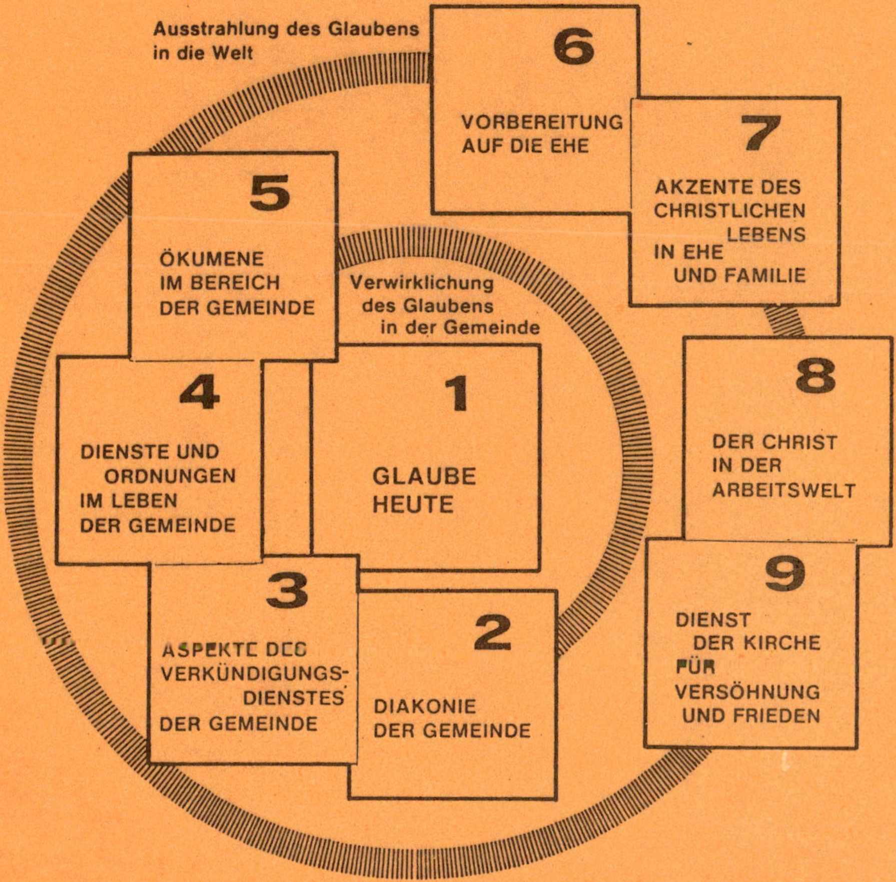

KONZIL UND DIASPORA

KONZIL UND DIASPORA

Die Beschlüsse der Pastoralsynode der katholischen Kirche

in der DDR

ST. BENNO-VERLAG GMBH LEIPZIG

Herausgegeben im Auftrag der Berliner Bischofskonferenz
Mit einem Vorwort versehen von Dieter Grande

Kirchliche Druckerlaubnis: Dresden, den 12. Juli 1976,
Ahne, Generalvikar

ISBN 3-7462-0281-7

Vorwort zur 2. Auflage

Das II. Vatikanische Konzil strebte die Erneuerung der Kirche in einer sich wandelnden Welt an.

Die Aussagen des Konzils sollten durch Synoden für die Ortskirche fruchtbar gemacht werden. Diesem Ziel diente auch die von der damaligen Berliner Ordinarienkonferenz einberufene Pastoralsynode der Jurisdiktionsbezirke in der DDR, deren Arbeit in den Jahren 1970–1975 das Leben der katholischen Kirche in unserem Lande entscheidend mitprägte.

„Die Pastoralsynode . . . hat das Ziel, die Aussagen und Forderungen des II. Vatikanischen Konzils für die Kirche in der DDR fruchtbar zu machen und nachkonziliare Fragen der Pastoral in seinem Geiste klären zu helfen."
(Aus dem Statut der Pastoralsynode)

Obwohl seitdem über 10 Jahre vergangen sind, ist die volle Verwirklichung der Synodenbeschlüsse noch lange nicht geschehen.

Viele der verabschiedeten Texte fanden auch international hohe Anerkennung und Beachtung. Es ist deshalb erfreulich, daß diese Texte jetzt durch eine zweite Auflage auch jenen Gläubigen zugänglich gemacht werden, die einer „nachsynodalen" Generation angehören.

Jeder Pfarrgemeinderat sollte von Sitzung zu Sitzung Abschnitte der Synodentexte lesen und überdenken und sich um eine Verwirklichung und Weiterführung bemühen.

Der 2. Auflage wurden einige Übersichten beigefügt, die den Ablauf der Synode, die Zusammensetzung der Synodalen, die behandelten Themen und den Weg der Beschlußfassung betreffen.

Im Anhang findet sich eine Zusammenstellung der Adressaten der einzelnen Beschlüsse. Jeder sollte einmal nachschlagen, welche Texte besonders ihn betreffen.

Besonders wichtig erscheint auch die Beachtung der kirchenrechtlichen Verbindlichkeit der einzelnen Textteile. Die Fußnoten der entsprechenden Übersicht im Anhang erläutern die Begriffe: Grundaussagen, pastorale Leitsätze, Anweisungen, Empfehlungen, Appelle, Aufträge und Wünsche und klären ihre Rechtsverbindlichkeit. Als Lesehilfe sind diese Anmerkungen zusätzlich auf einem Einlegeblatt gedruckt.

Das Buch wird durch ein umfangreiches Sachregister komplettiert und so zu einem übersichtlichen Nachschlagewerk für viele Fragen der Seelsorge in der Diaspora unseres Landes.

Dieter Grande

Entstehung eines Beschlusses der Pastoralsynode

- Vorschläge aus den Gemeinden für die Arbeit der Pastoralsynode
- Vorpapiere von Fachgruppen für die „pastoralen Veranstaltungen" in allen Jurisdiktionsbezirken
- Stellungnahmen der „pastoralen Veranstaltungen" zu den Vorpapieren
- Beschluß der 1. Vollversammlung der Pastoralsynode, zu welchen Themenbereichen Fachkommissionen gebildet werden
- Beauftragung der 5 Fachkommissionen durch das Präsidium mit der Erarbeitung von Synodenvorlagen zu 9 Themen
- Erarbeitung der Synodenvorlage durch die Fachkommission für die 1. Lesung
- Beratung der Synodenvorlage in 1. Lesung in der Vollversammlung – Änderungsvorschläge und Diskussionsbeiträge der Synodalen
- Überarbeitung der Synodenvorlage aufgrund der 1. Lesung durch die Fachkommission für die Gemeindediskussion
- Gemeindediskussion der Synodenvorlage und Zuschriften mit Stellungnahmen und Änderungswünschen
- Überarbeitung der Synodenvorlage aufgrund der Gemeindediskussion für die 2. Lesung durch die Fachkommission
- Beratung der Synodenvorlage in 2. Lesung in der Vollversammlung – Änderungsvorschläge und Diskussionsbeiträge der Synodalen
- Endredaktion der Synodenvorlage aufgrund der 2. Lesung durch die Fachkommission
- Schlußabstimmung der Vollversammlung über die redigierte Synodenvorlage und Erhebung zum Synodenbeschluß
- Inkraftsetzung des Synodenbeschlusses durch den zuständigen Bischof

BESCHLUSS DER PASTORALSYNODE

GLAUBE HEUTE

Inkraftsetzung des Beschlusses der Pastoralsynode

Glaube heute

Den von der Pastoralsynode der Jurisdiktionsbezirke in der DDR verabschiedeten Beschluß „Glaube heute" setze ich hiermit in Kraft.

Die Veröffentlichung in den Amtlichen Mitteilungen ordne ich hiermit an.

Berlin, 4. Dezember 1974	+ Alfred Card. Bengsch Erzbischof Bischof von Berlin
Dresden, 4. Dezember 1974	+ Gerhard Schaffran Bischof von Meißen
Görlitz, 4. Dezember 1974	+ Bernhard Huhn Bischof und Apostolischer Administrator von Görlitz
Erfurt, 4. Dezember 1974	+ Hugo Aufderbeck Bischof und Apostolischer Administrator in Erfurt- Meiningen
Schwerin, 4. Dezember 1974	+ Heinrich Theissing Bischof und Apostolischer Administrator in Schwerin
Magdeburg, 4. Dezember 1974	+ Johannes Braun Bischof und Apostolischer Administrator in Magdeburg

Glaube heute

Vorwort

1 Die Pastoralsynode der Jurisdiktionsbezirke in der DDR will zur Erneuerung der Kirche im Geist des II. Vatikanischen Konzils beitragen, um dem Heil der Menschen in der Welt von heute zu dienen. Diese Erneuerung kann nur aus dem Glauben kommen; deshalb sieht es die Synode als vordringliche Aufgabe an, darzulegen, wie der Christ[1] in der DDR seinen Glauben leben kann. Der Text handelt im ersten Kapitel vom Glauben und dem Wachstum im Glauben, im zweiten von der situationsgerechten Akzentuierung des Glaubens.

ERSTES KAPITEL: VOM GLAUBEN UND DEM WACHSTUM IM GLAUBEN

Einleitung

2 In unserer Zeit, die auf allen Gebieten reich ist an Umgestaltungen und Neuansätzen, aber auch voll von Unsicherheiten und Spannungen, muß der Glaube neu bedacht und in vertiefter Weise verwirklicht werden, wenn er seine durchtragende und verwandelnde Kraft auch heute und morgen erweisen soll.[2]

3 Deshalb sieht die Pastoralsynode ihre erste Aufgabe darin, dem Glauben heute zu dienen. Sie möchte allen helfen, die um die Zukunft des Glaubens in unserer Welt besorgt sind, vor allem jenen, die einen besonderen Auftrag in der Glaubensverkündigung haben. Allen Glaubenden möchte sie helfen, verantwortlich Rechenschaft über ihren Glauben abzulegen und von ihm lebendiges Zeugnis zu geben.

---

[1] Eine Synodenvorlage wendet sich naturgemäß an die Christen der eigenen Konfession. Wenn das im Text nicht ständig durch das Attribut „katholisch" betont wird, dann geschieht das in dem Bewußtsein, daß uns viele der Aussagen mit Christen anderer Konfessionen verbinden.

[2] 1 Joh 5,4.

Der Text des 1. Kapitels geht in folgenden Schritten vor: 4

- Anfragen an den Glauben (1. Abschnitt)
- Glaube als Verlangen und Geschenk (2. Abschnitt)
- Glaube als Entscheidung (3. Abschnitt)
- Glaube als Weg (4. Abschnitt)

Der erste Abschnitt weist auf Gegebenheiten hin, die heute vielen Menschen den Glauben erschweren; der zweite zeigt Ansätze und Fragen, in denen sich – manchmal verborgen – das Verlangen nach dem Geschenk des Glaubens meldet; der dritte Abschnitt stellt den Entscheidungscharakter des Glaubens und seine Berechtigung in einer von der Naturwissenschaft bestimmten Welt dar; der letzte entfaltet den Glauben als lebendiges Geschehen und als Weg der Menschen.

Erster Abschnitt: Anfragen an den Glauben

5 Der Glaube ist zu allen Zeiten angefragt und vom Zweifel bedroht, vor allem in Umbruchszeiten. Dieses Geschehen verhalf der Kirche stets zur eigenen Klärung: Zeitgebundenes konnte beiseite getan, Wahrheiten konnten gefestigt werden. Folgen waren neues Wachstum im Glauben, aber auch Spaltung und Trennung. Die Gegebenheiten unserer Situation, welche die traditionellen Glaubensweisen oder den Glauben selbst in Frage stellen, sind zahlreich:

6 Die Welt wird durchschaubarer, die Natur verfügbarer, die Entwicklung planbarer, und die Zukunft erscheint für den Menschen machbar. Die Welt gibt sich den Anschein, aus sich selbst und für sich selbst dazusein. Das technische Zweckdenken dringt in alle Lebensbereiche ein. Oft vermochten Christen ihren Glauben nur unvollkommen mit dem sich wandelnden wissenschaftlichen Weltverständnis zu vereinbaren, so daß Spannungen zwischen Glauben und Wissen entstanden sind. Hinzu kommt eine fast pausenlose

Betriebsamkeit, die tieferes Nachdenken behindert. All das erschwert in den Augen vieler den Zugang zu Gott. Religion und Glaube erscheinen vielen überflüssig. Die Fragen nach dem Woher und Wohin, nach dem Warum und Wozu verstummen weithin.

Der immer schnellere Gewinn an wissenschaftlichen Erkenntnissen und die verwirrende Vielfalt von Informationen lassen sich vom einzelnen nicht bewältigen und drängen viele in eine Haltung abwartender Neutralität. Diese kann sich auch auf ihre Einstellung zum Glauben übertragen, so daß oft auch Gutwillige und ernsthaft Suchende zu keiner echten Glaubensentscheidung gelangen. 7

Die Massenmedien lassen uns in bisher nicht dagewesener Weise am Leid der Welt teilnehmen, an dem wir in vielen Fällen nichts ändern können. Die Not und die Qualen unschuldiger Menschen belasten das gläubige Weltverständnis vieler und führen manchmal zur Anklage gegen Gott, noch öfter zum Gefühl der Abwesenheit Gottes oder zum Unglauben. 8

Besondere Anfechtungen für den Glaubenden erwachsen aus dem gegenwärtigen Umbruchsprozeß in der Kirche selbst; unterschiedliche Meinungen werden öffentlich vertreten, von den einen als Verlust, von anderen als Zeichen der Hoffnung gewertet. Viele werden mit diesen unterschiedlichen Richtungen, in denen – wie häufig in der Kirchengeschichte – oft nur andersartige Formen des Glaubenslebens zum Ausdruck kommen, nicht fertig. Sie fühlen sich in ihrem Glauben unsicher gemacht. Manchmal erwachsen daraus Mißverständnisse, Fehldeutungen und Verdachtigungen, die das kirchliche Leben und den persönlichen Glauben einzelner belasten; denn wir haben es noch nicht genügend gelernt, mit verschiedenen Gruppierungen und den daraus entstehenden Spannungen richtig umzugehen sowie auf der Suche nach Wahrheit in Liebe einander auszuhalten. 9

Glaube

Wir leben in einer sozialistischen Gesellschaftsordnung, die atheistisch geprägt ist. Der weltanschauliche Materialismus bestimmt das öffentliche gesellschaftliche Leben.[3] Das Wesen des Christentums, Formen christlichen Lebens und kirchengeschichtliche Ereignisse werden nicht richtig oder einseitig dargestellt. Viele Glieder unserer Gemeinden, besonders junge Menschen, stehen oft in Entscheidungssituationen, die sie bedrängen und belasten. Die einen wachsen daran im Glauben, andere jedoch fügen sich dem Mehrheitsdruck und geben die Bindung an die Kirche auf. Viele aber fragen sich in ihrem Gewissen, wie sie als Christen in bestimmten Berufen und Bereichen leben und wirken können. 10

Pastoraler Leitsatz

Wenn heute christlicher Glaube begründet, erhalten und vertieft werden soll, dürfen wir die Gegebenheiten unseres Lebens nicht verdrängen, die es vielen Menschen in unserer Zeit schwer machen, zur Grundentscheidung des Glaubens zu finden und sie durchzuhalten. Wir müssen uns nüchtern und zuversichtlich den Realitäten des Lebens und den Anfragen unserer Zeit stellen und dabei auch Anfechtungen und Glaubensprüfungen bestehen. Dann kann unser Glaube lebendig, überzeugungskräftig und zukunftsweisend sein. 11

Zweiter Abschnitt: Glaube als Verlangen und Geschenk

1. *Grundaussagen*

Obwohl vieles den Glauben belastet oder den Weg zu ihm verstellt, finden wir in unserer Zeit auch Ansätze und Fragen, die wir als Suche nach dem Glauben verstehen können: Einer großen Zahl von Menschen genügt der materielle, 12

[3] Vgl. Synode des Bistums Meißen, Synodaldekret I,3.

technische und rationale Fortschritt nicht mehr. Sie stellen in entscheidenden Lebenssituationen und im Blick auf die Weltentwicklung die Frage nach dem Sinn. Angesichts der anstehenden Weltprobleme sind viele auf der Suche nach einem neuen Ethos und gültigen Maßstäben des Handelns. So halten sie nach einer Hilfe Ausschau, die nicht im Bereich unserer ausgestreckten Hand liegt. Bei Menschen, die auf der Suche nach einem anderen Vorbild und Lebensstil sind, begegnen wir auch einer neuen Sympathie für Jesus. Manche fragen nach einer Zukunft, die selbst dort noch hoffen läßt, wo wir an die Grenzen unserer Möglichkeiten stoßen; wir wissen nicht, wie viele von ihnen vor der Begegnung mit Jesus Christus stünden, wenn wir Christen IHN glaubwürdiger darstellen würden.

Wer wirklich sucht und ehrlich fragt, ist offen für das Un- **13**
erwartete und Unbekannte; er ist bereit, eine zwar gesuchte, aber nicht selbstgefundene Antwort auf die Grundfragen seines Lebens anzunehmen. In solchem Suchen und Fragen erkennen wir ein Verlangen nach jener Antwort, die im christlichen Glaubensgut gegeben ist. Diese Antwort läßt uns die Wirklichkeit in einem neuen Licht sehen und dadurch tiefer erkennen.

Erschienen ist uns dieses Licht endgültig in Jesus Christus. **14**
In ihm ist uns Gott nahegekommen, so daß Jesus erkennen bedeutet Gott erkennen. Er erschließt sich uns als liebendes Du, das den Menschen zur Antwort der Liebe einlädt. Glaube wird so zur Begegnung mit einer lebendigen Person. Diese Begegnung mit Gott in Jesus Christus eröffnet uns die Wahrheit über Gott und eine tiefere Einsicht über die Würde und Bestimmung des Menschen. Uns ist diese Begegnung in der Kirche, der Gemeinschaft der Christus-Gläubigen, zuteil geworden. Wo Christen gemeinsam – in Einheit

bei aller Verschiedenheit – aus diesem Glauben leben, wird dieses gemeinschaftliche Zeugnis für Suchende eine besondere Möglichkeit sein, die Gabe des Glaubens zu erkennen und Gott zu erfahren.[4]

2. *Pastoraler Leitsatz*

Wenn wir die Gabe des Glaubens anderen vermitteln wollen, müssen wir besser erkennen lernen, wie und wo unsere Zeit die Frage nach dem Glauben in sich trägt. Das Verlangen der Menschen nach Gott hat vielerlei Formen und Namen.[5] Der Glaubende muß fähig werden, diese zu entdecken und sie dem Fragenden und Suchenden zu deuten, um ihn auf die Gabe verweisen zu können, die er sucht. 15

Dritter Abschnitt: Glaube als Entscheidung

1. *Grundaussagen*

Die erhellende und befreiende Antwort des Glaubens wird uns geschenkt, wenn wir die frohe Botschaft Jesu Christi hören und uns für Gott entscheiden. Diese Grundentscheidung kann nur vom einzelnen als freie Tat gewagt werden. 16

---

4 Vgl. Joh 17,21ff; 1 Kor 14,20–25; Apg 2,44–47; 5,12ff.

5 Vgl. Absatz 12. –
Auch im Suchen nach Wahrheit, im Verlangen nach Freiheit und echter Freude und in der Solidarität mit den Benachteiligten kann sich dieses Verlangen nach Gott kundtun. Es wird in seinen verschiedenen Formen oft bei vorläufigen Sinngebungen und Verwirklichungen stehenbleiben (Freude am Leben, Arbeit an einer besseren Welt, Einsatz für andere, Erfüllung aus zwischenmenschlicher Begegnung ...). Es trägt aber auch die Tendenz in sich, über die Grenzen all dessen hinauszuführen zu dem, was der Glaube uns zeigt (den letzten Sinngrund, das Du Gottes, das Licht des Glaubens, die Liebe Christi, die Hoffnungen des Evangeliums, die Freiheit der Kinder Gottes ...).

Sie setzt Bereitschaft zur Umkehr voraus. Glaubensentscheidung ist Übereignung an Gott und Annahme seiner Offenbarung, die uns Antwort auf unsere Fragen gibt. Auf ihn, der uns sein Wort – seinen Sohn Jesus Christus – gegeben hat, setzen wir unser Vertrauen und unsere Hoffnung. Er hilft uns, das eigene Leben zu bejahen und zu bestehen und die Mitmenschen in aktiver Geduld anzunehmen. Der Glaube befreit zur Liebe und läßt uns neue Wege und Formen des Zusammenlebens suchen. Er gibt unüberbietbare Zuversicht für die Zukunft des einzelnen und der gesamten Menschheit.

Die Glaubensentscheidung verbindet den einzelnen mit der 17
Kirche, die ihn im Glauben bestärkt, korrigiert und weiterführt. In ungläubiger Umwelt verleiht diese Gemeinschaft Kraft zum Durchhalten auf dem Weg des Glaubens. Ihr hat der Herr seine Gegenwart zugesagt.[6] Wenn wir seine Liebe im brüderlichen Miteinander und in der Einheit seiner Kirche erfahren, hilft uns das, alle Bereiche unseres Lebens mit dem Licht des Glaubens zu durchdringen.

Vor die Notwendigkeit zur Entscheidung ist jeder gestellt, 18
der sein Leben in die Hand zu nehmen sucht. Es gibt keine wissenschaftliche Erkenntnis und keine Beweiskette, die ihm die Entscheidung abnehmen kann. Aller Gewinn an Wissen erspart uns nicht die Deutung der Fakten, die Stellungnahme zu den Ereignissen.

Persönliche Erfahrung und geistiges Bemühen führen im- 19
mer zu einem Punkt, an dem man sich zu einer Grundannahme entschließen müßte. Diese Entscheidung muß vom Bemühen um Wahrheit getragen sein und ihre Gültigkeit im Leben erweisen. Auch nichtchristliche und atheistische Welt-

[6] Vgl. Mt 18,20.

anschauungen ergeben sich keineswegs notwendig aus den Ergebnissen der Wissenschaft, sondern beruhen auf Entscheidungen, die wissenschaftliche Erkenntnisse deuten oder diesen vorausgehen. Wissenschaft weiß um das Unvollkommene auch richtiger Erkenntnis. Sie bewahrt uns davor, die innere gedankliche Geschlossenheit von Systemen als zwingenden Beweisgrund für ihre Richtigkeit gelten zu lassen, und verweist uns immer wieder auf unsere Erfahrungen in und mit der Welt als Prüffeld aller Lehren und Meinungen. Die empirischen Wissenschaften[7], die die Welt immer nur unter bestimmten Aspekten untersuchen, können nichts darüber aussagen, ob das Ganze von Welt und Mensch, Gesellschaft und Geschichte von einer größeren Wirklichkeit umgriffen ist oder nicht. So ist die Entscheidung des Glaubens für Gott und für Christus mit der Wirklichkeitserkenntnis der Wissenschaft durchaus vereinbar. Letztlich ist bei jeder Entscheidung für Gott alle Wahrheit, auch die der heutigen Wissenschaft, mitbejaht.

Mit dem Glauben als menschlicher Entscheidung können 20
Anfechtung und Unsicherheit einhergehen, zumal auch der Nichtglaubende Gründe für seine Überzeugung anzuführen weiß. Den Glaubenden können Fragen zu immer neuem Überdenken seines Glaubens, zu tieferer Erkenntnis und zu der Überzeugung führen, daß er für sich die besseren Gründe hat. Die Wahrheit des Glaubens wird am tiefsten im Wagnis eines Lebens aus dem Glauben erfahren – im Tun der Wahrheit.[8] Entschiedene und im Glauben erfah-

---

7 Damit sind jene wissenschaftlichen Disziplinen gemeint, die über exakte Untersuchungsverfahren verfügen und ihr Ziel in der formalisierten Beschreibung nachweisbarer Fakten und Prozesse sehen. Der Zusatz „empirisch“ dient der Abgrenzung von der philosophischen Interpretation dieser Tatbestände.

8 Vgl. Joh 3,21; 7,17.

rene Christen werden für die Zukunft der Kirche von großer Bedeutung sein.

2. *Pastoraler Leitsatz*

Jeder Christ[9] soll sich um eine bewußte Glaubensentscheidung bemühen, die er entsprechend seinen Möglichkeiten auch andern gegenüber begründen kann. Die Christen haben die Aufgabe, einander durch Gespräch und Gebet, Zeugnis und Leben aus dem Glauben diese Entscheidung zu erleichtern. Sie sollen schwere Glaubensentscheidungen und ihre Konsequenzen miteinander tragen. Den Mitarbeitern im pastoralen Dienst* fällt im besonderen Maß die Verantwortung dafür zu, den Glauben der Brüder zu stärken. 21

Erläuterung des Präsidiums

„Mitarbeiter im pastoralen Dienst" sind alle vom Bischof mit pastoralen Aufgaben Beauftragten, d. h. alle Priester, Diakone, Seelsorgehelferinnen, Diakonatshelfer, Referenten im Seelsorgeamt u. ä.
Der Unterschied zum „Mitarbeiter" im Sinne der Anm. 17 ist dabei zu beachten!

Vierter Abschnitt: Glaube als Weg

1. *Grundaussagen*

Der Glaube als Übereignung an Gott ist nicht nur ein einmaliger Akt, sondern auch ein Prozeß von vielen Etappen, ein persönlicher Weg, auf dem die einzelnen Schritte, angeregt und getragen von der Gnade Gottes, in Freiheit getan werden wollen. 22

---

9 Vgl. Anm. 1.

Glaube

Bei vielen, die aufrichtig suchen, dürfen wir schon von mitgebrachten Glaubenserfahrungen ausgehen, auch wenn sie von ihnen nicht als solche erkannt werden. 23

Denen, die suchen und sich um den Glauben mühen, helfen nicht Überforderung und Geringschätzung, sondern Zuwendung und Zeugnis. Wer im Glauben fortschreiten soll, braucht Begleitung. Er braucht zugleich den Raum, in dem das ihm Mögliche anerkannt wird und neue Schritte gewagt werden können. 24

Wie andere personale Bindungen, z. B. Freundschaft und Ehe, nur dann bestehen und zur Reife kommen können, wenn sie in Nüchternheit immer neu bejaht werden, so erfüllt sich auch der Glaube nur in durchgehaltener und immer wieder erneuerter Treue. 25

Auch der mündige Christ und die mündige Gemeinde sind noch nicht am Ziel. Denn Gott hat uns alle zur Heiligkeit berufen. Hinter dieser Berufung bleiben wir zurück. Unsere spirituelle Armut wird durch solche überwunden, die sich immer tiefer in das Geheimnis des Glaubens einlassen und die Mittelmäßigkeit durchbrechen. 26

Der Mensch wächst in seinem Glauben 27
- durch Suchen nach Wahrheit und Verlangen nach Gott;
- durch Gebet und ein Leben nach Gottes Willen;
- durch die Annahme und Bewältigung der verschiedenen Lebenssituationen nach dem Vorbild Jesu;
- durch Bereitschaft zur Umkehr und durch die Erfahrung der Vergebung der Schuld;
- durch redliche Auseinandersetzung mit den Ideen und Anschauungen unserer Zeit;

- im Durchstehen von Glaubenskrisen;
- durch die Verkündigung der Kirche und das Zeugnis gläubiger Menschen;
- durch ein Leben im Raum der Gemeinde, die sich immer wieder „in der Lehre der Apostel und in der brüderlichen Gemeinschaft, im Brotbrechen und in den Gebeten“[10] versammelt.

Der Mensch leidet Schaden an seinem Glauben, 28
- wenn er nicht mehr betet;
- wenn er im Kinderglauben steckenbleibt und sich, insbesondere bei dauernder atheistischer Beeinflussung, im Glauben nicht weiterbildet;
- wenn er sich vom sonntäglichen Gottesdienst und vom Gemeindeleben zurückzieht;
- wenn er sich unkritisch dem Zeitgeist oder der Tagesmeinung anpaßt, so daß der Glaube sein Leben nicht mehr prägt;
- wenn er sich kaum noch um Religion kümmert oder sein Leben mit Geringfügigkeiten ausfüllt;
- wenn er sich den Anforderungen und Belastungen unserer Zeit durch einen Rückzug in die rein private Sphäre zu entziehen sucht;
- wenn er der Jagd nach dem Wohlstand verfällt oder sich der Macht der Sünde überläßt;
- wenn er „auf zwei Schultern“ trägt und sich mit der Lüge abfindet;
- wenn der Glaube als ein kompliziertes und lebensfremdes Gebilde dargestellt wird;
- wenn die Verkündigung naiv, intellektualistisch unterkühlt, emotional überdosiert, unklar oder lieblos ist oder

10 Apg 2,42.

die Anliegen und Verstehensmöglichkeiten der Glaubenden übersieht;

– wenn die Gemeinde nicht als Raum geistlicher Erneuerung und brüderlicher Begegnung erfahren wird.

2. *Pastoraler Leitsatz*

Die Pfarrgemeinden und vor allem jene, die dem Glauben anderer dienen, sollen heute mehr denn je beachten, daß jeder auf seinem Weg im Glauben nur die ihm möglichen Schritte zu tun vermag. Die Erfahrungen, Belastungen und Lebenssituationen des einzelnen wollen heute stärker berücksichtigt werden. Andererseits soll auch jeder einzelne seine Verantwortung für den Glauben der Gemeinde erkennen und bejahen und sich um ein Leben bemühen, das immer mehr vom Evangelium geprägt ist und den Glauben der anderen stärkt. 29

ZWEITES KAPITEL: SITUATIONSGERECHTE AKZENTUIERUNG DES GLAUBENS

Einleitung

Der Glaube, der zum Heile notwendig ist, wird immer wieder Menschen in anderen geschichtlichen Situationen verkündet. Deshalb steht die Kirche vor der Frage, wie sie ihre Aufgabe hier und heute erfüllen kann: das Evangelium als Hoffnung auf Heil an alle weiterzugeben. Wenn sie dieses Ziel erreichen will, muß das Evangelium situationsgerecht in der Welt und für die Welt verkündet werden; so erschließt es sich den Menschen in seiner Heilsbedeutung. Obwohl es sich nicht von der Welt herleiten läßt und ihr selbst Fragen stellt, fordert seine Verkündigung Aufmerksamkeit für die Nöte und Anliegen der Menschen, denen sie gilt. 30

Der Verschiedenheit der Adressaten entsprechend, liegt das eine Evangelium mit unterschiedlichen Akzenten in vielfältiger Formulierung vor. Daher schenkt uns die Bindung an das Evangelium die Freiheit, das Wort Gottes für unsere Zeit neu zu sagen.[11] Die Glaubensbotschaft ist also in der Kraft des Heiligen Geistes im Hinhören auf die Fragen der Menschen zur Sprache zu bringen.

Die Synode hält folgende Akzentsetzungen in der Glaubensverkündigung für besonders wichtig: 31
- Die Chance der kleinen Herde
- Im Einsatz Gottes
- Die Kraft der Hoffnung

Sie legt deshalb im ersten Abschnitt Möglichkeiten dar, welche die Kirche in der Diaspora hat und wie sie diese verwirklichen kann;
im zweiten erinnert sie daran, was Gott für die Welt getan hat und was er heute für sie tun will;
im dritten betont sie die Hoffnung, die nur das Evangelium gibt, und zeigt, welche Kräfte durch diese Hoffnung geweckt werden.

Erster Abschnitt: Die Chance der kleinen Herde

1. *Grundaussagen*

1.1. Die katholische Kirche in der DDR ist eine Diasporakirche[12]. 32
Wir sind eine kleine Herde[13], deren Reichtum es ist, trotz

[11] Vgl. Johannes XXIII., Eröffnungsrede zum Vat. II vom 11. 10. 1962, in: O. Müller (Hrsg.), Vaticanum secundum I, Leipzig 1963, 217.

[12] Mit Diaspora meint der Text nicht das Leben von Katholiken unter Christen anderer Konfessionen – wie im Sprachgebrauch vergangener Jahrzehnte üblich –, sondern die Existenz der Christen in einer nichtchristlichen Umwelt (vgl. 1 Petr 1,1; Jak 1,1; Apg 8,1.4).

[13] Vgl. Lk 12,32.

ihrer Unvollkommenheit und Sündhaftigkeit Keimzelle der Einheit, der Hoffnung und des Heiles zu sein.[14] Auf die Last und die Chance des Christseins in der Diaspora sind unsere Gemeinden nicht genügend vorbereitet.

1.2. Schon im Anfang lebte die Kirche in der Diaspora. Diaspora war damals und bleibt immer eine Möglichkeit, den Glauben an allen Orten bekanntzumachen. Hoffnungsvoll ist es, daß heute die zerstreute Christenheit unter allen Völkern, Kulturen und Gesellschaftsordnungen anwesend ist und die christlichen Konfessionen die Einheit suchen. **33**

Durch gläubige Christen in der Diaspora wird der Geist des Evangeliums in einer nichtchristlichen Umwelt gegenwärtig und wirksam. **34**

Darüber hinaus läßt ein Leben unter Nichtchristen erkennen, daß der Geist Gottes auch außerhalb der christlichen Gemeinden wirkt. Die Vielfalt des Wirkens Gottes zu sehen, anzuerkennen und sich daran zu freuen kann eine Stärkung des Glaubens an den Gott sein, der für alle Menschen da ist. **35**

1.3. Wenn wir uns als kleine Gemeinde erleben, hilft uns der Glaube an die Bedeutung des EINEN für alle, einzelner für viele, kleiner Gemeinschaften für größere Gebiete; die Handvoll Sauerteig durchsäuert eine große Menge Mehl; das Licht leuchtet allen im Haus; das Salz würzt die Speise. **36**

Die Diasporasituation fördert Einheit und Zusammenhalt der Christen; doch werden die Gemeinden ihrer Situation erst dann gerecht, wenn sie sich nicht abschließen, sondern im Austausch mit den anderen stehen, mit ihnen Mensch und für sie Christ sind. **37**

---

[14] Vgl. Vat. II., Kirche 9.

1.4. Für unser Selbstverständnis in der Diaspora ist der Begriff der Stellvertretung von großer Bedeutung.[15] Wir sind dazu berufen, stellvertretend für die Welt Lob und Dank, Sühne und Fürbitte vor Gott zu bringen sowie Gottes Güte und Menschenfreundlichkeit in der Welt zu bezeugen. 38

Das Leben in der Diaspora verlangt, daß wir unser Christsein nicht nur für uns leben oder es vordergründig nach dem Gewinn oder Schaden messen, der uns daraus erwächst. Unverstandensein und Zurücksetzung lassen uns an der Erniedrigung des Herrn teilnehmen. 39

1.5. Viele Anfragen unserer Umwelt müssen wir als Herausforderung verstehen, die Botschaft vertieft zu begreifen und neu zu entfalten. Dabei werden wir uns trennen müssen von Gewohnheiten und Verhaltensweisen, die das Glaubenszeugnis unnötig belasten. Geläutert und erneuert, wird die Kirche auch bei uns Angebot und Anspruch des Evangeliums in die Zukunft einbringen. 40

2. *Pastoraler Leitsatz*

Die Verkündigung soll die Gläubigen unserer Gemeinden ermutigen, die Chancen der Diaspora zu sehen, zu nützen und ihre Lasten zu tragen. 41

[15] Stellvertretung ist „eine Urgegebenheit des biblischen Zeugnisses" im Alten und Neuen Testament; vgl. z. B. die Gottesknechtslieder bei Jesaja und die Deutung von Jesu Leiden und Sterben in den Abendmahlsberichten und im paulinischen Schrifttum. Nähere Ausführungen bringt J. Ratzinger in dem Artikel „Stellvertretung" in H. Fries (Hrsg.), Handbuch theologischer Grundbegriffe II, 1963, 566–575.

3. *Pastorale Empfehlungen*

3.1. Im Gespräch mit Glaubenden und Suchenden sollen die *theologischen Lehrer* und die *Mitarbeiter im pastoralen Dienst** zu einer Verkündigung finden, die die Menschen in ihrem Selbstverständnis, ihren Nöten und Sehnsüchten trifft und sie den Glauben als möglich und sinnvoll, notwendend und frohmachend erfahren läßt. So helfen sie den Gläubigen, auch anderen in verständlicher Sprache Rechenschaft zu geben von der Hoffnung, die in ihnen lebt, und sie auf dem Weg in die durch Christus geschenkte Zukunft mitzunehmen. 42

3.2. Die *Mitarbeiter im pastoralen Dienst** sollen nicht darin ermüden, vereinzelte Gläubige und Familien zusammenzuführen. Sie sollen der Gemeinde das Bewußtsein vermitteln, daß jeder Christ zur Gemeindebildung beitragen muß. Dazu sollten sie das geistige Rüstzeug und praktische Hinweise vermitteln und die Initiativen koordinieren. Bei diesen Kontaktbemühungen der Christen sollte man über Grenzen der Pfarreien und Konfessionen hinausschauen. 43

3.3. Die *Mitarbeiter im pastoralen Dienst** sollen den Gläubigen den biblischen Sinn von Stellvertretung erschließen und ihnen helfen, diese Stellvertretung in verschiedenen Formen zu verwirklichen. 44

3.4. Der *Pfarrer*[16] und seine *Mitarbeiter*[17] mögen im Zusammen- 45

[16] „Pfarrer" ist der vom Bischof mit der Gemeindeleitung beauftragte Priester; angesprochen ist jedoch zugleich jeder mit Leitungsaufgaben in der Gemeinde (vgl. Anm. 18) Betraute. In ähnlicher Weise sind unter „Pfarrgemeinderat" im folgenden auch entsprechende Gemeindevertretungen in nicht selbständigen Gemeinden zu verstehen.

[17] „Mitarbeiter" des Pfarrers sind die Kapläne, Diakone, Seelsorgehelferinnen und andere, die ganz oder teilbeschäftigt im Dienst der Gemeinde stehen.

wirken mit geeigneten Gemeindegliedern in der eigenen Gemeinde[18] missionarisch tätig werden und die nicht oder nicht regelmäßig praktizierenden Katholiken aufsuchen.

3.5. Der *Pfarrer* und seine *Mitarbeiter* mögen im Gemeindeleben Offenheit und Raum schaffen auch für solche, die nicht alle kirchlichen Formen und Glaubenswahrheiten nachvollziehen können, und für solche, die den Austausch mit uns suchen und vielleicht ein Stück des Weges mit uns gehen. 46

3.6. Der *Pfarrer* und der *Pfarrgemeinderat* mögen die Möglichkeit dafür schaffen, daß sich die Gläubigen auf den kleinen Außenstationen regelmäßig mit einem Beauftragten des Bischofs versammeln können, um das Wort Gottes zu hören, das Brot des Lebens zu empfangen, im Gebet für alle einzutreten und dann im Alltag den Weg der Liebe und des Zeugnisses zu gehen. 47

3.7. Der *Pfarrer* und seine *Mitarbeiter* sollen darauf achten, daß ihr persönlicher Lebensstil und die von ihnen zu verantwortenden Einrichtungen und Veranstaltungen der vom Evangelium und von der Diaspora geforderten Einfachheit und Schlichtheit entsprechen. 48

3.8. Die *Mitarbeiter im pastoralen Dienst** mögen dazu beitragen, daß die Gläubigen offen sind für alles, was in ihrer Umwelt geschieht, und Möglichkeiten zur geistigen Bereicherung und zur Mithilfe nutzen, die sich im außerkirchlichen Raum für den Christen bieten, jedoch immer bedenkend das Wort des Apostels Paulus: „Prüft alles, das Gute behaltet."[19] 49

[18] Unbeschadet der Tatsache, daß der Begriff „Gemeinde" normalerweise die juristische Pfarrgemeinde meint, sind in diesem Text gleichzeitig alle Gottesdienstgemeinden mit angesprochen, also Seelsorgestellen, Außenstationen, Personalgemeinden o. ä.

[19] 1 Thess 5,21.

4. *Pastorale Appelle*

4.1. Alle *Gemeindemitglieder* sind aufgerufen, ihre Verantwortung für das brüderliche Miteinander wahrzunehmen und den *Pfarrer* und seine *Mitarbeiter* zu unterstützen. Vor allem mögen sie jenen besondere Aufmerksamkeit schenken, 50

– die nach Wahrheit suchen;
– die aus einem nichtchristlichen Milieu zum Glauben gefunden haben;
– deren Glaube durch besondere Lebensbedingungen stark belastet ist, in ihrer Familie etwa oder dadurch, daß sie zeitweilig nicht am Leben der Gemeinde teilnehmen können;
– die durch die Art ihrer religiösen Erziehung nicht fähig wurden, den Glauben in der Diaspora zu leben.

4.2. Die *Pfarrgemeinden* in den vorwiegend *katholischen Gebieten* mögen bedenken, daß die Diasporasituation auf sie selbst und viele ihrer Glieder zukommt, und sich darauf einstellen. 51

4.3. Die *Gemeindemitglieder,* die durch Umzug ihre bisher gelebte Gemeindeverbundenheit verloren haben, mögen bedenken, daß sie überall wieder Gemeinden und in ihnen ein „Zuhause" finden werden, wenn sie sich durch die Schwierigkeiten des Hinzukommens und Neubeginnens nicht entmutigen lassen. Die Pfarrgemeinden und jeder einzelne sollen ihnen die Eingliederung erleichtern, z. B. indem man sie begrüßt und persönlich zu Gemeindeveranstaltungen einlädt. 52

5. Wenn wir diese Anregungen aufnehmen, wird uns das sichtbare Ergebnis trotzdem manchmal entmutigen. Dann kann uns Jesu Wort in der Zuversicht erhalten: Wenn das Weizen- 53

korn in die Erde fällt und stirbt, bleibt es nicht allein, sondern bringt reiche Frucht.[20]

Zweiter Abschnitt: Im Einsatz Gottes[21]

1. *Grundaussagen*

Wir erfahren heute nur schwer das Dasein Gottes und seinen Einsatz für die Menschen. Im Glauben aber wissen wir darum. 54

Was Israel in seiner Befreiung aus Ägypten erfahren hat, was die Propheten verkündet haben, wird in Jesus offenbar: Gott setzt sich für die Menschen ein. 55

Jesu Lebenseinsatz für die Menschen erwächst aus Gehorsam gegen den Vater und geschieht in Verantwortung und Freiheit in der jeweiligen Situation. Er gilt allen Menschen, besonders den Kranken, Armen, Kindern, Verachteten, Sündern, Verlorenen. Mannigfaltig sind die Formen des Einsatzes Jesu bis in sein Sterben hinein. In seinem Tod und seiner Auferstehung wird sichtbar, daß er dadurch auch die Macht des Todes überwindet. Ziel seiner Hingabe ist das Heil der Menschen, die Gemeinschaft mit Gott und untereinander – auch über den Tod hinaus. 56

Der Einsatz Gottes, der in Christus sichtbar und greifbar wird, führt uns zur Freiheit der Kinder Gottes: zur inneren 57

20 Vgl. Joh 12,24.

21 Diese Formulierung wurde – in Anlehnung an Hans Urs v. Balthasar, Im Einsatz Gottes, Einsiedeln 1971 – deswegen gewählt, weil in ihr zwei Gesichtspunkte zum Ausdruck kommen, um die es in diesem Abschnitt geht: Gott setzt sich für uns in Jesus Christus ein, und er fordert unseren Einsatz in seinem Dienst.

Freiheit von Angst und Zwang, von den Mächten der Welt und von der Sünde. Wir sind aufgerufen, im Geiste Christi zu leben.[22] Durch eine Kirche, die wie der Herr dient, und durch jeden Christen, der im Einsatz Gottes lebt, wird Gottes Dasein und Wirken auch heute erfahrbar. Darin kann in unserer Zeit ein Weg zur Erkenntnis Gottes liegen.

2. *Pastoraler Leitsatz*

Aufgabe des pastoralen Dienstes ist es, in der Kraft des Geistes die Liebe Gottes zu verkünden und die Glieder unserer Gemeinden dahin zu führen, den Einsatz für andere Menschen nach dem Vorbild Christi zu wagen. 58

3. *Pastorale Empfehlungen*

3.1. Die *Mitarbeiter im pastoralen Dienst** sollen beachten, daß vor dem Aufruf zur Nachfolge Christi die Botschaft von der Liebe Gottes zu uns steht. Erst auf dieser Grundlage ist die christliche Forderung möglich und berechtigt. 59

3.2. Die *Mitarbeiter im pastoralen Dienst** sollen die Gläubigen dazu führen, im Einsatz Gottes zu leben und sich dabei von Menschenfurcht nicht beirren zu lassen. Dieser Einsatz kann sehr verschieden sein, z. B.: 60

- die Berufsarbeit als Dienst am anderen zu verstehen;
- in seiner Umgebung Raum der Freiheit zu schaffen;
- sich in den Dienst der Verkündigung, der Seelsorge oder der Diakonie zu stellen;
- sich um Alte, Kranke, Kinder und Hilfsbedürftige zu kümmern und ihr Leid mitzutragen;

[22] Vgl. 2 Kor 3,17.

– sich für Versöhnung, Wiedervereinigung im Glauben, Gerechtigkeit und Freiheit einzusetzen;
– Geduld mit Verbitterten und Unleidlichen aufzubringen;
– die eigene Last für andere zu tragen.

Die Pastoral muß den einzelnen helfen, die jeweiligen Möglichkeiten zu entdecken und zu verwirklichen.

3.3. Die *Mitarbeiter im pastoralen Dienst** sollen ihren Gemeinden bewußt machen, daß für ein Leben im Einsatz Gottes die geistlichen Quellen – Schriftlesung, geistliches Gespräch, Besinnung, Gebet, Buße, Eucharistie – erschlossen und genutzt werden müssen. Sie sollen dabei Wege zeigen und Hilfen anbieten. 61

Sie sollen helfen, daß in den Gemeinden Gruppen entstehen, in denen Christen die Erfahrungen ihres Glaubens, ihrer Hoffnung und ihrer Liebe austauschen und sich gegenseitig ermutigen. 62

Sie sollen den Gottesdienst so gestalten, daß er die Christen immer wieder des Einsatzes Gottes versichert und sie stärkt, den Einsatz für die anderen zu leisten. 63

3.4. Die *Mitarbeiter im pastoralen Dienst** mögen darauf vertrauen, daß es auch heute Menschen gibt, die dem Ruf Gottes radikal folgen und ihr Leben für die Kirche und mit der Kirche für die Welt einsetzen, sei es als Laie oder Priester. Das wird sie bestärken, ihre Gemeinden immer wieder zu einer solchen Hingabe zu ermutigen und ihnen dabei voranzugehen. 64

Den geistlichen und apostolischen Gemeinschaften – Orden, Kongregationen, Säkularinstituten u. a. – sollen sie ihre besondere Aufmerksamkeit zuwenden. 65

3.5. Die *Mitarbeiter im pastoralen Dienst** sollen sich dessen bewußt sein, daß die Nachfolge Christi immer auch Teilnahme am Kreuz ist. 66

4. *Pastoraler Appell*

Die *Gemeinde* selbst möge der Ort sein, wo alle ihre Glieder einander in brüderlicher Liebe zugetan sind. Dort müssen wir lernen, 67

- einander anzunehmen, freimütig zu reden und aufeinander zu hören;
- einander wirklich zu verzeihen und Geduld mit den Schwachen zu üben;
- Zeit füreinander zu haben und verborgene geistige und materielle Not aufzuspüren;
- Frieden zu stiften und Verständnis für andere zu wecken;
- einzelne in ihrem „törichten" Einsatz für ihre Mitmenschen zu bestärken;
- andere nicht nur nach ihren Leistungen zu messen.

Dritter Abschnitt: Die Kraft der Hoffnung

1. *Grundaussagen*

1.1. Wir Christen nehmen teil an den Erfolgen und Niederlagen, Hoffnungen und Enttäuschungen der Menschheit. Die wohl wichtigste Frage unserer Zeit an den Glauben entspringt der allgemeinen Erwartung, durch kollektive, machbare und innerweltliche Veränderungen eine neue Welt errichten zu können. So will die Menschheit vollenden, was der einzelne Mensch nie voll erreicht. 68

1.2. Der Christ weiß die Entwicklung der Welt durch Gottes Auftrag[23] den Menschen aufgegeben. Dieser Auftrag nimmt uns in den Dienst für die Zukunft[24] und läßt uns mit allen Menschen guten Willens zusammenarbeiten, um die Welt menschlicher zu machen und das Leben der Menschen in Gerechtigkeit, Frieden und Freiheit[25] zu gestalten. 69

1.3. Bei aller Zustimmung zur Welt können wir uns der schmerzlichen und enttäuschenden Erfahrung der Geschichte nicht verschließen, daß der Weg nach vorn oft nur durch Irrtum und Leid hindurch gefunden wurde. Wissenschaftliche Erkenntnis und gesellschaftliche Veränderung vermögen Freiheitsraum und Wirkungsmöglichkeit zu mehren und verlangen daher unseren Einsatz; aber nicht selten erwachsen aus ihnen neue Gefahren und Ängste, werden sie durch menschliche Selbstsucht und Schwäche mißbraucht. „Mächte und Gewalten"[26] bedrücken den Menschen immer wieder und entmündigen ihn. Selbst im persönlichen Leben erfüllt sich nicht immer die Sehnsucht nach Liebe und Geborgenheit in der Familie oder in anderen Gemeinschaften. 70

1.4. Angesichts dieser Erfahrungen erschließt sich uns heute der Glaube eher von seiner Zukunftsdimension her. Wir sehen heute mehr als früher die Hoffnung, die uns in Christus gegeben ist. Wir glauben daran, daß Gott der Menschheit eine Zukunft schenkt, die über alles hinausgeht, was menschliche Bemühungen und die Möglichkeiten unserer Welt erhoffen lassen. Diese Zukunft hat in Christus bereits begonnen und wird vollendet durch sein Kommen in Herrlichkeit. Die Hoff- 71

---

23 Gen 1,26.28.

24 Vat. II., Kirche und Welt 34.

25 Die Begriffe werden gebraucht im Sinne der Enzyklika „Pacem in terris".

26 Vgl. H. Schlier, Gewalten und Mächte, in: Lexikon für Theologie und Kirche, Freiburg [2]1960, 849f.

nung auf den kommenden Herrn ermutigt uns, in der Kraft des Heiligen Geistes schon jetzt die Verhältnisse in Richtung auf die Vollendung zu verändern; der Herr nimmt uns in Dienst für die verheißene Zukunft. Er schenkt das Heil so, daß es vom Menschen mitgetan werden muß.

1.5. Die Hoffnung, die Gott uns in Jesus Christus schenkt, er- 72
möglicht eine nüchterne Beurteilung allen menschlichen Tuns und befreit von dem Zwang, die Erfahrung unserer Unzulänglichkeit zu verdrängen. Sie schützt uns vor einer Verzweiflung, die aus Enttäuschung und Versagen folgt, und läßt uns beharrlich an der Gestaltung einer Welt arbeiten, die dem Willen unseres Herrn entspricht. Sie bewahrt uns davor, abrechenbare Erfolge zum Maßstab unseres Handelns zu machen und die Welt nur nach unseren Vorstellungen und Interessen zu beurteilen. Diese Hoffnung ruft dazu auf, die Welt nach Kräften zu verbessern, befreit uns aber von der Last, die neue Welt aus eigener Kraft schaffen zu müssen.

1.6. Fundament unserer Hoffnung ist Jesu Auferstehung von den 73
Toten, in der die neue Welt begründet ist. Da er der „Erstgeborene von den Toten“[27] ist, glauben wir, daß auch wir mit ihm zu einem neuen Leben auferstehen werden. Am Ende unseres jetzigen Lebens steht zwar der Tod, doch zusammen mit allen, die Gott gesucht haben, ist uns die volle Gemeinschaft mit Christus und seinem Vater zugesagt. Die Treue und die Macht des liebenden Vaters übersteigt alles menschliche Hoffen und rettet uns durch den Tod hindurch zum Leben. Darüber spricht die Heilige Schrift prophetisch in Bildern: „Aus Ost und West werden sie kommen, aus Nord und Süd und werden an Gottes Tisch Platz nehmen.“[28]

---

[27] Kol 1,18.
[28] Lk 13,29.

Gott wird unter ihnen wohnen. „Und er wird abwischen jede Träne aus ihren Augen, und der Tod wird nicht mehr sein, noch Trauer, noch Klage, noch Mühsal."[29]

2. *Pastoraler Leitsatz*

Aufgabe des pastoralen Dienstes ist es, in den Gemeinden Hoffnung zu wecken, 74

- die Freude im Leben und in der täglichen Arbeit gibt;
- die ermutigt, sich auf Unvollkommenes einzulassen, weil Gott das Vollkommene schafft;
- die trotz aller Mißerfolge Mut zu beständigem Neuanfang schenkt;
- die nüchternen Blick gegenüber utopischen Zukunftserwartungen verleiht;
- die dazu befähigt, in der Kraft Gottes das Böse zu überwinden und die Welt besser zu machen.

3. *Pastorale Empfehlungen*

3.1. Die *Mitarbeiter im pastoralen Dienst** werden aufgefordert, christliche Hoffnung so zu verkündigen, daß sie davor bewahrt, einerseits nur auf die Ewigkeit zu hoffen und der Welt ihren Lauf zu lassen oder andererseits allein durch menschliches Tun alles für sich und die Welt erreichen zu wollen. 75

3.2. Die *Mitarbeiter im pastoralen Dienst** werden aufgefordert, christliche Hoffnung so zu verkündigen, daß sie Wagemut und zugleich Gelassenheit in weltlicher und kirchlicher Arbeit schenkt und zu Freimut in Kirche und Welt führt. 76

---

[29] Offb 21,3f.

3.3. Die *Mitarbeiter im pastoralen Dienst** sollen den Christen helfen, Leid und Anfechtung tapfer durchzustehen in der Hoffnung, die sich gründet auf Tod und Auferstehung des Herrn, und fähig zu werden zu einem christlichen Sterben. 77

3.4. Die *Mitarbeiter im pastoralen Dienst** sollen sich bei der Gestaltung und Planung der Pastoral auf heute schon erkennbare zukünftige Bedingungen orientieren. 78

4. *Pastoraler Auftrag*

Die *Pastoralkonferenz* der Jurisdiktionsbezirke soll durch ein von ihr beauftragtes Gremium die für das Leben der Christen und der Kirche bedeutungsvollen Entwicklungen beobachten lassen, um dadurch der Berliner Ordinarienkonferenz und den Seelsorgeämtern Hilfen für die Planung der zukünftigen pastoralen Arbeit geben zu können. 79

5. *Pastoraler Appell*

Die *Christen*[30] werden ermutigt, ihre Aufgaben und Dienste in der Hoffnung auf das Heil zu erfüllen. Sie sollen nach dem Maßstab des Evangeliums ihre Mitverantwortung für die Welt wahrnehmen und sich für Frieden und Gerechtigkeit, Freiheit und Liebe einsetzen. 80

Die *Eheleute* werden ermutigt, auch heute Kindern das Leben zu schenken und sie in der Kirche zu Christus zu führen.

Alle *Priester* und *Mitarbeiter im kirchlichen Dienst* werden aufgefordert, ihre Verkündigungsaufgaben sowie ihre priesterlichen und diakonischen Dienste zuversichtlich zu erfüllen und junge Menschen zu diesen Diensten zu ermutigen.

30 Vgl. Anm. 1.

Alle Kranken und *Zurückgesetzten* werden ermutigt, in der Hoffnung auf die ewige Herrlichkeit Leid und Anfechtung zu bewältigen und für andere aufzuopfern.

Schlußwort

In unserer Situation erscheint der Glaube manchem Christen als 81
Last. In der Tat legt der Herr uns das Kreuz auf. Wenn aber der Last nicht ein größeres Gut entspricht, um dessentwillen es sich lohnt, Verluste und Verzicht auf sich zu nehmen, fällt es dem Menschen schwer, die Glaubensentscheidung durchzuhalten. Deshalb muß das Frohmachende des christlichen Glaubens im Leben immer wieder gesehen werden:

- Dem Glaubenden erscheinen auch die alltäglichen Dinge in einem neuen Licht.
- Der Glaube läßt uns die menschliche Würde erkennen, und er ermutigt uns, Initiative zu ergreifen und Verantwortung zu übernehmen.
- Der Glaube verleiht uns Hoffnung, Zuversicht, Gelassenheit und Heiterkeit, weil Gott auch dort zu raten und zu helfen vermag, wo der Mensch am Ende seiner Weisheit und Kraft ist.
- Der Glaube schenkt uns Standfestigkeit und Freiheit, so daß wir nicht – aus Angst oder Furcht – vom Wind jeder beliebigen Meinung hin- und hergerissen werden.
- Der Glaube weitet unseren Blick über alle Grenzen hinweg: Gott ist unser Vater.

Alle Menschen sind unsere Brüder.
Wir werden Gott erfahren in seiner Herrlichkeit, und unsere Freude wird vollkommen sein.

BESCHLUSS DER PASTORALSYNODE

DIAKONIE DER GEMEINDE

Inkraftsetzung des Beschlusses der Pastoralsynode

Diakonie der Gemeinde

Den von der Pastoralsynode der Jurisdiktionsbezirke in der DDR verabschiedeten Beschluß „Diakonie der Gemeinde" setze ich hiermit in Kraft und erlasse dazu folgende Richtlinien:

1. Die Durchführung der Pastoralen Anweisung (Absatz 42) wird von der Diözesancaritas[1] mit den einzelnen Gemeinden nach den örtlichen Gegebenheiten abgesprochen.
2. Die Berufung von Kommunionhelfern (Absatz 60) bleibt gemäß der Instruktion „Immensae caritatis" vom 29. Januar 1973 dem Ordinarius vorbehalten.

Die Veröffentlichung in den Amtlichen Mitteilungen ordne ich hiermit an. Gleichzeitig erkläre ich mein Einverständnis, daß die von der Fachkommission erarbeiteten Erklärungen zum Synodenbeschluß „Diakonie der Gemeinde" veröffentlicht werden.[2]

Berlin, 21. Juni 1974	+ Alfred Card. Bengsch Erzbischof Bischof von Berlin
Dresden, 16. Juli 1974	+ Gerhard Schaffran Bischof von Meißen
Görlitz, 8. Juli 1974	+ Bernhard Huhn Bischof und Apostolischer Administrator von Görlitz
Erfurt, 15. Juli 1974	+ Hugo Aufderbeck Bischof und Apostolischer Administrator in Erfurt- Meiningen
Schwerin, 10. Juni 1974	+ Heinrich Theissing Bischof und Apostolischer Administrator in Schwerin
Magdeburg, 15. September 1974	+ Johannes Braun Bischof und Apostolischer Administrator in Magdeburg

Anmerkungen zur Inkraftsetzung

[1] Im Jurisdiktionsbezirk Erfurt–Meiningen heißt es:
„. . . von der Diözesancaritas in Zusammenarbeit mit dem Seelsorgeamt . . ."
Im Jurisdiktionsbezirk Schwerin heißt es:
„. . . von der Diözesancaritas und dem Seelsorgereferat . . ."

[2] Im Jurisdiktionsbezirk Görlitz heißt es anstelle dieses Absatzes:
„Die Beschlußvorlage ‚Diakonie der Gemeinde' geht Ihnen hiermit als Anlage zu. Bezüglich Punkt 1 o. g. Verfügung erfolgen noch nähere Ausführungsbestimmungen."

Diakonie der Gemeinde

Erläuterungen der Fachkommission zur Überschrift

Die Pastoralsynode will mit dem Dokument „Diakonie der Gemeinde“ auf Schwerpunkte hinweisen, an denen Bruderschaft und Bruderdienst in der Gemeinde verwirklicht werden können. Eine umfassende Beschreibung des Wesens der Kirche, der Diakonie oder der Gemeinde kann deshalb im vorliegenden Text nicht erwartet werden. **E. 1**

Unsere Gemeinden leben in einer Gesellschaft, die danach strebt, eine Welt des Fortschritts und des Wohlstands für alle zu errichten. Auf vielfältige Weise arbeiten die Glieder der Gemeinden bei der Verwirklichung dieses Vorhabens mit: im produktiven Arbeitsprozeß, in der Planung und Forschung und in den vielen Zweigen des Sozial- und Dienstleistungswesens. Deshalb teilen sie auch die Freude an den Erfolgen der gemeinsamen Bemühungen (vgl. die Vorlage der FK 5: Der Christ in der Arbeitswelt). **E. 2**

Es kann jedoch nicht übersehen werden, daß Begrenztheit, eigenes Versagen und Schuld den Wert des Erreichten mitunter fraglich erscheinen lassen: Wo die Beziehungen der Menschen untereinander gestört sind, können sie durch noch so große Erfolge von Wissenschaft und Technik nicht geheilt werden. So sind viele Menschen „durch die Frage nach dem heutigen Lauf der Dinge zutiefst beunruhigt“. Sie wissen nicht, ob sie noch erwarten dürfen, was sie in ihrem Innersten hoffen. Dieser Lauf der Dinge „verlangt eine Antwort vom Menschen“ (Vat. II., Kirche und Welt 4). **E. 3**

Der Christ weiß, daß alle Hoffnungen der Menschen mit Recht über das Erreichbare hinausweisen. Der Einsatz Gotes für die Welt zeigt, daß Gott auf der Seite der menschlichen Sehnsucht steht. Durch die Erlösungstat Christi ist der entscheidende Schritt zur Erfüllung dieser Sehnsucht schon getan. Sein Vorbild dienender Hingabe zeigt der Gemeinde ihren Weg und befähigt die Gläubigen zugleich zum Dienst aneinander und an ihren Mitmenschen: „Ich habe euch ein Beispiel gegeben, damit auch ihr tut, wie ich euch getan habe“ (Joh 13,15). **E. 4**

Durch ihr dienendes Zeugnis trägt die Gemeinde Jesu dazu bei, eine brüderliche Menschheit zu verwirklichen und in ihr lebendige Hoffnung zu wecken, „daß sie am Ende in Frieden und vollkommenem Glück aufgenommen“ wird „in das Vaterland, das von der Herrlichkeit des Herrn erfüllt ist“ (Vat. II., Kirche und Welt 93; zum Ganzen vgl. die Vorlage der FK 1: Glaube heute, 2. Kap., Abschn. 2 und 3). **E. 5**

Erster Abschnitt: Grundaussagen

1. Die Gemeinde Jesu Christi wird dort lebendig, wo der Glaube bezeugt, das Gotteslob dargebracht und der von Gott aufgetragene und von Jesus Christus vorgelebte Dienst an allen Menschen getan wird (Martyria – Liturgia – Diakonia). 1

Erläuterungen der Fachkommission zu Absatz 1

Für die lebendige Gemeinde gibt es keine Trennung in verschiedene „Funktionen“: Liturgia – Martyria – Diakonia. Keine gottesdienstliche Versammlung (vgl. Mt 5,23f), kein glaubwürdiges Zeugnis (vgl. 1 Kor 13,1ff) kommt zustande ohne diakonische Grundhaltung. Umgekehrt ist Diakonie ohne das Bekenntnis zu Jesus und ohne Bereitschaft zur Hingabe an den Willen des Vaters kein brüderlicher Dienst „in der Kraft und Nachfolge Christi“. Wenn im folgenden ausschließlich vom diakonischen Dienst der Gemeinde gesprochen wird, so ist dies nur auf diesem Hintergrund zu verstehen. E. 6

Der Einsatz für die Menschen in der Kraft und in der Nachfolge Christi oder – biblisch gesprochen – die Diakonie[1] ist also wesentliche und unverzichtbare Aufgabe der Gemeinde. Darum muß jede Gemeinde[2] sich bemühen, brüderliche Gesinnung zu wecken und zu fördern und sie in Gebet, Opfer und helfender Tat zu verwirklichen. 2

Die Einübung in eine Nächstenliebe, die auch den Feind einschließt, läßt Gottes Liebe für die Welt besser erkennbar werden. 3

[1] „Diakonie“ nennen wir die Bereitschaft zu Bruderdiensten in der Gemeinde, zum Einsatz für die Menschen und zur Annahme des Dienstes anderer. Diakonie verwirklicht sich vor allem in caritativer Tätigkeit und caritativen Werken.

[2] Unbeschadet der Tatsache, daß der Begriff „Gemeinde“ normalerweise die juristische Pfarrgemeinde meint, sind in diesem Text gleichzeitig alle Gottesdienstgemeinden mit angesprochen, also Seelsorgestellen, Außenstationen, Personalgemeinden o. ä.

Diakonie

Erläuterungen der Fachkommission zu Absatz 2 und 3

Nach dem Zeugnis der Heiligen Schrift folgt der Dienst für die Menschen notwendig aus der Hingabe Gottes an sie: „Wenn Gott uns so geliebt hat, müssen auch wir einander lieben" (1 Joh 4,11). Die Verwirklichung des Liebesgebotes (vgl. Joh 15,12) im Leben der christlichen Gemeinden umfaßt alle nur denkbaren Dienste, die in der Apostelgeschichte und den paulinischen Briefen „Diakonie" genannt werden: die spontane Spende zur Unterstützung der Armen (Apg 6,1) und der in Not geratenen Brüder (Apg 11,29), die guten Dienste, die man einem Menschen bei seiner Arbeit leisten kann (2 Tim 4,11), auf Dauer übernommene Dienste in der Gemeinde (Röm 12,7), der Dienst am Wort (Apg 6,4; 20,24), das Apostelamt (Apg 1,25; Röm 11,13; 15,31), der Dienst, in den man von Christus gerufen wird (1 Tim 1,12). **E. 7**

Diakonie wird so zu der von Christus aufgetragenen Dienstleistung an den Heiligen (1 Kor 16,15; 2 Kor 8,4), zum Dienst des Geistes (2 Kor 3,8), der Versöhnung (2 Kor 5,18) und der Herrlichkeit (2 Kor 4,1) und damit letztlich zum Dienst am Aufbau des Leibes Christi (Eph 4,12). Sie ist damit Dienst am Herrn selbst (Mt 25,31–46). Eine Einschränkung auf bestimmte Menschen gibt es dabei nicht, denn selbst was dem geringsten unter den Menschen nicht getan wird, das wird auch Christus nicht getan (vgl. Mt 25,46). **E. 8**

Diakonische Haltung verlangt zunächst von den Gemeindegliedern selbst, daß sie untereinander brüderlich leben. Ihre Dienste können sonst nicht voll wirksam werden und bleiben im letzten unglaubwürdig. Deshalb ist die Gemeinde auf jene Dienste angewiesen, die sich die Gläubigen gegenseitig erweisen: das Gebet der einzelnen füreinander, die Opfer der Kranken, das mutige Glaubenszeugnis, aber auch die Einübung jedes Gemeindemitgliedes in ein echtes Miteinander. Vom Priester, der die Gemeinde leitet, bis zum jüngsten Helfer werden sich alle fragen und befragen lassen müssen, ob ihr Zusammenleben und Zusammenarbeiten wirklich vom Geist brüderlicher Dienstbereitschaft getragen ist, der auch vor dem Opfer nicht zurückscheut. Keiner darf sich mit Konflikten zufriedengeben, nur weil er sich nicht ändern will; keiner darf auf seine Autorität pochen oder sich hinter den Schutzwall seiner privaten Sphäre zurückziehen. **E. 9**

Aber nicht nur durch ihr Beispiel dient die Gemeinde den Menschen. Sie beteiligt sich auch an Aktionen, die über ihre Grenzen hinaus konkreter Not Abhilfe schaffen wollen. Das Werk „Not in der Welt" ist nur ein Beispiel dafür. **E. 10**

2. Diakonie ist Sache der ganzen Gemeinde und jedes einzelnen Christen. Viele Aufgaben können jedoch nur im Zusammenwirken mit der Diözesancaritas[3] und dem Seelsorgeamt[4] be- 4

[3] „Diözesancaritas" meint den vom zuständigen Bischof beauftragten Caritasdirektor mit seinen Mitarbeitern und seiner Dienststelle im jeweiligen Jurisdiktionsbezirk.

[4] „Seelsorgeamt" steht hier auch für Pastorales Amt oder Seelsorgereferat, da in den Jurisdiktionsbezirken bisher keine einheitliche Bezeichnung in Gebrauch ist.

wältigt werden. Von ihnen erfährt die Gemeinde sachkundige Anregung und für ihre eigene diakonische Arbeit Ergänzung und Weiterführung. Diözesancaritas und Seelsorgeamt werden umgekehrt von der Arbeit und dem Dienst der Gemeinden mitgetragen.

Erläuterungen der Fachkommission zu Absatz 4

Die Arbeit der Diözesancaritas ist untrennbar mit der Diakonie der Gemeinde verbunden. Einerseits steht sie im Dienst der caritativen Tätigkeit der Gemeinde, indem sie dort hilft, wo die Kräfte der Gemeinde überfordert sind; andererseits lebt sie aus dem caritativen Tun der Gemeinden und der einzelnen. Ihre Tätigkeit beschränkt sich aber nicht auf dieses Geben und Empfangen, sie ist auch Instrument des Bischofs zur Erfüllung seines Auftrages im Rahmen der ihm übertragenen Hirtensorge. Die Mitarbeiter der Diözesancaritas müssen sich in das Leben der Gemeinde einbeziehen lassen, und die Gemeinden selbst müssen sie als ihre Glieder annehmen. **E. 11**

3. Der besondere Weg der Orden und der anderen geistlichen Gemeinschaften, Bruderschaft zu leben, und ihr caritativer Einsatz für die Menschen sind Hilfe und Zeugnis für die Gemeinden. Darum sollen sie ihrerseits an den Sorgen dieser Gemeinschaften Anteil nehmen und deren besonderen Weg der Nachfolge Christi nach Kräften fördern. **5**

Erläuterungen der Fachkommission zu Absatz 5

Die brüderliche Gemeinde braucht das Vorbild von Menschen, die sich selbst um die Verwirklichung von Bruderschaft bemühen und gerade dadurch zu caritativem Einsatz fähig werden. Viele haben sich an den Dienst der Ordensleute gewöhnt und sich damit zufriedengegeben. Heute finden nur wenige junge Menschen den Weg zu einer Ordensgemeinschaft. So muß an vielen Orten den Gemeinden das Vorbild und die Hilfe der Ordensschwestern entzogen werden. Nun müssen die Gemeinden die bisher von den Schwestern geleisteten Aufgaben übernehmen. Sie sollen aber auch bedenken, daß es die Atmosphäre in der Gemeinde ist, die eine Berufung zur besonderen Christusnachfolge fördern oder ersticken kann. **E. 12**

Der gemeinsame Dienst im Geiste Jesu verbindet die Gemeinde mit allen, die an Christus glauben. Auch die Bezeu- **6** gung der Liebe Gottes vor der Welt fordert ökumenische Zusammenarbeit.

Erläuterungen der Fachkommission zu Absatz 6

Wenn Christen nicht miteinander, sondern neben- oder gar gegeneinander versuchen, ihren Dienst an den Menschen „in der Kraft und in der Nachfolge Christi" zu tun, wird das Zeugnis der Liebe Christi in der Welt zunichte gemacht (vgl. die Vorlage der FK 4: Ökumene im Bereich der Ortsgemeinde). Auf diesem Hintergrund gewinnen gemeinsame Bemühungen große Bedeutung. **E. 13**

7 Die Gemeinde weiß um den oft schweren und mühevollen Einsatz aller, die im medizinischen und sozialen Bereich tätig sind, und unterstützt deren Bemühungen, den Menschen Hilfe und Hoffnung zu bringen. Sie ist sich dabei bewußt, daß sie dem Auftrag Christi entsprechend ihren besonderen Beitrag leisten muß, ihn aber als Kirche in der Diaspora nur in bescheidenem Umfang leisten kann.

Erläuterungen der Fachkommission zu Absatz 7

Der Einsatz der Ärzte und Schwestern und der anderen Mitarbeiter im Gesundheits- und Sozialwesen sowie die Tätigkeit der Helfer der Volkssolidarität vermögen viel Not abzuwenden. Viele Gemeindemitglieder haben selbst Anteil an dieser Arbeit. Sie unterstützen auch die Aktionen der Schulen und anderer Gruppen des öffentlichen Lebens, bei denen es darum geht, Einsamkeit und Leid der Mitmenschen zu lindern. Gegenüber den Leistungen der öffentlichen Einrichtungen im medizinischen und sozialen Dienst scheint zwar oft der Anteil der Gemeinde kaum ins Gewicht zu fallen. Dennoch ist sie von der Notwendigkeit ihres Tuns überzeugt, weil es darum geht, nicht nur Not abzuwenden oder zu lindern, sondern eine tragende Hoffnung zu geben, die auch da nicht erlischt, wo menschliches Leid nicht überwunden werden kann. **E. 14**

Zweiter Abschnitt: Leitsätze

Erläuterungen der Fachkommission zu den Leitsätzen

In den Leitsätzen wird auf bestimmte Situationen hingewiesen, die gerade heute diakonische Haltung und caritatives Tun herausfordern. Die vielen caritativen Werke, die von den Gemeinden oder von den einzelnen Christen bis heute getan worden sind, sollen dabei nicht übersehen werden. Die Pastoralsynode möchte **E. 15**

allen danken, die im verborgenen oder für viele sichtbar ihren Dienst tun. Dennoch wird es vielen eine Hilfe sein, wenn Schwerpunkte genannt und realisierbare Anregungen gegeben werden.

1. Ständige Veränderungen in den verschiedenen Lebensbereichen fordern von der Gemeinde, ihre Dienste immer neu zu überdenken, damit sie in den auf sie zukommenden Situationen ihren Teil an wirksamer Hilfe leisten kann. Sie soll dabei für die Not in der Welt offenbleiben. 8

Erläuterungen der Fachkommission zu Absatz 8

Man kann nicht davon ausgehen, daß für alle Situationen schon immer Formen der Verwirklichung des caritativen Einsatzes bekannt sind. Gegenwärtig treten geistig-personale Nöte stärker in den Vordergrund als bisher; auch materielle Notsituationen wandeln sich. Deshalb können caritative Dienste nur dann sachlich richtig geleistet werden, wenn die Bereitschaft da ist, das bisherige Tun zu überprüfen und neue Wege zu suchen (vgl. Abs. 47, 68). E. 16

2. Der Gemeindediakonie sind daher heute vor allem folgende Aufgaben gestellt: 9

– in der Gemeinde die Freiheit zu verwirklichen, zu der Christus uns befreit hat, als er durch seine bedingungslose Hingabe an den Vater den Menschen von der Sünde und den Mächten der Gewalten dieser Welt erlöste. Aus dieser Freiheit soll in der Gemeinde ein Klima der Offenheit, der Achtung vor der Gewissensüberzeugung des einzelnen, gegenseitigen Wohlwollens und zuversichtlicher Gelassenheit erwachsen. So kann die Gemeinde möglichst vielen zu verantworteten Entscheidungen verhelfen, die sich an christlichen Grundsätzen ausrichten; 10

Erläuterungen der Fachkommission zu Absatz 10

In vielen Fragen können die Menschen heute nicht selbst entscheiden. Andere entscheiden für sie. Gesellschaftliche Notwendigkeiten erlauben es zum Beispiel nicht, jeden erdenkbaren Beruf zu erlernen, weil keine Möglichkeiten für Be- E. 17

schäftigung und Verdienst gegeben wären. Es kann leicht ein Gefühl der Unfreiheit aufkommen, daß einem verwehrt sei, zu sein, was man sein könnte. Hier ist die Gemeinde aufgerufen, die ihr von Christus erworbene Freiheit im brüderlichen Miteinander erfahrbar zu machen (vgl. Abs. 16, 23).

– den Gemeindemitgliedern Möglichkeiten zu personaler Begegnung anzubieten, um so der Gefahr der Vereinsamung und Vereinzelung in der Gemeinde entgegenzuwirken; **11**

Erläuterungen der Fachkommission zu Absatz 11

Das tägliche Leben vieler Menschen spielt sich an verschiedenen Orten ab. Das bringt für manchen die Gefahr mit sich, daß er sich nirgends mehr richtig beheimatet fühlt und dadurch in Einsamkeit gerät. Für die christliche Gemeinde, die weiß, daß das Heil in der Begegnung (mit Christus) liegt, ist das ein Hinweis darauf, daß sie Stätte der Begegnung sein muß (vgl. Abs. 24–26, 62). **E. 18**

– die benachteiligten sowie die leistungsschwachen oder in anderer Weise unterbewerteten Menschen jeder Altersgruppe und sozialen Schicht anzunehmen, für sie einzutreten und ihr Selbstwertgefühl zu stärken; **12**

Erläuterungen der Fachkommission zu Absatz 12

Die starke Betonung der Leistung und – mit ihr verbunden – das offensichtlich unstillbare Streben, in allen Bereichen des Lebens vorwärtszukommen, lassen zu Unrecht jene in den Hintergrund treten, die dabei nicht mithalten können: wegen mangelnder Bildungsfähigkeit, Krankheit oder sozialer Not oder auch wegen der Überzeugung, daß es dem Menschen nicht erlaubt ist, jeden Preis für den gewünschten Erfolg zu zahlen. Ihnen wird die Gemeinde den Sinn ihres Lebens erschließen helfen und sie ermuntern, ihren Kräften entsprechend das Gemeindeleben mitzutragen (vgl. Abs. 27–29; 60, 61, 75; aber auch 35–38, 49, 69, 74, 75). **E. 19**

– das Leben der Ungeborenen zu schützen und die Liebe zum Kind zu fördern; **13**

– die Sorge für geistig und körperlich kranke sowie förderungsfähige oder pflegebedürftige Menschen mitzutragen. **14**

Erläuterungen der Fachkommission zu Absatz 13 und 14

Es fällt in unserer Zeit vielen schwer, den unendlichen personalen Wert des hilflosen ungeborenen, des unheilbar kranken, des debilen, des sterbenden Menschen zu sehen. Deshalb bedürfen gerade diese Menschen des besonderen Schutzes von seiten derer, die glauben, daß Christus sein Leben für alle hingegeben hat (vgl. Abs. 30–38, 60, 70, 75). E. 20

3. Die personale Würde des Menschen verlangt von der Gemeinde und von jedem einzelnen Christen, ihren Dienst so zu gestalten, daß er den Empfangenden nicht beschämt oder abhängig macht. 15

Dritter Abschnitt: Pastorale Appelle an alle Gemeindemitglieder

Erläuterungen der Fachkommission zu den Appellen an alle Gemeindeglieder

Während in den Leitsätzen die Ziele und Schwerpunkte aufgezeigt werden, an denen sich die Diakonie der Gemeinde orientiert, wollen die Appelle die Gemeindemitglieder auf konkrete Gelegenheiten hinweisen, bei denen sich die diakonische Grundhaltung der Gemeinde bewähren muß, die von jedem einzelnen in ihr mitgeprägt wird. Im folgenden ist keineswegs alles aufgezeigt, was den brüderlichen Einsatz fordert; vielfach wird die Gemeinde aus ihrer besonderen Situation heraus tätig werden müssen. E. 21

1. Alle, die zur Gemeinde gehören, sollten um eine brüderliche Atmosphäre der Offenheit und des Verstehens bemüht sein. 16

– Den Geist der Brüderlichkeit sollen sie besonders bei der Eucharistiefeier, aber auch bei anderen Zusammenkünften der Gemeinde spürbar werden lassen. 17

Erläuterungen der Fachkommission zu Absatz 17

Die Gottesdienstgemeinde soll ein wirkliches Miteinander und Füreinander spüren lassen: zum Beispiel wenn sie bei den Fürbitten in den konkreten Anliegen einzelner betet oder wenn sie einander aufrichtig Versöhnung zusagt und ein Zeichen des Friedens gibt. Dies wird sich vor allem erreichen lassen, wenn die Gottes- E. 22

dienstteilnehmer einander persönlich kennen. Hier ergibt sich in der Sorge um die Verbindung der Gläubigen auf den Außenstationen mit denen am Pfarrort eine wichtige Aufgabe. In großen Gemeinden werden die Bildung von Jugend-, Familien- und Erwachsenenkreisen sowie gelegentliche Gottesdienste in kleinen Gemeinschaften unerläßlich sein.

– Die Familien und die Mitglieder von Gruppen mögen einander durch gegenseitige Beratung bei persönlichen Entscheidungen helfen, diese respektieren und sich daraus ergebende Nöte gemeinsam tragen. 18

Erläuterungen der Fachkommission zu Absatz 18

Vielen Menschen fallen Entscheidungen schwer, angefangen vom Bereich des Familienlebens und der Familienplanung bis hin zur Frage der Jugendweihe, der Berufswahl u. ä. Deshalb brauchen sie die Hilfe anderer. Bei schwierigen Problemen sollte man Ratsuchende an Personen verweisen, die am besten helfen können. Die Hilfe zur persönlichen Entscheidung ist hier ein echter Dienst. Dieser Dienst ist um so wertvoller, je mehr er von der Bereitschaft begleitet wird, auch negative Folgen mitzutragen. E. 23

– Alle sollten die Bereitschaft derer anerkennen, die bei der Verwirklichung ihres Glaubens außerordentliche Opfer auf sich nehmen. 19

Erläuterungen der Fachkommission zu Absatz 19

Wer mehr auf sich nimmt als andere, wird nicht nur von vielen anerkannt, sondern auch von vielen abgelehnt. Sein Vorbild scheint unerreichbar zu sein. „Kein Prophet ist willkommen in seiner Vaterstadt“ (Lk 4,24). Die christliche Gemeinde braucht solche Menschen, die aufzeigen, was man alles um Christi willen ertragen kann (vgl. Apg 9,16). Umgekehrt brauchen aber auch sie das Verständnis und das Wohlwollen der Gemeinde. E. 24

– Sie sollten ihre brüderlichen Dienste auch den Gemeindemitgliedern erweisen, die sich in bestimmten Fragen anders entschieden haben als sie selbst oder anderer Überzeugung sind. 20

Erläuterungen der Fachkommission zu Absatz 20

Jede Gruppe ist in der Gefahr, den Blick für die anderen zu verlieren. Christus ist aber zu allen Menschen gegangen. Er hat seine Nähe sogar dem nicht versagt, von dem er wußte, daß er ihn verraten würde. Die Gemeinde Christi muß diese Weite des Herzens anstreben. Die Gläubigen sollen den Mut haben, allen Gutes zu tun, auch wenn manche von ihnen sich anders als sie selbst entscheiden oder gar ihre Hilfe mißbrauchen (vgl. Lk 6,16b). E. 25

– Einzelnen wird nahegelegt, patenschaftliche Verpflichtungen einzugehen. 21

Erläuterungen der Fachkommission zu Absatz 21

Nicht wenige Menschen leiden darunter, daß sie wegen Alter, Krankheit oder Trennung von der Familie aus ihrer vertrauten Umgebung und häuslichen Gemeinschaft herausgerissen sind. Durch regelmäßige Kontakte zu ihnen könnte bei einer solchen Störung menschlicher Beziehungen wirkliche Hilfe geleistet werden. Denn wer bei Menschen Geborgenheit erfährt, wird sich oft leichter Gott zuwenden können (vgl. auch Abs. 37 und 49). E. 26

– Alle Gläubigen, vor allem aber die mit der Verkündigung und Erziehung Beauftragten, mögen durch ihr Vorbild und durch entsprechende Aufgabenstellungen schon bei Kindern und erst recht bei Jugendlichen diakonische Haltung und caritatives Tun fördern. Sie sollen dazu ermutigen, soziale Berufe zu erlernen und auszuüben. Insbesondere sollten sie sich dabei ihrer Verantwortung für die kirchlich-caritativen Einrichtungen bewußt sein. 22

Erläuterungen der Fachkommission zu Absatz 22

Neben den mit der Verkündigung Beauftragten und den Eltern sind für die Wekkung einer diakonischen Haltung bei Kindern und Jugendlichen auch diejenigen mit angesprochen, denen die Eltern die Erziehung ihrer Kinder anvertrauen: Großeltern, Lehrer, Kindergärtnerinnen oder auch Gemeindemitglieder, die bereit sind, berufstätigen Frauen bei der Aufsicht und Erziehung ihrer Kinder zu helfen (vgl. Abs. 32). Den Begriff der sozialen Berufung sollte man hier nicht zu eng fassen. Berufe, die sich der Kinder- und Krankenpflege sowie der Fürsorge widmen, sind hier genauso gemeint wie andere, die mittelbar Dienst am Menschen sind. E. 27

Christliche Eltern aber sollen daran denken, daß Gott ihr Kind für den Dienst am Menschen auch in eine Ordensgemeinschaft berufen kann. Wenn sie dann ihr Kind freigeben, dürfen sie wissen, daß sie darin dem ähnlich werden, der seinen Sohn für die Menschen hingegeben hat (vgl. dazu Abs. 66). **E. 28**

– Alle, denen Hilfe angeboten wird, sollten diese auch annehmen und dabei bedenken, daß keiner geben kann, ohne selbst zu empfangen. **23**

2. Die Gemeindemitglieder werden aufgefordert, der Vereinsamung und Vereinzelung bewußt entgegenzuwirken. **24**

– Durch persönliche Kontakte und Zusammenkommen in kleinen Gruppen sollen sie die Gefahr der Isolierung überwinden. **25**

– Sie sollten christliche Gastfreundschaft üben, besonders dadurch, daß sie öfter Heimkinder und Alleinstehende, ausländische Arbeiter und Studenten und alle, die von ihren Familien getrennt leben müssen, zu sich einladen. **26**

Erläuterungen der Fachkommission zu Absatz 25 und 26

Persönliche Begegnungen von Gemeindemitgliedern untereinander und über die Grenze der Gemeinde hinweg können für den einzelnen selbst eine notwendige Hilfe gegen Isolierung und Vereinsamung sein. Gruppenbildung ist darüber hinaus auch zur Einübung der diakonischen Grundhaltung unentbehrlich. In einer Gruppe ergeben sich immer wieder Situationen, die brüderliche Gesinnung und bereitwilliges Zurückstellen der eigenen Interessen erfordern. Die Gruppe bietet auch den Raum, wo der Glaube persönlich bezeugt und bestärkt werden kann. Schließlich kann die Gruppe auch als solche im caritativen Einsatz oft wirksamer tätig werden als der auf sich gestellte einzelne. Diese Gruppen dürfen freilich nicht zu isolierten Zirkeln werden. Sie müssen offen sein gegenüber Neuzugezogenen und denen Gastfreundschaft und Beheimatung gewähren, die – wenn auch nur vorübergehend – eine familiäre Atmosphäre entbehren. **E. 29**

3. Die Gläubigen sind aufgerufen, allen ohne Ansehen der Person zu helfen. 27

– Alle sollten Verständnis und Entgegenkommen für hilfsbedürftige Familien zeigen und sie nach Möglichkeit materiell unterstützen, besonders jene, die aus anderen Ländern zuziehen. 28

Erläuterungen der Fachkommission zu Absatz 28

Auch materielle Hilfe ist zuweilen notwendig, unter Umständen sogar über eine längere Zeit. Solche Hilfe ist immer in der Gefahr, den Empfangenden zu beschämen oder in ihm ein Gefühl der Abhängigkeit hervorzurufen. Trotzdem kann sie von dem gefordert sein, der sie zu geben vermag. Aber sie muß aus wirklichem Wohlwollen und Entgegenkommen heraus geschehen und mit der Bereitschaft verbunden sein, auch weiterhin zu helfen. E. 30

– Sie sollten sich in christlicher Verantwortung um die Wiedereingliederung von gescheiterten Menschen und um den Abbau von noch vorhandenen Vorurteilen gegen einzelne und ganze Gruppen bemühen. 29

Erläuterungen der Fachkommission zu Absatz 29

Die Wiedereingliederung in die Gemeinschaft ist besonders schwierig für solche Personen, die durch Straffälligkeit und Haft oder auch, ganz ohne ihre Schuld, durch Gebrechen oder langwierige Krankheit vielen aus dem Gesichtskreis geraten sind. In eine ähnliche Vereinsamung geraten oft auch diejenigen, die ihren selbstgewählten Lebensstand im Widerspruch zu den Grundsätzen des christlichen Lebens verändern: Eheleute, die nach der Scheidung wieder heiraten; Priester, die ihr Amt aufgeben. E. 31

4. Es muß Sache aller Christen sein, durch ihr Verhalten und Tun die Liebe zum Kind zu fördern. 30

– Sie sollten den Müttern, denen durch Schwangerschaft und Geburt besondere Schwierigkeiten erwachsen, nach Kräften helfen. 31

– Die Gemeindemitglieder, besonders die Familien, sollten die Sorge für die Kinder von berufstätigen und allein erziehenden Müttern teilen. 32

– Sie sollten den Kindern und den jungen Familien Entfaltungsmöglichkeiten und Unterstützung gewähren. 33

Erläuterungen der Fachkommission zu Absatz 30 bis 33

Wenn die Gemeinde für das werdende und sich entfaltende Leben eintreten soll, dann beginnt das für den einzelnen bei der Haltung, mit der er den Kindern und ihren Eltern begegnet, und bei seiner Bereitschaft, die Sorge für sie tatkräftig zu unterstützen. Mit einer Verurteilung des Schwangerschaftsabbruchs allein ist es nicht getan. E. 32

Das Ja zum Kind bringt nicht nur Freude mit sich, sondern auch echte Schwierigkeiten. Oft ist aber die Hilfe von Gemeindemitgliedern möglich: Manche Frauen oder Familien betreuen zeitweise Kinder von berufstätigen und allein erziehenden Müttern; ältere Ehepaare stellen kinderreichen Familien durch Tausch ihre größeren Wohnungen zur Verfügung; andere gewähren zinslose Kredite. Auch der unentgeltliche Einsatz beim Aus- und Aufbau von Wohnungen und ähnliche Dienste sind hier zu nennen. Es darf jedoch nicht vergessen werden, daß auch von den Eltern selbst materielle Opfer in Betracht gezogen werden müssen, etwa durch zeitweise Unterbrechung oder Einschränkung der Berufsarbeit der Mutter. E. 33

– Den Jugendlichen sollten sie Wohlwollen und Verständnis entgegenbringen. 34

5. Aufgabe aller ist es, sich um das Wohl alter und kranker Mitmenschen zu kümmern: 35

– Als Gläubige sind sie aufgerufen, Alter, Krankheit und Tod nicht aus ihrem Bewußtsein zu verdrängen, sondern im Glauben anzunehmen. Aus dieser Haltung heraus sollen sie alten, kranken und sterbenden Menschen helfen. 36

Erläuterungen der Fachkommission zu Absatz 36

Alter und Krankheit fordern vom Menschen immer Hingabe von Leistungsvermögen und Lebenskraft bis hin zur äußersten Hingabe im Tod. Deshalb schätzt die E. 34

Gemeinde besonders die alten, die kranken und die sterbenden Menschen und tritt für sie ein durch tatkräftige Hilfe und Gebet. Dabei wächst zugleich ihre eigene Hingabebereitschaft.

– Sie sollten Besuchsdienste in der Gemeinde sowie in caritativen und sozialen Einrichtungen übernehmen. 37

Erläuterungen der Fachkommission zu Absatz 37

Ein regelmäßiger Besuchsdienst – auch über längere Zeit hinweg – sollte nicht nur die kirchlichen Heime erfassen, sondern auch die Menschen berücksichtigen, die in anderen sozialen Einrichtungen Aufnahme gefunden haben; er sollte sich auch nicht an konfessionelle Grenzen binden; daß auch die Menschen, die durch Alter oder Krankheit an die eigene Wohnung gebunden sind, nicht vergessen werden dürfen, sollte selbstverständlich sein. E. 35

– Die alten und kranken Menschen selbst aber sollten wissen, daß sie sowohl durch ihr Opfer und Gebet als auch durch Rat und Tat die caritativen Bemühungen der Gemeinde unterstützen können. 38

Vierter Abschnitt:
Caritativ tätige Gruppen und Sachgruppe „Diakonie"

Erläuterungen der Fachkommission
zur Bildung und Arbeit der Sachgruppe „Diakonie"

Die Hinführung der Gemeinde zu caritativem Dienst aus diakonischer Haltung heraus ist so wichtig, daß sie nicht dem Selbstlauf überlassen werden darf. Dies ist sowohl von seiten derer gefordert, die der Hilfe bedürfen, als auch von seiten der gesamten Gemeinde, in der sich niemand mit der Begründung „entschuldigen" darf, er habe von nichts gewußt. Bei aller Eigeninitiative, die in diesem Dokument vom einzelnen und von den Gruppen in der Gemeinde erwartet wird, ist doch eine gewisse Organisation der Dienste unerläßlich. Verborgene Nöte laufen sonst Gefahr, unentdeckt und ohne Hilfe zu bleiben, wie es umgekehrt nicht ausgeschlossen ist, daß die Gemeinde neuen Situationen mit alten Mitteln gegenübersteht, die für ihre Bewältigung nicht mehr geeignet sind. E. 36

Diakonie

Damit die in dem vorliegenden Dokument dargelegten Ziele und Aufgaben sachlich richtig verwirklicht werden können, soll der Pfarrer mit dem Pfarrgemeinderat[5] folgende Maßnahmen durchführen: 39

1. *Pastorale Empfehlung:* In allen Gemeinden sollten für ständige Dienste in den einzelnen Gemeindebezirken und auf den Außenstationen caritativ tätige Gruppen[6] oder Caritashelfer gewonnen werden, unbeschadet der Tatsache, daß die gesamte Gemeinde zur Diakonie verpflichtet ist. 40

Erläuterungen der Fachkommission zu Absatz 40

Unter „ständige Dienste" werden hier nicht hauptamtliche Tätigkeiten in der Gemeinde verstanden. Es geht um die Arbeit der Caritashelfer oder Caritasgruppen in den Straßen oder Gemeindevierteln (vgl. Anm. 6). Diese mühevolle und segensreiche Arbeit wird in vielen Gemeinden längst getan und verdient die Anerkennung aller. In den übrigen Gemeinden sollen möglichst geeignete Mitglieder für diesen Dienst gewonnen werden. **E. 37**

Die in der Gemeinde tätigen Priester sollen für die geistliche Führung der Helfer Sorge tragen. 41

2. *Pastorale Anweisung:* Zur Anregung, Förderung und Koordinierung der caritativen Arbeit ist in den Gemeinden eine Sachgruppe „Diakonie" zu bilden. 42

---

[5] „Pfarrer" ist der vom Bischof mit der Gemeindeleitung beauftragte Priester; angesprochen ist jedoch zugleich jeder mit Leitungsaufgaben in der Gemeinde (vgl. Anm. 2) Betraute.
In ähnlicher Weise sind unter „Pfarrgemeinderat" auch entsprechende Gemeindevertretungen in nicht selbständigen Gemeinden zu verstehen.

[6] Unter „caritativ tätigen Gruppen" werden hier jene Gruppen in der Gemeinde verstanden, die bislang caritativ tätig sind, wie etwa Elisabeth- und Vinzenzkonferenzen oder andere Helfergruppen, unbeschadet der Tatsache, daß sich auch Erwachsenen-, Familien- und Jugendkreise caritativen Aufgaben widmen sollten.

3. *Pastorale Empfehlungen:*

Zusammensetzung

Zur Sachgruppe „Diakonie" müßten der Pfarrer (oder ein von ihm beauftragter hauptamtlicher Mitarbeiter), ein Mitglied des Pfarrgemeinderates und ein Vertreter der Helfer oder Helfergruppen gehören. 43

Sie kann je nach Aufgabenstellung und örtlichen Verhältnissen durch weitere Vertreter von Gruppen, Außenstationen und Aufgabenbereichen ergänzt werden. 44

Ist bereits in einem Pfarrgemeinderat ein entsprechender Sachausschuß tätig, dann sollte er nach diesem Modell arbeiten. 45

Erläuterungen der Fachkommission zu Absatz 42 bis 45

Die caritative Arbeit der Gemeinden soll kontinuierlich, koordiniert und mit möglichst wirkungsvollem Einsatz geleistet werden. Dazu ist die Sachgruppe „Diakonie" berufen. Sie soll deshalb nicht mit einer der in der Gemeinde bereits tätigen caritativen Gruppen verwechselt werden. Der Vertreter des Pfarrgemeinderates in der Sachgruppe „Diakonie" wird vor allem um die Abstimmung mit der Gesamtpastoral der Gemeinde bemüht sein; der Vertreter der Helfergruppen und Helfer in den Gemeindevierteln und Außenstationen sollte einen möglichst umfassenden Überblick über sein Sachgebiet besitzen. E. 38

Die Sachgruppe sollte einerseits so klein wie möglich gehalten werden, andererseits aber so groß sein, wie es nötig ist, damit der ganze caritative Dienst der Gemeinde erfaßt wird. Wo der Schwerpunkt der Arbeit dieser Gruppe liegt, wird sich aus der Situation einer jeden Gemeinde ergeben: Hier wird sie zuerst Anstöße geben oder Bereitschaft erwecken, dort vorhandene Aktivitäten in Übereinstimmung bringen müssen. In jedem Fall aber wird sie den Pfarrer von dem unangenehmen Zwang befreien, Fachmann für alle Nöte und Sachverständiger für wirksame Hilfeleistung in allen Situationen sein zu müssen. E. 39

Diakonie

Aufgaben

Der Sachgruppe „Diakonie“ stellen sich folgende Aufgaben:

- in Zusammenarbeit mit den caritativ tätigen Gruppen Hilfeleistungen *anzuregen* und zu *koordinieren*, die von ihnen geplant und nach Möglichkeit unter Hinzuziehung anderer Gruppen und Einzelpersonen durchgeführt werden; **46**
- neue Aufgaben zu sehen und ständig nach Wegen zu ihrer Bewältigung zu suchen; **47**
- Informationen über Hilfsbedürftige und Hilfswillige zu sammeln; **48**
- für einen ständigen Besuchsdienst in der Gemeinde sowie in den caritativen und sozialen Einrichtungen zu sorgen; **49**
- der Gemeinde die konkreten caritativen Aufgaben mitzuteilen und Hilfsmöglichkeiten aufzuzeigen; **50**

Erläuterungen der Fachkommission zu Absatz 50

Der caritative Dienst der Gemeinde braucht die gegenseitige Information, denn wirksame Hilfe setzt das Wissen um die wirklichen Nöte voraus. Die Gemeindemitglieder müssen wissen, welche Hilfen von ihnen erwartet werden. Neben der Verkündigung im Sonntagsgottesdienst (vgl. Abs. 59) bieten sich hier Hinweise der Sachgruppen bei den Vermeldungen, ein Aushang im Kirchenraum o. ä. an. **E. 40**

- für die sachkundige Anleitung der Helfer durch Fachkräfte der Diözesancaritas Sorge zu tragen; **51**
- sich um die Beschaffung finanzieller und materieller Mittel für die caritative Arbeit der Gemeinde zu bemühen; **52**
- die Vorbereitung und Durchführung caritativer Sammlungen zu intensivieren; **53**
- jährlich einen Rechenschaftsbericht über die caritative Arbeit der Gemeinde vorzulegen und eine Vorplanung zu erstellen; **54**

– mit den Nachbargemeinden und mit den für das Dekanat Beauftragten der Diözesancaritas, ferner mit dem zuständigen Sachausschuß im Dekanatsrat sowie mit den diakonischen Werken der anderen Kirchen *zusammenzuarbeiten;* 55
– sich um Kontakte zu sozialen Beratungsstellen und Einrichtungen zu bemühen. 56

Erläuterungen der Fachkommission zu Absatz 55 und 56

Die Zusammenarbeit über die Grenzen der Gemeinde hinaus und die fachkundige Anleitung der Helfer stellen an die Gemeindediakonie die Anforderung, die über die Möglichkeiten von spontan tätigen Gruppen und einzelnen hinausgehen. Sie erscheinen heute aber von größter Bedeutung und weisen deshalb noch einmal auf die Notwendigkeit der Sachgruppe „Diakonie" hin (vgl. Abs. 51). E. 41

Finanzielle Mittel

Der Pfarrer oder sein Beauftragter soll die Sachgruppe „Diakonie" über alle finanziellen Mittel für die caritativen Aufgaben regelmäßig in Kenntnis setzen. Er legt mit der Sachgruppe „Diakonie" die Verwendung dieser Gelder fest. Die Mitglieder der Sachgruppe sind dabei zur Diskretion verpflichtet. Wenn es die Situation erfordert, kann der Pfarrer auch Zuwendungen vornehmen, ohne erst die Sachgruppe „Diakonie" zu befragen. 57

Erläuterungen der Fachkommission zu Absatz 57

Die Kenntnis der vorhandenen finanziellen Möglichkeiten der Gemeinde ist nicht nur für ihre gerechte Verteilung gefordert, sondern macht auch deutlich, inwieweit spontane Sammelaktionen u. ä. veranstaltet werden müssen (vgl. Abs. 52, 53). Damit jedoch die caritative Arbeit in einer Gemeinde nicht nur von freien Spenden abhängig ist, sollte überlegt werden, ob nicht ein gewisser fester Betrag zusätzlich im Etat der Gemeinde für diesen Zweck eingesetzt werden kann. In jedem Fall soll aber der Pfarrer die für den caritativen Dienst in der Gemeinde bestimmten Gelder nicht allein nach eigenem Gutdünken verwalten, sondern zusammen mit der Sachgruppe „Diakonie" ihre Verwendung festlegen. Er behält jedoch auch künftig das Recht, auch solchen zu helfen, die nicht bekannt werden möchten. E. 42

Diakonie

Fünfter Abschnitt: Empfehlungen an den Pfarrer, seine Mitarbeiter und den Pfarrgemeinderat

Erläuterungen der Fachkommission zum 5. Abschnitt
Zur Weckung und Stärkung der diakonischen Haltung und zur Förderung des caritativen Einsatzes gibt die Pastoralsynode dem Pfarrer, seinen Mitarbeitern und dem Pfarrgemeinderat einige konkrete Empfehlungen. Sie selbst sollen sich dabei auch im Sinne der Appelle an alle Gemeindemitglieder angesprochen wissen und so aus diakonischem Geist heraus tätig werden. **E. 43**

1. Dem Pfarrer wird empfohlen, zusammen mit seinen Mitarbeitern[7] und dem Pfarrgemeinderat besonders folgenden Anliegen Aufmerksamkeit zu schenken: **58**

- Er sollte in der sonntäglichen Verkündigung die konkreten Anliegen der Diakonie seiner Gemeinde aufzeigen. **59**

Erläuterungen der Fachkommission zu Absatz 59
Es kann sicher nicht der Schwerpunkt der Verkündigung sein, aktuelle Anliegen der Diakonie aufzuzeigen. Solche Hinweise können aber helfen, die Forderung des Wortes Gottes zu verwirklichen. Deshalb sind alle Verkündiger gut beraten, wenn sie sich über die Sorgen und Nöte in der Gemeinde ständig informieren. So bleibt die Verkündigung lebensnah und führt zur Tat (vgl. Abs. 60, 66). **E. 44**

- Er möge dafür Sorge tragen, daß genügend geeignete Männer und Frauen als Kommunionhelfer in der Gemeinde gewonnen und eingesetzt werden, damit den Kranken häufigerer oder sonntäglicher Kommunionempfang ermöglicht wird; er selbst kann deshalb nicht auf regelmäßige Krankenbesuche verzichten. **60**

- Auch die älteren Menschen sollte er ihren Kräften und besonderen Gaben entsprechend zu caritativen Diensten heranziehen. **61**

---

[7] „Mitarbeiter" des Pfarrers sind die Kapläne, Diakone, Seelsorgehelferinnen und andere, die ganz oder teilbeschäftigt im Dienst der Gemeinde stehen.

Erläuterungen der Fachkommission zu Absatz 61

Caritative Dienste sollen von Gemeindemitgliedern aller Altersstufen getragen werden. Vielfach übernehmen vorwiegend ältere Frauen und Männer diese Aufgaben. Sie dürfen aber nicht nur als Aushilfskräfte betrachtet werden, auf deren Bereitwilligkeit man allzugern zurückgreift, sondern müssen sinnvoll, d. h. ihren Gaben, Fähigkeiten und Erfahrungen entsprechend, diakonisch tätig sein. Das könnte ihnen helfen, eine altersbedingte Isolierung zu vermeiden. E. 45

– Er sollte persönliche Begegnungen der Gemeindemitglieder fördern, zur Bildung von Familienkreisen und anderen Gruppen ermuntern und dazu kircheneigene Räume zur Verfügung stellen, um der Isolierung und Vereinsamung in der Gemeinde entgegenzuwirken. Auch zu Kontakten mit Fernstehenden und Andersdenkenden soll er sie befähigen und ermutigen. 62

Erläuterungen der Fachkommission zu Absatz 62

Gruppenbildung kann nicht nur durch Appelle erreicht werden. Sie braucht neben dem Wohlwollen des Pfarrers auch Räume, in denen man sich zusammenfinden kann. Hier wird der Pfarrer, bei aller Verantwortung, die er letztlich für Zusammenkünfte in kirchlichen Räumen trägt, die vorhandenen Möglichkeiten so großzügig wie möglich ausschöpfen (vgl. Abs. 17, 24–26). E. 46

2. Die Mitglieder des Pfarrgemeinderates sollten sich zusammen mit dem Pfarrer und seinen Mitarbeitern für folgende Aufgaben verantwortlich wissen: 63

– Sie sollen geeignete Wege suchen, um alle Gemeindemitglieder über das Leben der Gemeinde zu informieren. 64

Erläuterungen der Fachkommission zu Absatz 64

Wenn sich eine brüderliche Haltung gegenseitiger Verantwortung und Hilfsbereitschaft entwickeln soll, muß über den eigentlichen caritativen Bereich hinaus, über den die Sachgruppe „Diakonie" regelmäßig berichten soll (vgl. Abs. 50), auch über das Gemeindeleben informiert werden. Deshalb ist Information ein wirklicher diakonischer Dienst. Sie ist besonders für jene ein lebenswichtiges Band zur Gesamtgemeinde hin, die nicht selbst regelmäßig an den Gottesdiensten und Versamm- E. 47

lungen der Gemeinde teilnehmen können. Für solche Informationen bieten sich ein regelmäßiger Gemeindebrief, ein eigens eingerichteter Informationsabend für die Gemeinde o. ä. an.

– Sie sollen in Zusammenarbeit mit dem Beauftragten der Diözesancaritas dafür Sorge tragen, daß in Gemeinde oder Dekanat Informationsangebote für Mädchen und Jungen vom 6. Schuljahr an und für deren Eltern über soziale und kirchliche Berufe gemacht werden. 65

– Die Verantwortlichen von caritativen Einrichtungen sollen zu den Sitzungen des Pfarrgemeinderates eingeladen werden, soweit das von der Sache gefordert ist. Entsprechendes gilt auch für die in der Gemeinde caritativ tätigen Ordensschwestern. 66

Sechster Abschnitt: Pastorale Empfehlung und Anweisung an überpfarrliche Institutionen

Erläuterungen der Fachkommission zum 6. Abschnitt

Bewußt wendet sich die Pastoralsynode an dieser Stelle auch an Institutionen, die nicht auf den Bereich einer Gemeinde eingeschränkt werden können. Sie will dadurch einerseits die Notwendigkeit ihrer Integration in die Gemeinde unterstreichen, andererseits aber auch deren Verantwortung für diese Institutionen hervorheben (vgl. Abs. 4). E. 48

1. *Pastorale Empfehlung:*

Die Diözesancaritas soll in Zusammenarbeit mit dem Seelsorgeamt die Diakonie der Gemeinde unterstützen und für Anregungen aus den Gemeinden offen sein. 67

– Sie sollte die Gemeinden auf erforderliche Hilfeleistungen hinweisen, geeignete Modelle für sie aufzeigen und über gelungene Hilfsaktionen berichten. 68

- Sie sollte Möglichkeiten zur Beratung im sozialen Bereich schaffen. 69
- Ferner sollte sie durch geeignete Referenten auf Dekanatsebene, wenn möglich zusammen mit den diakonischen Werken der anderen Kirchen, Kurse für häusliche Kranken- und Altenpflege und andere Dienste durchführen. 70
- Die Diözesancaritas sollte die Gemeinden einerseits über den finanziellen Bedarf für caritative Aufgaben und Einrichtungen, andererseits auch über die Verwendung des gesammelten Geldes informieren. 71
- Zusammen mit der Diözesancaritas sollte das Seelsorgeamt von Zeit zu Zeit Hilfen für die Vertiefung brüderlicher Gesinnung in der Gemeinde und ihren Gruppen erarbeiten. 72

2. *Pastorale Anweisung:*

Der Dekanatsrat soll ein Sachgremium bilden, das in Zusammenarbeit mit den Beauftragten für Caritasarbeit im Dekanat einen regelmäßigen Erfahrungsaustausch unter den gemeindlichen Sachgruppen „Diakonie" und deren fachliche Anleitung gewährleistet. 73

Siebenter Abschnitt: Pastorale Wünsche an die Bischöfe

1. Die Bischöfe werden gebeten, im Seelsorgeamt ihres Jurisdiktionsbezirkes für den Bereich Altenpastoral ein eigenes Referat zu errichten oder einen Beauftragten einzusetzen. Die Arbeit im Bereich der Altenpastoral soll im Zusammenwirken mit der Diözesancaritas geleistet werden. 74
2. Die Bischöfe werden gebeten, für die Sicherung der Krankenhausseelsorge in größeren Städten gegebenenfalls einen Priester freizustellen. 75

BESCHLUSS DER PASTORALSYNODE

ASPEKTE DES VERKÜNDIGUNGSDIENSTES DER GEMEINDE

Inkraftsetzung des Beschlusses der Pastoralsynode

Aspekte des Verkündigungsdienstes der Gemeinde

Den von der Pastoralsynode der Jurisdiktionsbezirke in der DDR verabschiedeten Beschluß „Aspekte des Verkündigungsdienstes der Gemeinde" setze ich hiermit in Kraft.

Die Veröffentlichung in den Amtlichen Mitteilungen ordne ich hiermit an.

Gleichzeitig erkläre ich mein Einverständnis, daß die von der Fachkommission erarbeiteten Erläuterungen zum Synodenbeschluß „Aspekte des Verkündigungsdienstes der Gemeinde" veröffentlicht werden.

Berlin, 1. Dezember 1975	+ Alfred Card. Bengsch Erzbischof Bischof von Berlin
Dresden, 1. Dezember 1975	+ Gerhard Schaffran Bischof von Meißen
Görlitz, 1. Dezember 1975	+ Bernhard Huhn Bischof und Apostolischer Administrator von Görlitz
Erfurt, 1. Dezember 1975	+ Hugo Aufderbeck Bischof und Apostolischer Administrator in Erfurt- Meiningen
Schwerin, 1. Dezember 1975	+ Heinrich Theissing Bischof und Apostolischer Administrator in Schwerin
Magdeburg, 1. Dezember 1975	+ Johannes Braun Bischof und Apostolischer Administrator in Magdeburg

Aspekte des Verkündigungsdienstes der Gemeinde

Vorwort

Wie zu allen Zeiten ist der Kirche auch heute aufgegeben, die Offenbarung Gottes zu verkündigen. Die Sorge um die lebendige, überzeugende und zeitgerechte Verkündigung fordert, daß die Pastoralsynode für diesen Dienst am Glauben einige Hilfen und Anregungen zu geben versucht. Sie wendet sich dabei zunächst an jene, die im Auftrag der Kirche das Wort Gottes predigen und lehren, darüber hinaus an alle, die diesen Dienst mittragen und Gott in Wort und Tat vor den Mitmenschen bezeugen. Daher soll der Begriff der Verkündigung hier den Dienst am Wort in der Liturgie, die Unterweisung, das Zeugnis und die gegenseitige Bestärkung im Glauben sowie Weiterbildung und geistliches Gespräch umgreifen. 1

Der Synodenbeschluß zeigt zunächst, wie sich die ganze Gemeinde um die immer tiefere Erkenntnis der Frohen Botschaft in unserer Zeit bemühen soll. Sodann beschreibt er, wie die Priester und ihre Mitarbeiter zusammen mit der Gemeinde jeden einzelnen zum Zeugnis des Glaubens in der ihm gemäßen Weise befähigen können. Eine so auferbaute Gemeinde trägt das Wort Gottes in die Welt und verkündigt es den Mitmenschen. Diesen missionarischen Auftrag stellt der Text abschließend heraus und weist auf einige Formen seiner Verwirklichung hin. 2

ERSTES KAPITEL: VERKÜNDIGUNGSDIENST ALS DIALOGISCHER VORGANG[1]

In der „Offenbarung redet der unsichtbare Gott aus überströmender Liebe die Menschen an wie Freunde und verkehrt mit ihnen, um sie in seine Gemeinschaft einzuladen und aufzunehmen“[2]. Diese Offenbarung wird, wie es die Enzyklika „Ecclesiam suam“ ausdrückt, „in einem Dialog verwirklicht, wobei das Wort Gottes sich in der Menschwerdung und dann im Evangelium zum Ausdruck bringt“[3]. 3

Die gesamte Offenbarungsgeschichte zeigt uns, wie Gott auf den Menschen eingeht. Seine Selbstmitteilung begegnet uns stets unlösbar verbunden mit der Antwort des von ihm Gerufenen. So wird Gott in der Geschichte des Volkes Israel erfahrbar bis zur unüberbietbaren Offenbarung in der Person Jesu, des menschgewordenen Wortes Gottes. Die Evangelien zeigen uns Jesus im Gespräch mit seinen Hörern. „Er verkündete ihnen das Wort, wie sie es verstehen konnten.“[4] Die paulinischen Briefe sind weithin klärende Antworten auf Anfragen aus den Gemeinden. 4

Die Verkündigung der Kirche gilt allen Menschen. Ihre Botschaft von der Güte und Macht Gottes, die er in seinem Sohn Jesus Christus kundgemacht hat, ist ein Anruf an jeden: Sie hilft dem Verzweifelten und antwortet dem Suchenden, sie rüttelt den Müden auf und trifft den Selbstgefälligen, sie stärkt auf dem Weg des Glaubens. So trifft die eine Botschaft Menschen in unterschied- 5

[1] Der Dienst der Verkündigung kann unter verschiedenen Aspekten bedacht werden: Ruf und Antwort, Angebot und Annahme, Botschaft und Hören, Einladung und Kommen. Der Text wählt den Gedanken des Dialogs, der viele dieser Aspekte umgreift.

[2] Vat. II., Offenbarung 2.

[3] Paul VI., Ecclesiam suam, Leipzig 1964, 31, Nr. 70.

[4] Mk 4,33.

lichen Situationen. Gottes Wahrheit umgreift aller Fragen Antwort. Sie kann daher durch die konkrete Verkündigung auch nicht annähernd ausgeschöpft werden.

6 Damit die Botschaft dem Menschen in einer Gestalt entgegentritt, in der er von ihr ergriffen werden kann, müssen wir immer wieder den Blick auf den Mitmenschen richten, dem wir durch unser Wort und Tun die gute Nachricht verkünden wollen. Die Verkündigung muß sich also an den konkreten Menschen richten und auf ihn zugehen, so wie sich Gott uns in Liebe zugewandt hat. Auf diese Weise führt sie den Dialog weiter, den Gott mit uns begonnen hat. Von daher ist der Dialog nicht in erster Linie als eine Methode zu verstehen, sondern als eine innere Haltung,[5] die alle Formen der Verkündigung prägt.[6]

7 Verkündigung wird dadurch nicht unverbindlich; sie bleibt dem Wort treu, das ihr aufgegeben ist. Sie sucht den Menschen und geht ihm nach, aber sie verliert nicht das Ziel aus den Augen. Sie müht sich um den Gesprächspartner und seine Sicht von der Welt, aber sie vergißt nicht die Wahrheit. Auch wo sie einen Aspekt besonders betont, weiß sie um die Fülle der Botschaft.

8 Die Verkündigung von heute setzt das Werk von gestern fort. Gerade der Blick auf die Vergangenheit kann uns vor der Überschätzung eigener Einsichten und Methoden bewahren. Auch wir brauchen Atmosphäre und Geborgenheit und die Hilfe mittragender Formen bei der täglichen Gestaltung eines Lebens aus dem Glau-

5 „Der Dialog setzt also bei uns eine innere Haltung voraus, die wir auch in unserer Umgebung hervorrufen und nähren wollen: es ist die innere Verfassung dessen, der in sich die Last des apostolischen Auftrages fühlt, der sich bewußt ist, das eigene Seelenheil nicht vom Suchen nach dem Heil des anderen trennen zu können, der sich ständig bemüht, die Botschaft, die ihm anvertraut ist, in den Kreislauf des menschlichen Gesprächs einzuführen" (Paul VI., Ecclesiam suam, Leipzig 1964, 34, Nr. 80).

6 Die Grundaussagen meinen also mit dialogisch geprägter Verkündigung nicht speziell die Form der Dialogpredigt. Jene kann sich in dieser allerdings unter bestimmten Umständen manifestieren.

ben. All das wächst aber nur über längere Zeiträume hinweg und trägt daher notwendigerweise Züge der Vergangenheit. So gilt es, verständnisvoll an solche Traditionen anzuknüpfen und sie in einer ständig sich verändernden Welt behutsam weiterzuentwickeln.

Die zeitgemäße Verkündigung des Evangeliums ist nicht Aufgabe 9
der Priester allein, die kraft Weihe und Sendung einen besonderen Verkündigungsauftrag haben. Sie geht jeden an, der durch Taufe und Firmung zur Mitverantwortung für die Verkündigung des Glaubens und zur Teilnahme an der Sendung der Kirche in der Welt berufen ist. Die ganze Gemeinde hat die Aufgabe, die Wahrheit zu erkennen, zu leben und weiterzutragen, und wird darin bestärkt durch diejenigen, die für das Volk Gottes zum Verkündigungsdienst bestellt sind. Wer einen solchen Auftrag in der Verkündigung hat, bedarf seinerseits des Austausches und des Gesprächs, damit sich sein Dienst als Anruf, Frage und Antwort auf den konkreten Menschen hin verwirklicht.

Jeder Verkündiger muß zuerst Hörer sein, ganz gleich, ob er ein 10
besonderes Amt hat oder nicht. Die Begrenztheit des Verkündigers fordert, sich immer neu zu öffnen für das größere Wort, dem er dient, durch Schriftlesung, Meditation, Gebet. Wo das Hören auf Gott und den Mitmenschen geübt wird, verschwindet auf die Dauer jede Selbstgefälligkeit, jede Haltung des Besserwissens, des überlegenen Dozierens, die beim Hörer unüberwindliche Widerstände hervorruft. Andererseits aber muß der Hörer Offenheit für die Botschaft mitbringen und bereit sein, sie auch dann anzunehmen, wenn sie ihm neue und unerwartete Einsichten vermittelt. So verlangt der rechte Dienst am Wort Gottes von beiden

- aufmerksame Zuwendung und Lernbereitschaft;
- Achtung vor der Person und der Freiheit des anderen;
- Bemühen um den Wissens- und Erfahrungshorizont des Partners;
- gemeinsames Streben nach tieferer Erkenntnis der Wahrheit Gottes.

ZWEITES KAPITEL: DIFFERENZIERTE VERKÜNDIGUNG

Wer dialogisch verkündigen will, muß differenziert vorgehen, denn der eine ist für das Evangelium erst zu gewinnen, der andere muß im Glauben gestärkt und weitergeführt werden. Diese schwierige Aufgabe der differenzierten Verkündigung kann nur zusammen mit der Gemeinde geleistet werden, die in Liebe, Freimut und Geduld den Dienst am Worte Gottes unterstützt und berät, korrigiert und ergänzt, umsetzt und weiterführt. Dabei ist es von besonderem Gewicht, in der Verkündigung auf die richtigen Proportionen zu achten und Schwerpunkte zu setzen.[7] Es gilt, das Wesentliche prägnant, einprägsam und in immer neuen Zusammenhängen zu sagen. 11

Unter diesen Gesichtspunkten behandelt dieses Kapitel Aspekte der differenzierten Verkündigung 12
- in der Erwachsenen- und Jugendpastoral;
- in der Kinderpastoral;
- in der Sakramentenpastoral;
- sowie die Befähigung zu dieser Aufgabe.

Erster Abschnitt: Aspekte differenzierter Verkündigung in der Erwachsenen- und Jugendpastoral

1. *Differenzierungen in der Gemeinde der Erwachsenen*

1.1. Grundaussagen

Die konkreten Wege der Verkündigung ergeben sich aus der *Struktur* der jeweiligen *Gemeinde*. Trotz aller Verschiedenheit ist unseren Gemeinden aber eine Schichtung gemeinsam, 13

[7] Vgl. die Aussage des Vat. II. über die Hierarchie der Wahrheiten, Ökumenismus 11.

die es erlaubt, Grundrichtungen der differenzierten Verkündigung aufzuzeigen: Den Kern bilden diejenigen Gemeindeglieder, die ihre Mitverantwortung in der Kirche und für die Kirche erkannt haben und ihr gerecht zu werden suchen. Ein anderer Teil lebt in ständiger Verbindung mit der Gemeinde, ist aber nicht bereit oder in der Lage, selbständige Aufgaben zu übernehmen; wieder andere stehen nur in losem oder zeitweiligem Kontakt mit der Kirche. Nicht wenige scheinen sich völlig vom Leben der Kirche getrennt zu haben, obwohl sie sich nicht von ihr lossagen.

Geistige Grundrichtungen unserer Zeit reichen in vielfacher Weise in unsere Gemeinden hinein. Einerseits streben viele nur nach einer lose gefügten Gemeinschaft gleichberechtigter und eigenverantwortlicher Partner. Sie suchen die für unsere Zeit charakteristische skeptische Nüchternheit und kritische Distanz auch in der Sprache der Verkündigung. Andere wiederum sehnen sich nach Beheimatung und Wärme in einer komplizierten und lauten Welt. Ihnen muß die Verkündigung die Hand zur Geborgenheit bieten und an gewachsene Vorstellungen und vertraute Bilder anknüpfen. So hilft die Verkündigung dem Menschen in vielfältiger Weise, sein Leben im Glauben zu bestehen. **14**

Wenn die Verkündigung Ohr und Herz der Gesprächspartner erreichen will, muß sie von dem Bild ausgehen, das sich diese bereits von der Kirche und vom Glauben gemacht haben. So kann ihr Glaubensverständnis je nach *Bildungsweg,* persönlicher *Erfahrung* und *Lebensalter* stärker durch Gefühl und Gemeinschaftserlebnis geprägt oder mehr vom kritischen Nachdenken bestimmt sein. Hier sind die Grenzen oft fließend. Der Rest von Glauben, den sich ein Christ am Rand der Gemeinde bewahrt hat, trägt nicht selten stark traditio- **15** nelle Züge. Umgekehrt können im kirchlichen Leben engagierte Christen in einer starken Spannung zu überkommenen Denk- und Verhaltensweisen stehen. Im Ertragen anderer, nicht immer mitvollziehbarer Ausdrucksweisen des gleichen Glaubens, bewährt sich christliche Toleranz.

In der Begegnung mit Glaubenden und Nichtglaubenden ist 16
es oft notwendig, geduldig und sachkundig weitverbreitete *Mißverständnisse* und *Verzerrungen* auszuräumen. Das verlangt Wissen um die Wahrheiten des Glaubens und um den Weg der Kirche durch die Zeit. Dabei ist das Verhalten der Kirche – auch ihr Versagen – an der Botschaft Christi zu messen. So kann der Blick des Suchenden frei werden für die vom Vater geoffenbarte Wahrheit, die die Wirklichkeit erhellt und den Sinn menschlicher Existenz aufschließt. Den Christen vermag diese vertiefte Kenntnis zu einem reiferen Glauben zu führen, der sein Leben prägt und ihm auch die Kraft gibt, die Brüder in ihren Belastungen zu stärken.

Verkündigung verwirklicht sich neben der Predigt, die von 17
zentraler Bedeutung ist, *in mannigfaltigen Formen geistigen Austausches.* Daher bedürfen unsere Pfarrgemeinden einer vielgliedrigen Struktur unterschiedlicher Gemeinschaften, die füreinander und nach außen hin offen sind und der differenzierten Verkündigung den entsprechenden Raum bieten.[8] So muß die brüderliche Gemeinde im Dialog innerlich erstarken und sich zugleich nach außen öffnen.

---

[8] Vgl. Beschluß der Pastoralsynode, Dienste und Ordnungen im Leben der Gemeinde 62–68.

1.2. Pastoraler Leitsatz

Die Verkündigung 18
- muß in Sprache und Richtung differenziert erfolgen;
- muß die Umwelt des Christen im Blick behalten und ihn zur Auseinandersetzung mit ihr befähigen.

1.3. Pastorale Empfehlungen

Der *Pfarrer* und der *Pfarrgemeinderat* mögen realistische pa- 19
storale Zielsetzungen erarbeiten. Dabei sollen sie möglichst viele Gemeindeglieder beteiligen. Sie sollen die Arbeit im Jurisdiktionsbezirk berücksichtigen, von den konkreten Notwendigkeiten der Gemeinde ausgehen und ein intensives und vielseitiges Gemeindeleben ermöglichen.

Erläuterungen der Fachkommission

Gedacht wird u. a. an die Aufstellung von Jahresplänen, die Durchführung E. 1
von Glaubensseminaren, die Festlegung von Predigtthemen, die Organisation des Religionsunterrichtes und der Religiösen Kinderwochen. Dabei sollte die Möglichkeit einer ökumenischen Zusammenarbeit bedacht werden.

Der *Priesterkonvent des Dekanates* und der *Dekanatsrat* mö- 20
gen durch konkrete Vereinbarungen (Prediger- und Referentenaustausch usw.) das Feld pastoraler Aufgaben nach personalen und organisatorischen Möglichkeiten im Dekanat aufteilen, um so in brüderlicher Hilfe und Zusammenarbeit die Notwendigkeiten der differenzierten und spezialisierten Verkündigung meistern zu können.

Der *Pfarrer* und der *Pfarrgemeinderat* mögen sich beharr- 21
lich um die Bildung von Pfarrgruppen und Arbeitskreisen bemühen, die auch für gelegentliche Besucher offen sind und den Ort für ein Gespräch zu Fragen des Glaubens und der Verkündigung bieten. Sie sollten die Gruppen in die pasto-

rale Planung einbeziehen und sie geduldig zur Eigenverantwortung führen.

Erläuterungen der Fachkommission

In fast allen Pfarrgemeinden wird die Gruppenarbeit von einem kleinen Kreis aktiver und engagierter Gemeindeglieder getragen. Diese müssen zu der Erkenntnis geführt werden, daß ihr unermüdlicher Einsatz erst dann seinen vollen Sinn erhält, wenn sie ihn als ständig wiederholtes Angebot an andere verstehen, auch nur gelegentlich oder einmalig an Veranstaltungen teilzunehmen. Daher muß dieser Kern in seinem freiwilligen Dienst bestärkt und vor Selbstgerechtigkeit und Verbitterung bewahrt werden. Die Grenze zwischen Gruppe und Gemeinde muß fließend bleiben. Auch gegeneinander müssen die Gruppierungen offen sein, so wie sich alle stets als Glieder der Gemeinde und der ganzen Kirche verstehen. Das Leben in der Gemeinde und in ihren Gruppierungen soll so gestaltet werden, daß eine freundschaftliche Atmosphäre entstehen kann, in der sich auch Neuhinzukommende wohl fühlen. Dazu gehört auch das Gespräch über alltägliche Fragen und Sorgen sowie gemeinsames Feiern und Erholen. So soll allen die Pfarrgemeinde zur Heimat werden. E. 2

Ein oft übersehenes pastorales Feld sind Gesprächsgruppen mit älteren Menschen. Diese stehen unter einer besonderen Belastung, die in den Mühen des Alters, in Krankheit und Einsamkeit ihre Ursache hat. Dabei besitzen sie vielfach eine große Lebenserfahrung, geistige Reife und religiöse Aufgeschlossenheit. Durch die rechte Verkündigung und den Austausch in der Gesprächsgruppe können sie befähigt werden, ihre Belastungen zu tragen und Anregungen erhalten, sich ihren Möglichkeiten entsprechend in der Gemeinde einzusetzen.[9] Es käme auch hier darauf an, solche Gruppen von bloßer Betreuung zu einer gewissen Selbständigkeit zu führen.

Die *Priester, Diakone* und *Diakonatshelfer* mögen sich geduldig darum bemühen, mit Gemeindegliedern über die Sonntagspredigt zu sprechen, die die Mitte der Verkündigung sein muß. 22

Erläuterungen der Fachkommission

Abgesehen von den Gesprächen, die sich ungeplant und gelegentlich ergeben, wäre ein Kreis denkbar, der sich regelmäßig mit dem Pfarrer zur Vorbereitung der Predigt trifft (z. B. Diakonatshelfer, Helferkreis, Pfarrgemeinderat). E. 3

[9] Vgl. Beschluß der Pastoralsynode, Diakonie der Gemeinde 35–38.

Die *Priester, Diakone* und *Diakonatshelfer* mögen die Predigten nach Thema und Form differenzieren und darauf achten, ob der Hörer gewonnen werden muß oder im Glauben weitergeführt werden kann. 23

Erläuterungen der Fachkommission

Folgende Differenzierungsmöglichkeiten bieten sich beispielsweise an: E. 4

- Sonntagspredigten, die sich vor allem an den festen Gemeindekern richten können;
- Predigten zu kirchlichen Festtagen, die auch Christen an der Peripherie und Nichtglaubende erreichen können;
- Predigten zu Kernpunkten im Leben eines Menschen, die einen persönlichen Ansatzpunkt bieten und oft ebenfalls von Außenstehenden gehört werden (Taufe, Trauung, Beerdigung);
- Predigten für Gruppen mit spezifischen Anliegen und Problemen.

Der *Pfarrer,* seine *Mitarbeiter* und *Helfer im Verkündigungsdienst*[10] mögen bei ihrer Arbeit die Erwartungshaltung der Hörer, das ihnen selbstverständliche Weltbild und ihre vom Zeitgeist geprägten „Gewißheiten" in den Blick nehmen. 24

1.4. Pastorale Appelle

Bischöfe, Priester, Mitarbeiter und *Helfer im Verkündigungsdienst* mögen sich dem offenen Gespräch mit Arbeitskreisen, Gruppen und einzelnen stellen, damit sie ihren Dienst am Worte Gottes besser erfüllen können. 25

Alle *Gemeindeglieder* werden aufgerufen, aus Liebe zur Kirche und mit Verständnis für die Last des Verkündigungsdienstes ihren Beitrag zur Verkündigung zu leisten: durch aufmerksames Hören und Gebet, weiterführende Gespräche und 26

[10] Unter dem Begriff „Mitarbeiter (im Verkündigungsdienst)" werden alle hauptamtlich Tätigen verstanden; mit „Helfer" werden alle ehrenamtlich Tätigen bezeichnet. (Vgl. Beschluß der Pastoralsynode, Dienste und Ordnungen im Leben der Gemeinde, Anm. 8).

hilfreiche Kritik, durch Weitersagen und Verwirklichen des Gehörten.[11]

2. *Differenzierte Verkündigung in der pastoralen Arbeit mit Jugendlichen und jungen Erwachsenen*

2.1. Grundaussagen

Der heranwachsenden Jugend in der differenzierten Verkündigung besondere Aufmerksamkeit zuzuwenden ist für die Zukunft der Kirche von größter Bedeutung. Die Jugendlichen und jungen Erwachsenen, auf die täglich Anforderungen und Angebote von allen Seiten einstürmen, müssen als Partner ernst genommen werden. Dafür brauchen sie Verständnis und einen ihnen gemäßen Raum der Eigenverantwortung, aber auch überzeugendes und klares Vorbild. 27

Aufgabe der Erwachsenengemeinde ist es, junge Menschen trotz aller Schwierigkeiten und Spannungen durch Wort, Haltung und Tat zur Mündigkeit im Glauben zu führen. Dabei kommt der christlichen Familie als Baustein der Gemeinde und gemeinsamer Lebensbereich verschiedener Generationen besondere Bedeutung zu. 28

2.2. Pastoraler Leitsatz

Jugendliche und junge Erwachsene sollen ihren eigenen Platz in der Gemeinde finden und fest dem Gemeindeleben verbunden sein. Dafür brauchen sie einen ihnen gemäßen Raum der Freiheit. Dabei soll ihnen der Glaube als Sinndeutung des Lebens und Weg zum ewigen Glück erschlossen werden, 29

[11] Vgl. Absatz 85–106.

ohne daß die Forderung des Evangeliums verschwiegen werden darf.

2.3. Pastorale Empfehlungen

Der *Pfarrer* und der *Pfarrgemeinderat* sollen jungen Menschen geeignete Aufgaben übertragen, die selbständig und verantwortlich erfüllt werden können, und ihnen Räume der Begegnung schaffen. 30

Erläuterungen der Fachkommission

Der Verkündigungsdienst bei Jugendlichen und jungen Erwachsenen darf sich nicht in Belehrung und Betreuung erschöpfen. Es geht vielmehr darum, Angebote zu machen: zur Selbsthilfe, zu eigener Sinnfindung und Werterfahrung, zu selbständigem Glauben und Zeugnis und zu einem persönlichen Verhältnis zur christlichen Gemeinde. E. 5

Wenn junge Menschen in die Gemeinde hineinwachsen sollen, müssen sie die Möglichkeit haben, deren Lebensvollzüge aktiv mitzugestalten. Ihnen sind immer wieder Aufgaben anzubieten, die sie nach eigener Wahl und in freier Entscheidung übernehmen und möglichst selbständig erfüllen können. Dabei ist darauf zu achten, daß die Belastungen der Leistungsfähigkeit der jungen Menschen angemessen sind. Die Aufgaben müssen für sie überschaubar und zeitlich begrenzt sein. Belastungen und Dienste ohne eine solche Begrenzung stellen häufig eine Überforderung dar. Sie können beim Jugendlichen Abwehrhaltungen auslösen und ihn dazu verleiten, sich den Verpflichtungen zu entziehen.

Die Erwachsenen sollten nicht resignieren, wenn junge Menschen eine Aufgabe nicht zufriedenstellend erfüllen; vielmehr sollten sie ihnen in Geduld neue Aufgaben anbieten und sie auch weiterhin zur Mitarbeit ermutigen.

Der *Pfarrer*, seine *Mitarbeiter* und *Helfer* mögen sich intensiv um Kontakt mit jungen Menschen bemühen, die in der Ausbildung stehen oder sich in besonderen Situationen befinden.[12] 31

---

21 Vgl. Beschluß der Pastoralsynode, Glaube heute 50 und 52, und Beschluß der Pastoralsynode, Diakonie der Gemeinde 11 und 26.

Erläuterungen der Fachkommission

Die Möglichkeiten des Kontaktes sind nach den Umständen verschieden. E. 6
Dabei sollte auch Verbindung zu solchen Jugendlichen und jungen Erwachsenen gesucht werden, die sich nur vorübergehend am Pfarrort aufhalten.
Meist wird das Angebot eines regelmäßigen Gesprächskreises zweckmäßig sein. In vielen Fällen ist das Bemühen um den einzelnen durch Gespräche oder gelegentliche Zeichen der Aufmerksamkeit besonders erforderlich.
Im Umgang mit jungen Menschen ist es vor allem notwendig, auf ihre religiösen Fragen und geistigen Nöte aufmerksam zu hören und sich unermüdlich um das geistige Rüstzeug zu mühen, ihre Probleme verstehen zu können.
Die Begegnung mit jungen Menschen verlangt eine Atmosphäre des Vertrauens. Auch wenn sie im Verhalten und Sprechen unfertig erscheinen und auf Ältere verletzend wirken können, müssen diese immer wieder bereit sein, im mutigen und brüderlichen Gespräch eine tragfähige und weiterführende Antwort zu suchen.

Der *Pfarrer*, seine *Mitarbeiter* und *Helfer im Verkündigungsdienst* werden dazu ermutigt, die jungen Menschen auch an solche Wahrheiten des Evangeliums heranzuführen, die dem Zeitgeist widersprechen.[13] 32

Erläuterungen der Fachkommission

Wie zu allen Zeiten sind auch heute junge Menschen bereit zu großherziger Tat, selbstloser Hilfe und mutigem Einsatz. E. 7
Die Erwachsenen sollten sich bemühen, ihnen für solches Handeln überzeugende Begründungen aufzuzeigen und ein gutes Beispiel zu geben.
Wenn bei jungen Menschen die Bereitschaft, mehr zu tun, als gefordert ist, und Verzicht zu leisten, geweckt und anerkannt wird, können sie auch heute dafür begeistert werden, ihr ganzes Leben in den Dienst Gottes und der Mitmenschen zu stellen.

2.4. Pastorale Appelle

Die *Erwachsenen* mögen der heranwachsenden Jugend mit Bereitschaft zu einem offenen, klaren und verständnisvollen Wort und mit tätiger Hilfe entgegengehen. 33

---

[13] Vgl. Hirtenwort der Berliner Ordinarienkonferenz zur christlichen Erziehung vom September 1974.

Erläuterungen der Fachkommission

Junge Menschen versuchen, die Gewohnheiten der älteren Generation zu hinterfragen, aus Zwängen der Umwelt auszubrechen und eigene Wege zu entdecken; deshalb erscheint den Erwachsenen ihr Verhalten oft unangemessen, unverständlich oder sogar provozierend. Es ist jedoch gerade Aufgabe der Erwachsenen, sich um ein Verstehen der Ursachen und Gründe zu bemühen und hinter der scheinbaren Provokation den Ruf nach dem Besseren zu erkennen. E. 8

Vielfältige Hilfen der Erwachsenen für die Jugend der Pfarrgemeinde sind möglich, z. B.:

- sich ohne Vorurteile den Jugendlichen zum Gespräch stellen;
- bereit sein, von eigenen Erfahrungen, Interessen und der täglichen Arbeit zu berichten;
- Jugendliche mit besonderen Interessen fördern und mit ihnen zusammenarbeiten;
- Interesse für die Unternehmungen der Jugendlichen aufbringen;
- Initiativen der Jugendlichen finanziell unterstützen, soweit diese Aufgaben ihr Leistungsvermögen überfordern;
- ein Klima gegenseitigen Wohlwollens und Vertrauens aufzubauen.

Die *Jugendlichen* und *jungen Erwachsenen* werden dazu ermutigt, den Glauben in ihrer Weise auszusprechen und zu leben. Der anderen Art und Lebenserfahrung der älteren Erwachsenen sollen sie jedoch mit Offenheit begegnen. 34

Sie sollen sich bemühen, das Leben der Pfarrgemeinde in ihnen gemäßer Weise mitzugestalten, Ideen und Initiativen zu entwickeln und Aufgaben verantwortlich zu übernehmen. 35

Beim Aufenthalt in einer fremden Pfarrgemeinde sollen sie ohne Aufforderung Kontakt mit dem Pfarrer und den Jugendlichen suchen und selbst in schwierigen Situationen, soweit wie irgend möglich, am kirchlichen Leben teilnehmen. 36

Sie sollen versuchen, ihren Glauben in das Gespräch mit Nichtglaubenden einzubringen, um ihnen den Sinn des jetzigen Lebens zu erschließen und die Hoffnung auf das kommende Leben zu wecken. 37

3. *Die Sorge um den einzelnen*

3.1. Grundaussage

Zur differenzierten Verkündigung gehört die Sorge um den einzelnen. Viele sind müde oder suchen die Distanz. Andere sind voller Mißtrauen und Zweifel, sie gehören nur noch dem Namen nach zur Kirche oder haben sie bereits verlassen. Alter und Krankheit haben manche einsam und bitter gemacht. Auch die fest in der Pfarrgemeinde Verwurzelten bedürfen des ganz persönlichen Gesprächs, um die Grenzen ihres Glaubens und Tuns überwinden und im geistlichen Leben Fortschritte machen zu können. Diese Einzelgespräche sind gleichermaßen Aufgabe der Laien und der Priester. Die Laien stehen als Arbeitskollegen und Nachbarn mit diesen Menschen in unmittelbarer Verbindung. Sie kennen oft ihre Nöte und Beweggründe, so daß sie eher das rechte Wort finden. Daneben darf aber das Gespräch des Priesters mit Gefährdeten und Abständigen, Einsamen und Kranken nicht unterschätzt werden. Gerade für diese Menschen repräsentiert er die Kirche in besonderer Weise. Für den Priester ist dies eine unverzichtbare, wenn auch manchmal schmerzhafte Möglichkeit, die Welt außerhalb der Kirche, die ihn oft nur indirekt erreicht, unmittelbar zu erfahren. 38

3.2. Pastoraler Leitsatz

Bei aller Arbeit mit Gruppen muß genügend Raum für den einzelnen und für die Sorge um ihn gewahrt bleiben. Deshalb ist die Arbeit in festeren Gemeinschaften immer wieder durch zusätzliche regelmäßige Angebote zu einem offenen und hilfreichen Gespräch über Fragen des Glaubens und zur praktischen Hilfe in Not zu ergänzen. 39

3.3. Pastorale Empfehlungen

Der *Pfarrer,* seine *Mitarbeiter* und *Helfer* mögen den Hausbesuch als wesentlichen Bestandteil auch ihrer Verkündigung ansehen, vor allem bei den Neuzugezogenen, bei den ständig Kranken, bei denen, die am Rande der Gemeinde leben, und bei denen, die von einer besonderen inneren Not betroffen sind. Dabei sollten sie sich nicht scheuen, dem anderen ein Wort des Glaubens zu sagen. **40**

Der *Pfarrer* und der *Pfarrgemeinderat* mögen gemeinsam Hausbesuche planen und dafür Sorge tragen, daß die Gemeinde einladend und das Pfarrhaus für jeden, der Hilfe braucht, offen ist. **41**

Der *Pfarrer,* seine *Mitarbeiter* und *Helfer* sowie der *Pfarrgemeinderat* sollen dafür Sorge tragen, daß das Gespräch mit denen nicht abreißt, die zeitweise keinen Kontakt zur Gesamtgemeinde haben können. **42**

3.4. Pastoraler Appell

Alle Gemeindeglieder werden aufgerufen, persönliche Bindungen mit Christen bewußt zu suchen und zu pflegen. Vor allem in Orten mit einer starken Bevölkerungsbewegung müssen sie sich gezielt um Kontakte mit anderen und mit Neuzugezogenen bemühen. **43**

Zweiter Abschnitt: Aspekte differenzierter Verkündigung in der Kinderpastoral

Die heranwachsende Generation braucht die besondere Zuwendung der Gemeinde, der Familie und der Mitarbeiter im Verkündigungsdienst. Kinder sind zwar durch die Taufe in die Gemeinde eingegliedert, bedürfen aber der „allmählichen Einführung in das Heilsmysterium, damit sie den empfangenen Glauben immer bewußter vollziehen lernen"[14]. Einige wesentliche Aspekte sollen zeigen, wie dies heute im Gemeinde- und Familienleben verwirklicht werden kann. 44

1. *Die Verantwortung der Gemeinde und der Familie für die Kinder*

1.1. Grundaussagen

Kinder leben in Bindung an den Erwachsenen. Dies gilt auch im Raum der Gemeinde. Wie die Kinder ihre Eltern und andere Erwachsene erleben, werden sie auch selbst zu handeln bereit sein: Erleben sie Glauben und Leben als Einheit, wird auch für sie der Glaube nicht bloße Lehre bleiben; lesen sie am Leben der Erwachsenen ab, wie wertvoll die Botschaft vom Heil der Menschen ist, wird auch für ihr Leben der Glaube ein Wert sein. So verantworten alle Erwachsenen durch ihr Beispiel die Einführung der Kinder in den Glauben. Den Eltern kommt dabei die wichtigste Aufgabe zu, denn sie sind „ihren Kindern gegenüber die ersten Künder und Erzieher des Glaubens"[15]. 45

---

[14] Vat. II., Erziehung 2.
[15] Vat. II., Laienapostolat 11.

1.2. Pastoraler Leitsatz

Alle Erwachsenen und insbesondere die Eltern und Paten tragen die Verantwortung für die Hinführung der Heranwachsenden zum Glauben. Dieser Verantwortung können sie nur gerecht werden, wenn sie sich immer wieder gegenseitig ermutigen, helfen und den Angeboten öffnen, die sie für ihre Aufgabe befähigen sollen. 46

1.3. Pastorale Appelle

Die *Eltern* sollen sich stets vor Augen halten, daß sie die erste Verantwortung für die religiöse Erziehung ihrer Kinder haben. Alle Bemühungen des Pfarrers und seiner Mitarbeiter sind in Frage gestellt, wenn die Eltern ihren Auftrag nicht erfüllen.[16] 47

Alle Gemeindeglieder sollen sich ihrer besonderen Verantwortung für die Kinder bewußt sein, deren Eltern sich nicht am kirchlichen Leben beteiligen. 48

1.4. Pastorale Anweisung

In jeder Gemeinde sollen der *Pfarrer* und der *Pfarrgemeinderat* dafür sorgen, daß ein Arbeitskreis oder ein Verantwortlicher die Aufgaben der Kinderpastoral mitträgt. Unter Umständen kann ein solcher Arbeitskreis für mehrere Gemeinden tätig sein. 49

Erläuterungen der Fachkommission

Die hauptamtlichen Mitarbeiter brauchen Helfer und Berater. Deshalb ist es notwendig, einen Arbeitskreis zu bilden, der mit den hauptamtlichen Mitarbeitern die Aufgaben der Kinderpastoral plant, berät, vorbereitet und durchführt. In der Regel wird ein Mitglied des Arbeitskreises die Belange der Kinderseelsorge im Pfarrgemeinderat vertreten. E. 9

---

[16] Vgl. Beschluß der Pastoralsynode, Vorbereitung auf die Ehe 33.

Zu den Aufgaben dieses Arbeitskreises gehört es,
- die Kinderpastoral im Arbeitsjahr mitzuplanen (Festlegen von Höhepunkten wie Religiöse Kinderwochen, Kindertage, Familienveranstaltungen);
- die Kindergottesdienste der Gemeinde mit zu verantworten;
- bei Gemeindeveranstaltungen mit Kindern aktiv mitzuwirken;
- geeignete Helfer für bestimmte Aktionen zu gewinnen.

1.5. Pastorale Empfehlungen

Der *Pfarrer,* seine *Mitarbeiter* und *Helfer im Verkündigungsdienst* sollen den Erwachsenen immer neu ihre Verantwortung für die Kinder bewußt machen. 50

Erläuterungen der Fachkommission

Das kann geschehen
- differenziert in den verschiedenen Gruppen der Gemeinde durch Vortrag, Gespräch, Seminar; E. 10
- anläßlich von Gemeindeveranstaltungen, bei denen Kinder mitwirken;
- anläßlich von Höhepunkten im Gemeindeleben, die die Kinder betreffen, wie Erstkommunion- und Firmfeier oder etwa einer Taufe im Sonntagsgottesdienst der Gemeinde.

Der *Pfarrer,* seine *Mitarbeiter* und *Helfer im Verkündigungsdienst* sollten den Erwachsenen Wege zeigen, wie sie ihrer Verantwortung entsprechen können. 51

Erläuterungen der Fachkommission

Die Erwachsenen
- können den Kindern durch ihr Beispiel den Gottesdienst als Wert darstellen (Gebet, Gesang, Gemeinschaft); E. 11
- sie müssen Verständnis haben für kleine Kinder, die im Gottesdienst noch nicht in ausreichendem Maß Geduld und Ausdauer haben;
- sie müssen Verständnis dafür aufbringen, daß bei Gottesdiensten oder anderen Veranstaltungen gelegentlich eine den Kindern angemessene Form gewählt wird;
- sie können – je nach Fähigkeit – in der katechetischen Arbeit aktiv werden (Basteln mit Kindern, Mitarbeit als Helfer, gelegentlicher Einsatz in der katechetischen Arbeit ...).

Der *Pfarrer* und die *Mitarbeiter im Verkündigungsdienst* sollen sich mühen, soweit wie möglich die Eltern mit den Inhalten und Methoden der katechetischen Unterweisung ihrer Kinder vertraut zu machen und sie zur Mitarbeit anzuregen. Wo immer notwendig, sollen sie geeignete Erwachsene dazu befähigen, die Kinder im Glauben zu unterweisen. 52

Erläuterungen der Fachkommission

Regelmäßige Elternabende (2–3mal im Jahr), die langfristig vorbereitet werden, sind wünschenswert und notwendig. Jeder Elternabend sollte in einer Weise durchgeführt werden, die den Eltern aktive Mitarbeit ermöglicht und sie anregt, durch ihre Mitarbeit die Bemühung des Katecheten zu unterstützen. E. 12

Gelegentlich können Elternseminare (3–5 aufeinanderfolgende Abende) angeboten werden.

Die Festzeiten des Kirchenjahres sollen genützt werden, den Eltern zu raten, wie sie im Familienkreis das religiöse Brauchtum pflegen und mit den Kindern über die Heilstaten Gottes sprechen können.

Dabei werden die katechetischen Ämter die hauptamtlichen Mitarbeiter durch Anregungen und Hilfen unterstützen.

Der *Pfarrer* und der *Arbeitskreis Kinderpastoral* bzw. der *Verantwortliche* sollen dafür sorgen, daß die Kinder in geeigneter Weise in die Mitfeier des Gottesdienstes eingeführt werden.[17] 53

Erläuterungen der Fachkommission

Wo keine regelmäßige Kindermesse stattfinden kann, müssen Möglichkeiten gesucht werden, die Kinder wenigstens gelegentlich eine Kindermesse erleben zu lassen, z. B. E. 13

- monatlich einmal mit den Erwachsenen gemeinsam;
- gelegentlich an den Hochfesten des Kirchenjahres;
- anläßlich von Kindernachmittagen oder Kinderwochen;
- anläßlich der katechetischen Unterweisung als Gruppenmesse.

---

[17] Vgl. Direktorium für Kindermessen vom 1. November 1973, in: Kirchliches Amtsblatt der Ordinariate und Bischöflichen Ämter in der Deutschen Demokratischen Republik 23 (1974), Nr. 3–5.

Außerdem muß eine Möglichkeit gefunden werden, die Kinder auch da, wo sie mit den Erwachsenen gemeinsam den Gottesdienst feiern, immer in irgendeiner Weise anzusprechen:

- Die Kinder können wenigstens an *einer* Stelle direkt angesprochen werden: während der Predigt, vor oder nach dem Gottesdienst;
- wo ein geeigneter Raum zur Verfügung steht, können die Kinder einen von der Gemeinde gesonderten Wortgottesdienst feiern, den ein geeigneter Laie (Seelsorgehelferin, Diakonatshelfer, Vater oder Mutter) durchführt;
- wo immer möglich, sollen die Kinder wenigstens *eine* Aufgabe im Gottesdienst übernehmen (ein Lied, das Fürbittgebet, die Gabenprozession, Ministrantendienste ...).

Vorschulpflichtige Kinder sollen in geeigneter Weise in die Mitfeier der Liturgie eingeführt werden (Einüben bestimmter liturgischer Haltungen, Vorformen der Gemeindefeier im Kinderkreis ...).

Der Gottesdienst für die Kinder, ob er als Gemeinde- oder Kindergottesdienst durchgeführt wird, muß über längere Zeit vorbereitet und vorgeplant werden. Erwachsene, die dazu befähigt sind, sollen bestimmte Aufgaben übernehmen.

2. *Wege der Verkündigung an die Kinder*

2.1. Grundaussagen

Damit die Kinder den Glauben wirklich leben lernen, darf 54
die katechetische Unterweisung sich nicht darauf beschränken, Lehre zu vermitteln. Andererseits genügt es nicht, Erlebnisse zu schaffen, die zwar Gemeinschaft bilden, aber kein notwendiges Fundament an Glaubenswissen legen. Darüber hinaus muß es zum Einüben christlichen Verhaltens kommen, zum praktischen Vollzug, zum Bewähren des im Gottesdienst und Unterricht Erkannten und Erlebten. Die Kinderpastoral muß deshalb so gestaltet werden, daß sowohl Wissensvermittlung und Erlebnisse wie auch die praktischen Erfahrungen der Kinder gut ausgewogen zur Geltung kommen. Die katechetische Unterweisung soll ja das Kind in all seinen Lebensbereichen ansprechen und darin die Dimension des Glaubens offenle-

gen. Dabei darf nicht vergessen werden, daß die Umwelt der Kinder weithin von atheistischer Lehre und Lebensauffassung geprägt ist, welche andere Maßstäbe setzt und den Glauben als veraltet ablehnt.

Wenn man den Kindern auch keine umfassende Glaubenslehre vermitteln kann, so müssen doch Schwerpunkte gesetzt werden, die sich aus dem zentralen Anliegen der Botschaft und vom Fassungsvermögen der Kinder her ergeben. So werden diese auf den Weg geführt, auf dem ihr Glaube sich Schritt für Schritt entfalten und für ihr Leben bedeutsam werden kann. Dann können auch bei Kindern Gespräch, Austausch und Auseinandersetzung mit Nichtglaubenden dazu beitragen, daß sich ihr Glaube festigt. **55**

Kinder müssen sich als Glaubende im Kreis Gleichaltriger erleben können. Das ist dort, wo sich auf Außenstationen nur wenige Kinder begegnen, schwer möglich. Deshalb bedarf es neuer Modelle, die allen Kindern solche Erlebnisse ermöglichen. **56**

2.2. Pastoraler Leitsatz

Die katechetische Unterweisung darf die Kinder weder einseitig intellektuell noch einseitig emotional ansprechen. Lernen, Erleben und praktische Erfahrung gehören zusammen. **57**

2.3. Pastorale Empfehlungen

Der *Pfarrer* und die *Mitarbeiter im Verkündigungsdienst* sollten dafür sorgen, daß die Kinder sich in ihrer Situation angesprochen fühlen, sich schrittweise Glaubenswissen aneignen und dabei lernen, aus dem Glauben zu leben. **58**

Erläuterungen der Fachkommission

Wesentliches Element der Kinderpastoral ist die regelmäßige katechetische Unterweisung. Wichtig ist, daß sie in einer Atmosphäre geschieht, in der die Kinder sich wohl fühlen. Das regelmäßige Zusammenkommen ermöglicht Bindung untereinander und an den Katecheten. Beides ist Voraussetzung dafür, daß Erlebnis geschaffen und Wissen vermittelt werden kann. E. 14
Die Kenntnisse, die die Kinder aus ihrer Umwelt haben, müssen berücksichtigt werden. Sie sind dort zu korrigieren und zu ergänzen, wo die Kinder einseitig über Glauben und Kirche informiert sind. Jeder katechetische Mitarbeiter muß sich deshalb dafür interessieren, was in den Köpfen der Kinder vorgeht.
Die regelmäßige katechetische Unterweisung muß durch andere Elemente ergänzt werden. Besonders wichtig sind religiöse Kindertage und gelegentliche Kindernachmittage.
Ministrantengruppen, Scholagruppen, Helfergruppen für caritative Aufgaben in der Gemeinde sind zu fördern.

Wenn die besondere Situation es verlangt, sollen der *Pfarrer*, seine *Mitarbeiter* und der *Arbeitskreis Kinderpastoral* für die Unterweisung der Kinder Modelle schaffen, die das Hineinwachsen der Kinder in Glauben und Gemeinde auch da ermöglichen, wo in der Regel die Zahl nur klein ist. 59

Erläuterungen der Fachkommission

Dabei kann es nicht darum gehen, äußerlicher Schwierigkeiten wegen zu reduzieren – es kommt im Gegenteil darauf an, das Mögliche zu intensivieren. Modelle stellen die katechetischen Ämter zur Verfügung. E. 15

Dritter Abschnitt: Aspekte differenzierter Verkündigung in der Sakramentenpastoral

1. *Grundaussagen*

Wichtige Ereignisse unseres Lebens, wie Geburt, Eintritt in das öffentliche Leben, Eheschließung, Umkehr und Versöhnung, schwere Krankheit und Tod, machen deutlich, daß das 60 ganze Leben nach einer Sinndeutung verlangt.[18] In diesen Situationen ist die Antwort des Glaubens gefragt, wie sie uns jene Zeichen und Feiern des Glaubens geben, die wir Sakramente nennen. Sie versichern uns, daß Gott uns in keinem Punkt unseres Lebens allein läßt, und sie vermitteln uns in der Kirche ein neues Leben mit unserem Herrn Jesus Christus.[19]

In Verbindung mit der Sakramentenpastoral ergeben sich für die Verkündigung besondere *Chancen:* **61**

- Das Wort Gottes wird in eine konkrete Situation hineingesprochen und kann so als Hilfe und Bereicherung des Lebens erkannt werden.
- Das Wort Gottes wird an einzelne, ihre Familienangehörigen oder bestimmte Gruppen gerichtet und kann deshalb in persönlicher und familiärer Weise vermittelt werden.
- Das Wort Gottes begleitet den Menschen in guten und bösen Tagen und in allen seinen Lebensaltern.

Aus dem rechten Verständnis der Sakramente ergeben sich aber auch wichtige pastorale *Anforderungen* an die Verkündigung: **62**

- Weil das sakramentale Zeichen des Heiles den Glauben verlangt, muß die in ihm gegenwärtige Heilstat Gottes durch das Wort bezeugt und verdeutlicht werden (Predigt).
- Weil das Sakrament wirkt, was es zeichenhaft darstellt, müssen die Zeichen gedeutet werden, so daß in ihnen das Wirken des gegenwärtigen Herrn erkannt werden kann (Mystagogie).

---

18 Das zeigen auch die Riten, die der Mensch seit ältesten Zeiten mit diesen Punkten des Lebens verbunden hat, und auch die Bemühungen in unserer Zeit, an solchen Stellen nichtreligiöse Feiern einzuführen.

19 So wird „nahezu jedes Ereignis unseres Lebens geheiligt durch die göttliche Gnade, die ausströmt vom Paschamysterium des Leidens, des Todes und der Auferstehung Christi" (Vat. II., Liturgie 61).

– Weil die Sakramente das Leben formen und prägen sollen, muß aufgezeigt werden, wie das neue Leben und das Tun der Wahrheit, das aus den Sakramenten wächst, aussieht (Paraklese).[20]

2. *Pastoraler Leitsatz*

Die Verkündigung des Wortes Gottes, die Spendung der Sakramente und das Leben aus der Gnade bilden eine innere Einheit,[21] die nicht ohne Schaden für das christliche Leben übersehen werden darf. Deshalb kommt der Verkündigung im Zusammenhang mit der Sakramentenpastoral eine besondere Bedeutung zu. 63

3. *Pastorale Empfehlungen*

Sakramente werden an einzelne gespendet. Deshalb empfiehlt sich – in Verbindung mit der Spendung bestimmter Sakramente – das Gespräch als die Form einer persönlichen und familiären Unterrichtung. Es vermag in besonderer Weise den Menschen für das Sakrament und das Sakrament für das Leben aufzuschließen. Die *Priester* und *Diakone* sollten darin eine besondere Aufgabe ihrer pastoralen Tätigkeit sehen. 64

---

20 In der Verkündigung ist zu unterscheiden: die *Predigt*, die die Unterweisung der Gemeinde zum Ziel hat, die *Mystagogie*, die in den Vollzug der Sakramente einführen will, und die *Paraklese* oder Ermahnung, die die Verwirklichung im Leben zum Ziel hat. Von der mystagogischen Predigt sagt Romano Guardini: „Es muß eine Art des deutenden und bildenden Sprechens gefunden werden, die nicht erklärt und ermahnt, sondern die inneren Sinne löst, den Menschen in das heilige Geschehen hineinführt und den Vollzug in Bewegung bringt" (R. Guardini, Volksliturgie und Seelsorge, Kolmar o. J., S. 169. Dort auch ausgeführte Beispiele).

21 Vgl. auch Röm 6,3ff; 1 Kor 11,17–31; Eph 5,15–21; außerdem H. Schürmann, Der Abendmahlsbericht Lk 22,7–38 als Gottesdienstordnung, Gemeindeordnung, Lebensordnung, Leipzig 1955; ferner H. Schlier, Verkündigung im Gottesdienst, Leipzig 1955.

Erläuterungen der Fachkommission

Solche Gespräche sind: E. 16

Das Taufgespräch

Wenn Eltern ein Kind zur Taufe anmelden, ist ein natürlicher Ansatzpunkt für ein Taufgespräch gegeben. In ihm werden ihr Glaube, ihre Motive und ihre Bereitschaft zur christlichen Erziehung ihrer Kinder zur Sprache kommen und oft weitergeführt werden können. Dabei bietet sich auch die Gelegenheit, Verbindungen zur Gemeinde herzustellen oder zu vertiefen und zu Familienkreisen einzuladen. Wo es möglich ist, wird man zu diesem Gespräch auch Paten oder miterziehende Familienangehörige einladen.

Das Beichtgespräch

Von vielen Christen wird heute die persönliche Aussprache im Zusammenhang mit der Beichte gesucht, wie sie auch die neue Bußordnung nahelegt.[22] Wo diese Möglichkeit genutzt wird, hilft sie manche Beichtprobleme überwinden und führt oftmals weiter als die traditionelle Form. Deshalb sollten die Priester Möglichkeiten für das Beichtgespräch anbieten und in entsprechender Weise bekanntmachen.[23]

Das Brautgespräch

Dazu sei verwiesen auf den Beschluß der Pastoralsynode, Vorbereitung auf die Ehe, besonders auf Absatz 49.

Das Gespräch am Krankenbett

Die Neuordnung der Krankensalbung macht es möglich, daß dieses Sakrament in schwerer Krankheit rechtzeitig gespendet werden kann. Das ermöglicht in vielen Fällen eine gelöstere und bewußtere Hinführung der Kranken und ihrer Angehörigen zu vertrauensvollem und bereitwilligem Empfang der Krankensalbung, so daß die Spendung zu einer Feier werden kann, die „eigentlich immer von österlicher Freude widerklingen sollte"[24]. Die Fruchtbarkeit des Sakramentes hängt wesentlich ab vom Glauben und Vertrauen des Kranken, deshalb braucht er Hilfen, die ihn in dieser Haltung stärken und dazu dienen, sein Schicksal christlich zu verstehen und zu bewältigen.

Bei der Vorbereitung junger Christen auf Erstbeichte, Erstkommunion und Firmung sollten der *Pfarrer* und die *Mitar-* 65

[22] Ordo Poenitentiae vom 7. 2. 1974, Vorbemerkungen 15–20 und Kap. I, 41–44.

[23] Wenigstens an bestimmten zentralen Orten sollten die räumlichen und zeitlichen Voraussetzungen für solche Beichtgespräche geschaffen werden.

[24] Ordo Unctionis Infirmorum, Proenotanda, Art. 85.

beiter im Verkündigungsdienst bedenken, daß sich in dieser Zeit besondere Möglichkeiten für die katechetische Arbeit mit den jungen Christen, ihren Eltern und Paten ergeben.

Für die Vorbereitung der jungen Christen empfiehlt sich die Einführung eines „Sakramentenjahres" („Kommunionjahr", „Firmjahr"). Dieses Jahr sollte im Rahmen der katechetischen Unterweisung einen besonderen Charakter tragen, weil ein Fest vorbereitet wird, an dem die Gemeinde teilnimmt. 66

Erläuterungen der Fachkommission

Elemente dieses „Sakramentenjahres" könnten sein: E. 17

- die rechte Einordnung der Sakramente in die Heilslehre der Kirche;
- die gründliche Vermittlung des Glaubenswissens über das zu empfangende Sakrament;
- die Deutung der sakramentalen Zeichen;
- die Einübung des inneren Vollzugs;
- das Erlernen wichtiger Gebete;
- die Gestaltung katechetischer Feiern;
- die Vorbereitung des Festes;
- die Hinführung zum Leben aus der Kraft des Sakramentes.

Gerade im Sakramentenjahr brauchen die Kinder das Weggeleit der Eltern und Paten. Deshalb wird dem *Pfarrer* und den *Mitarbeitern im Verkündigungsdienst* die Durchführung von Elternabenden aus Anlaß der Erstbeichte und Erstkommunion sowie von Eltern- und Patenabenden aus Anlaß der Firmung dringend empfohlen, damit die Eltern in ihrem eigenen Glauben gestärkt und dazu befähigt werden, ihre Kinder in der Vorbereitung zu begleiten und das Fest in der Gemeinde und Familie recht zu feiern. 67

Weil die Sakramente Lebensvollzüge der Kirche sind und den einzelnen tiefer mit ihr verbinden, sollen der *Pfarrer* und seine *Mitarbeiter* möglichst die ganze Gemeinde in Vorbereitung und Feier einbeziehen. In manchen Fällen werden sich 68

Erwachsene an Vorbereitung und Durchführung beteiligen können (z. B. Taufgesprächskreis, Firmhelfer); in anderen Fällen wird sich die Verantwortung der Gemeinde in der Art und Weise zeigen, wie die Sakramente vorbereitet oder gespendet werden (z. B. bei der Feier der Taufe, der Firmung, der Buße und der Krankensakramente); immer aber ist das Zeugnis einer Gemeinde nötig, die im Geist Christi lebt.

In der österlichen Buß- und Festzeit sollen die *Priester, Diakone* und *Diakonatshelfer* in der Gemeindepredigt zu einem vertieften Verständnis der Sakramente und ihrer Bedeutung für das christliche Leben führen, weil aus dem Paschamysterium „alle Sakramente ihre Kraft ableiten"[25]. **69**

Erläuterungen der Fachkommission

Es ergeben sich folgende Möglichkeiten: **E. 18**

- in den Passions- und Osterpredigten das Paschamysterium als Mitte der christlichen Frohbotschaft darzustellen;
- die Feier des Sacrum Triduum Paschale als Heilsgegenwart des Todes und der Auferstehung Christi zu erschließen;
- zur Osterbeichte und Osterkommunion als zu den Zeichen des Heiles zu führen, durch die wir mit dem Reichtum Christi in Berührung kommen und mit der ganzen Fülle des Heiles erfüllt werden;[26]
- das Freitagsopfer und die Sonntagsfeier zu verstehen als Gemeinschaft mit seinem Leiden und seiner Auferstehung;
- das tägliche Leben zu bewältigen in der Gemeinschaft mit dem gekreuzigten und auferstandenen Herrn.

Alle Sakramente werden in Form einer „Feier" gespendet. Fest und Feier sind eine wirksame und in der Kirche von jeher geübte Form der Verkündigung. Das gilt vor allem von der sonntäglichen Eucharistiefeier. Deshalb mögen alle *Mitarbeiter im Verkündigungsdienst* der Feier der Feste besondere Liebe und Sorgfalt zuwenden. Es wird empfohlen, die **70**

[25] Vat. II., Liturgie 61.

[26] Vgl. Vat. II., Liturgie 102.

liturgischen Feste des Kirchenjahres mit allen Beteiligten (Organisten, Kantoren, Küster, Meßdiener) gut vorzubereiten.

4. *Pastoraler Appell*

Die *Paten* sollen sich ihrer Verantwortung für die christliche Erziehung der Patenkinder bewußt sein. Dazu gehören die eigene religiöse Weiterbildung und das Gespräch mit den Eltern und Kindern über den Glauben. 71

Vierter Abschnitt: Befähigung zu differenzierter Verkündigung

1. *Grundaussagen*

Gläubige, die sich ihrer Verantwortung für die Kirche bewußt sind, suchen in der Gemeinde Möglichkeiten, zu einem vertieften Verständnis des Glaubens zu gelangen: Eltern, die den Glauben ihrer Kinder stärken möchten; einzelne, die intensiver am Verkündigungsdienst teilnehmen wollen – in der Arbeit mit Kindern, als Diakonatshelfer, im diakonischen Dienst bei Kranken und Notleidenden –; solche, die mehr über den Glauben wissen wollen, um ihn besser bezeugen zu können. 72

Solche Möglichkeiten zu schaffen ist vor allem Aufgabe der hauptamtlichen Mitarbeiter im pastoralen Dienst. Dazu müssen sie die sich heute stark voneinander unterscheidenden Lebensformen der Menschen und die ihnen eigenen Nöte und Probleme kennen. Über die eigene Beobachtung und Erfahrung hinaus ist die Beschäftigung mit den wissenschaftlichen Erkenntnissen vom Menschen hilfreich. Eine regelmäßige Weiterbildung des Pfarrers und der Mitarbeiter im Verkündigungsdienst ist deshalb dringend erforderlich. 73

Verkündigung geschieht nur wirksam im gegenseitigen Verstehen. Das verlangt sowohl von dem, der verkündet, als auch von dem Hörer partnerschaftliche Zusammenarbeit, Bereitschaft zum Verständnis, Achtung der Gewissensentscheidung, Anerkennung der Mitverantwortung aller entsprechend der Würde des Menschen und der Freiheit der Kinder Gottes. In dieser Hinsicht ist vieles erlernbar, auch wenn es in der Zeit der Ausbildung nicht eingeübt wurde. 74

Eine weitere Aufgabe ist der Versuch, eine dem Menschen unserer Tage gemäße Sprache zu finden. Viele Gemeindemitglieder sind kaum in das Sprechen von Gott und vom Glauben eingeübt. Ihnen bleiben religiöse Wahrheiten häufig leere Formeln, die kein Leben wecken. Deshalb ist es wichtige Aufgabe der Verkündigung, die Botschaft des Evangeliums so zu sagen, daß sie auch in einer vorwiegend technisch-naturwissenschaftlich orientierten Welt verstanden werden kann. 75

2. *Pastoraler Leitsatz*

Wer differenziert verkünden will, muß die Lebensräume seiner Hörer kennen, sich um partnerschaftliche Zusammenarbeit bemühen und die Wahrheiten des Glaubens in der Sprache der Zeit aussprechen können. Dafür bedarf es einer besonderen Ausbildung und einer stetigen Weiterführung. 76

3. *Pastoraler Auftrag*

Die *Pastoralkonferenz* der Jurisdiktionsbezirke soll geeignete Gremien beauftragen, die Pfarrer und Mitarbeiter im Verkündigungsdienst durch die Ausarbeitung von Bildungsprogrammen und Glaubensseminaren sowie durch Handreichungen, Modelle und Hilfen zur Predigtgestaltung, zur Gruppen- 77 arbeit und zu anderen Formen einer Verkündigung, die dem Hörer und seiner Situation gerecht wird, systematisch zu unterstützen. Sie möge ferner dafür Sorge tragen, daß regelmäßig zentrale Glaubensseminare angeboten werden.

4. *Pastorale Empfehlungen*

Der *Pfarrer* und die *Mitarbeiter im Verkündigungsdienst* sollen an Weiterbildungskursen für den pastoralen Dienst teilnehmen.[27] 78

Die *Leiter* der theologischen und katechetischen *Ausbildungsstätten* werden gebeten, dafür Sorge zu tragen, daß die Befähigung für den praktischen pastoralen Dienst wesentlicher Bestandteil der Ausbildung wird. 79

Die *Verantwortlichen* für die *Aus- und Weiterbildung* der Priester und ihrer Mitarbeiter im Verkündigungsdienst mögen sich immer wieder darum bemühen, daß alle Mitarbeiter für die Verkündigung eine Sprache finden, die den Menschen unserer Zeit zu treffen vermag. 80

Der *Pfarrer* und die *Mitarbeiter im Verkündigungsdienst* mögen um ein partnerschaftliches Verhalten bemüht sein. 81

Der *Dekan* soll in Zusammenarbeit mit dem *Priesterkonvent des Dekanates* und dem *Dekanatsrat* dafür Sorge tragen, daß religiöse Bildungsprogramme für die Gemeinden vorbereitet werden. Das kann durch Zusammenarbeit mehrerer Gemeinden oder auf Dekanatsebene geschehen. Die religiöse Bildungsarbeit soll notwendige Information sowie geistliche und 82

[27] Vgl. Beschluß der Pastoralsynode, Dienste und Ordnungen im Leben der Gemeinde 22.

theologische Weiterbildung umfassen und die verschiedenen anzusprechenden Gruppierungen besonders berücksichtigen, z. B. Jugendliche und junge Erwachsene, Eltern, Großeltern und Erzieher, die Rat und Hilfe in der religiösen Erziehung der Kinder suchen, Erwachsene aus besonderen Berufsgruppen.

Der *Pfarrer* und seine *Mitarbeiter* mögen geeignete Helfer für den pastoralen Dienst gewinnen. Diese sollten möglichst so weit gefördert werden, daß sie selbständig Aufgaben übernehmen können. Die Teilnahme an überpfarrlich angebotener Helferbildung sollte ihnen ermöglicht werden. **83**

5. *Pastoraler Auftrag*

Die *Pastoralkonferenz der Jurisdiktionsbezirke* und die *Arbeitsgemeinschaft der katechetischen Ämter* werden beauftragt, Helfer im katechetischen Dienst auf ihre Aufgaben vorzubereiten und ihre Tätigkeit durch Bildungsangebote zu begleiten. **84**

DRITTES KAPITEL: VERKÜNDIGUNG DURCH GLAUBENSZEUGNIS

1. *Grundaussagen*

„Das Evangelium als Hoffnung auf Heil an alle weiterzugeben"[28] ist auch in unserer Zeit wichtigste Aufgabe der Kirche, die jeder Christ an seiner Stelle und entsprechend seinen Möglichkeiten mitzutragen verpflichtet ist. Daher gehört ne- **85**

[28] Vgl. Beschluß der Pastoralsynode, Glaube heute 30.

ben der aufbauenden Verkündigung die gewinnende Verkündigung zum Dienst der ganzen Gemeinde.

Je mehr eine *Gemeinde* die frohe Botschaft Christi hört und vom Evangelium geprägt wird, desto stärker wird sie in ihrer Umwelt wirksam. Sie ist einladend, fordernd und kritisch für die anderen da: 86

- einladend, wenn sie die Botschaft von der Liebe des Vaters im brüderlichen Miteinander verwirklicht;
- fordernd, wenn sie die Botschaft Jesu verkündet, sei es gelegen oder ungelegen;
- kritisch, wenn sie Strömungen und Meinungen, die sich gegen die Würde der menschlichen Person richten, nicht Raum gibt, sondern nach den Maßstäben des Evangeliums für das Heil der Welt eintritt.

So ist die Gemeinde durch ihr Dasein ein Zeugnis dafür, daß Gott die Befreiung der Menschen ins Werk gesetzt hat.

Das vom Evangelium geprägte Leben christlicher Gemeinden kann für Nichtglaubende Ermunterung sein, nach einem menschlich sinnvollen Leben zu fragen. Oft wird zunächst nicht die volle Gemeinschaft mit der Kirche gesucht werden; mancher wird aber erkennen, daß der Glaube letzte Antwort auf die Frage nach dem Sinn menschlicher Existenz geben kann. Die Gemeinde muß daher für alle offen sein, die Kontakt suchen; sie wird auch Nichtglaubende an ihrem Leben teilnehmen lassen und auf sie zugehen. 87

Das Leben in und mit der Gemeinde bringt den *einzelnen Christen* zum Bewußtsein, daß sie durch die Bezeugung ihres Glaubens einander und den Menschen in ihrer Umwelt einen wichtigen Dienst zu leisten haben, denn jeder „muß vor der Welt Zeuge der Auferstehung und des Lebens Jesu, unseres Herrn, und ein Zeichen des lebendigen Gottes sein“[29]. 88

[29] Vat. II., Kirche 38.

Sie leisten diesen Dienst zunächst *in der eigenen Gemeinde,* indem sie andere durch ihr *Beispiel* stärken, Verständnis für deren Probleme und Schwierigkeiten haben, einzelne immer wieder geduldig in die Mitte der Gemeinde führen und Schwankende nicht durch Unverständnis und Überheblichkeit völlig aus der Gemeinde hinaustreiben. Einfühlendes Gespräch und tätige Hilfe, verantwortliche Eigeninitiative und bereitwillige Unterstützung für den Pfarrer und seine Mitarbeiter bauen eine christliche Gemeinde auf, die sich gegenseitig stützt und hält. 89

Am Arbeitsplatz, in der Hausgemeinschaft – im *Zusammenleben* mit Nichtglaubenden können Christen auch über die Gemeinde und die eigene Familie hinaus deutlich machen, was christliches Leben bedeutet. Meistens geschieht das dadurch, daß sie aus der Kraft ihres Glaubens für die anderen Menschen da sind, indem sie Hilfsbereitschaft, Kollegialität, Zuverlässigkeit, Verzeihen und andere zwischenmenschliche Tugenden pflegen – ohne den Blick auf den eigenen Nutzen und ohne Forderung einer Gegenleistung. Zeugnis eines vom Evangelium geprägten Lebens ist es auch, wenn Christen sich bewußt um Bescheidenheit in materiellen Dingen bemühen, selbst auf die Gefahr hin, daß sie von anderen für töricht gehalten werden. Sie zeigen damit, daß nicht allein Wohlstand das Glück des Menschen ausmacht. So sollten Christen menschliche Werte, die heute aus dem Blick zu geraten drohen, immer wieder in ihre Welt einbringen und auf sie aufmerksam machen. 90

Obwohl viele das Zeugnis der Christen sehen und manche es auch hochschätzen, wird die Distanz zur Kirche nur schwer überwunden. Gott beruft aber auch heute Menschen zur Gemeinschaft seiner Kirche. Er kann immer und überall eine Tür für das Wort auftun, um das Geheimnis Christi zu verkün- 91 den.[30] Das gibt den einzelnen Christen Mut zu *missionarischem Wirken.*

2. *Pastorale Leitsätze*

Missionarisches Wirken ist Ausdruck lebendigen Glaubens und unverzichtbarer Auftrag der Kirche. Wege dafür zu suchen ist eine Aufgabe, der sich unsere Gemeinden stärker als bisher stellen müssen. 92

Es kommt darauf an, den Christen bewußt zu machen, daß der Glaube Bereicherung und Hilfe für die Menschen ist, „damit sie das Leben haben, und es in Fülle haben"[31]. 93

Christliches Zeugnis muß sich darum mühen, Glaube durch Wort und Tat so darzustellen, daß er von Nichtglaubenden als befreiend, bereichernd und weiterführend verstanden werden kann. 94

3. *Pastorale Appelle*

Vor ihrem missionarischen Bemühen müssen die *Christen*[32] bereit sein, am Schicksal der Mitmenschen, ihren Hoffnungen und Enttäuschungen Anteil zu nehmen. 95

---

30 Vgl. Kol 4,3.

31 Joh 10,10.

32 Eine Synodenvorlage wendet sich naturgemäß an die Christen der eigenen Konfession. Wenn das im Text nicht ständig durch das Attribut „katholisch" betont wird, dann geschieht es in dem Bewußtsein, daß uns viele der Aussagen mit Christen anderer Konfessionen verbinden.

In ihrer Umwelt sollten die *Christen* immer danach ausschauen, wo Menschen Antworten auf Fragen des Lebens suchen und dabei in die Nähe des Glaubens kommen.[33] 96

Jeder *Christ* wird zwar klug abwägen, in welchen Situationen der Schritt zum Glaubensgespräch möglich ist, doch soll er immer bedenken, daß viele Menschen nur durch ihn die Antwort des Evangeliums erfahren können. 97

Bei den verschiedenen Gelegenheiten, über Fragen des Glaubens zu sprechen, muß der *Christ* unterscheiden lernen, ob es um Information und Darlegung der gegenseitigen Standpunkte geht oder ob hinter diesen Fragen ein persönlicher Zugang zum Glauben gesucht wird. 98

Der *Christ* muß lernen, in entsprechenden Situationen 99
- Erfahrungen des Alltags im Licht des Glaubens zu deuten;
- in Gesprächen über Lebensfragen die Dimension des neuen Lebens in Christus einzubringen;
- dem Gesprächspartner den Sinn des Lebens, Sterbens und Auferstehens Christi zu erschließen.

Dabei sollte er beachten, was für den Zuhörer nötig und möglich ist.[34]

Der *Christ* in der Diaspora[35] soll den Austausch mit den Brüdern suchen, um sich der Erfahrungen seines Glaubens bewußt zu werden und andere daran teilnehmen zu lassen. 100

Die Christen müssen es im Raum der Gemeinde und ihrer Gruppen lernen und einüben, den Glauben mit eigenen Wor- 101

33 Vgl. Beschluß der Pastoralsynode, Glaube heute 12–15.
34 Vgl. Beschluß der Pastoralsynode, Glaube heute 22–24.29.
35 Vgl. Beschluß der Pastoralsynode, Glaube heute 32 ff.

ten auszusprechen, um zu eigener Klarheit zu kommen und sich Menschen, denen der Glaube fremd ist, verständlich machen zu können.

Die *Christen* sollen sich einzeln und in Gemeinschaft um geistige Bildung und geistliche Vertiefung bemühen, vor allem durch die Beschäftigung mit der Hl. Schrift. 102

Die *Christen* sollten sich um Tugenden und Haltungen bemühen, die die Anerkennung und Achtung vieler finden, obwohl sie nur selten geübt werden. So sollten sie zum Beispiel 103
- sich vor bequemer Anpassung hüten;
- nach Vorurteilslosigkeit streben;
- sich selbst und anderen gegenüber ehrlich sein;
- die Wahrheit aber stets in Güte sagen;
- sich von der bedingungslosen Jagd nach Wohlstand fernhalten.

Die *Gemeinde* sollte darauf achten und tatkräftig dazu mithelfen, daß der Zustand von Kirche, Gemeinderäumen, Gartenanlagen, Schaukasten usw. stets einladend wirkt. 104

Auch wenn die Gemeinde und einzelne Christen im Leben und Wort die christliche Botschaft glaubwürdig bezeugen, werden sie nicht selten auf Unverständnis, Ablehnung, Mißtrauen und auch Spott stoßen. Darin sind sie eins mit Jesus, dessen Leben und Sterben für viele ein Ärgernis war, der aber vom Vater in der Auferstehung beglaubigt wurde. 105

Das Zeugnis des Glaubens als Dienst für eine menschlichere Welt und die Verherrlichung des Vaters in der Verkündigung 106 seines Sohnes ist unverzichtbare Aufgabe der Kirche, „damit die ganze Welt im Hören auf die Botschaft des Heiles glaubt, im Glauben hofft und in der Hoffnung liebt“[36].

[36] Vat. II., Offenbarung 1.

BESCHLUSS DER PASTORALSYNODE

DIENSTE UND ORDNUNGEN IM LEBEN DER GEMEINDE

Inkraftsetzung des Beschlusses der Pastoralsynode

Dienste und Ordnungen im Leben der Gemeinde

Den in der Pastoralsynode der Jurisdiktionsbezirke in der DDR verabschiedeten Beschluß „Dienste und Ordnungen im Leben der Gemeinde" setze ich hiermit in Kraft mit dem Hinweis, daß er grundsätzlich gemäß Absatz 1, letzter Satz, zu interpretieren ist.

In Absprache mit den übrigen Ortsordinarien wurde vereinbart, über die Inkraftsetzung der Pastoralen Anweisung Absatz 71 erst nach Erstellung der „Rahmenordnung für die Räte" zu entscheiden. Die der Berliner Ordinarienkonferenz in Absatz 90 vorgetragenen Wünsche werden von der Konferenz geprüft. Die in Absatz 91 vorgetragenen Wünsche werde ich mit den je nach dem Sachgebiet zuständigen Gremien erörtern.

Die Veröffentlichung in den Amtlichen Mitteilungen ordne ich hiermit an.

Berlin, 9. März 1976	+ Alfred Card. Bengsch Erzbischof Bischof von Berlin
Dresden, 9. März 1976	+ Gerhard Schaffran Bischof von Meißen
Görlitz, 9. März 1976	+ Bernhard Huhn Bischof und Apostolischer Administrator von Görlitz
Erfurt, 9. März 1976	+ Hugo Aufderbeck Bischof und Apostolischer Administrator in Erfurt- Meiningen
Schwerin, 9. März 1976	+ Heinrich Theissing Bischof und Apostolischer Administrator in Schwerin
Magdeburg, 9. März 1976	+ Johannes Braun Bischof und Apostolischer Administrator in Magdeburg

Dienste und Ordnungen im Leben der Gemeinde

Bei ihren Überlegungen zu „Dienste und Ordnungen im Leben der Gemeinde" geht die Pastoralsynode von den Beschlüssen des II. Vatikanischen Konzils für alle Dienste in der Kirche aus. Dabei berücksichtigt sie die besonderen Erfordernisse, die sich für die katholische Kirche der Jurisdiktionsbezirke in der DDR aus ihrer eigenen Situation und aus ihrer Umwelt ergeben. Sie will deshalb im folgenden nicht die Entfaltung einer theologischen Lehre darlegen, sondern vielmehr – ausgehend von theologischen Überlegungen und Akzentuierungen, die sie für erforderlich hält – Anregungen für die praktische Gestaltung und Ausübung der verschiedenen Dienste in den Gemeinden geben. Da die Verhältnisse in den Gemeinden sehr unterschiedlich sind, müssen die Aussagen den konkreten Gegebenheiten selbstverständlich angepaßt werden. 1

ERSTES KAPITEL: GRUNDLAGEN

Erster Abschnitt: Grundaussagen[1]

1. Die Kirche ist berufen, die zerstreute, von Gott entfremdete und durch Gegensätze gespaltene Menschheit im Geiste Jesu zu sammeln und sie zum Vater zu führen. Darum bringt sie in der Feier des Herrengedächtnisses das Gotteslob dar und tritt fürbittend für alle ein. Sie verkündet die Heilsbotschaft Jesu und stärkt die Glaubenden. Sie leistet Bruderdienst und bemüht sich, selbst zu einer Gemeinschaft von Brüdern zu werden. Dazu sind alle Glieder der Kirche aufgrund von Taufe und Firmung berufen. Für ihre Aufgaben an der Welt und für ihren eigenen Aufbau bedarf die Kirche der verschiedenen Dienste. Daher hat der Herr ihr das apostolische Dienst- 2

[1] Die in den vorliegenden Ausführungen typologisch nicht näher gekennzeichneten Texte sind im allgemeinen als Weiterführung dieser Grundaussagen zu verstehen.

amt gegeben und sie mit „Geistesgaben, Gnadengaben und Kräften" ausgestattet, um „die Heiligen heranzubilden zur Ausübung ihres Dienstes und zum Aufbau des Leibes Christi" (Eph 4,12).

2. In seinem Tun und mit seiner Weisung hat Jesus gezeigt, in 3
welcher Weise alle Dienste und Charismen auszuüben sind. Er selbst hat sein Leben als Dienst verstanden (Mk 10,45), war zu demütiger Hingabe bereit (Joh 13,1–15) und scheute selbst den Einsatz des Lebens nicht (Joh 10,11–15). Er erwartet von seinen Jüngern die gleiche Bereitschaft und Gesinnung des Dienens (Mk 10,42ff; Joh 13,15). Im Leben Jesu hat darum jeder Dienst in der Gemeinde sein Vorbild, an dem er sich ausrichtet und gemessen wird.

3. Den Gliedern der Gemeinde sind Charismen unterschiedli- 4
cher Art geschenkt: das Zusammenführen, das Herstellen von Kontakten, das Lehren, Ermahnen, Ratgeben, das Ausgleichen und Versöhnen, das geduldige Zuhören, das beharrliche Beten, die Gabe aufbauender Kritik, tatkräftige Hilfeleistungen, das mutige Bekenntnis des Glaubens, das zeugnishafte Leben nach den evangelischen Räten u. a.[2] Jede dieser Gnadengaben ist Geschenk des gleichen Geistes, den alle empfangen haben.[3] Darum sollen alle in der Gemeinde sich bemühen, die geschenkten Gaben zu erkennen und im persönlichen Einsatz wirksam werden zu lassen. Die Gemeinde aber muß den Dienst der verschiedenen Charismen ermöglichen, prüfen und dankbar annehmen. Dabei ist zu bedenken, daß keiner eine Gnadengabe nur für sich selbst empfängt, sondern daß sie zum Dienst an den anderen gegeben ist.

---

2 Vgl. Synode des Bistums Meißen, Dekret III, 1., Kap. 3.
3 Vgl. 1 Kor 12,4–11; Vat. II., Kirche 12.

4. Zur Erfüllung ihrer Aufgabe braucht die Kirche über die Charismen hinaus fest eingerichtete Dienste.[4] Das der Kirche von Christus gegebene apostolische Amt lebt im Dienst des Bischofs, des Priesters und des Diakons bis heute fort. Alle anderen Gemeindedienste sind diesem grundlegenden Dienstamt in unterschiedlicher Weise zugeordnet. Im Lauf der Geschichte wandelten sich die Aufgabenstellungen der Dienste entsprechend den Anforderungen der Zeit. Die besondere Aufgabe des Leitungsdienstes ist es jedoch immer, die verschiedenen Dienste und Charismen dem Wohl des Ganzen zuzuordnen. 5

5. Alle Dienste müssen zur Erreichung des einen Zieles brüderlich zusammenwirken – alle einmütig, ein jeder an seiner Stelle, zum gemeinsamen Werk. Dieses Zusammenwirken hängt nicht nur von der Bereitschaft und dem guten Willen der einzelnen Träger von Diensten ab. Klare Ordnungen der Dienste und ihre gegenseitige Zuordnung in den Gemeinden, in den Beziehungen der Einzelgemeinde zu den Nachbargemeinden und zur Gesamtkirche ermöglichen erst ein zugleich brüderliches und wirkungsvolles Zusammenspiel aller Kräfte. 6

Zweiter Abschnitt: Pastorale Leitsätze

1. Jede Gemeinde bedarf des priesterlichen Dienstes, auch dann, wenn aus zeitbedingten Gründen nicht mehr in jeder Gemeinde am Ort ein Priester sein kann. 7

2. Aus den Aufgaben, die der Kirche aufgetragen sind, ergeben sich in jeder Gemeinde notwendige Dienste. Sie sind je nach 8

[4] Diese Dienste werden im Unterschied zu den spontan geleisteten Hilfen aufgrund der freien Geistesgaben (Charismen) in einer wie auch immer gearteten Regelmäßigkeit haupt-, neben- oder ehrenamtlich geleistet.

der Größe der Gemeinde und den örtlichen Verhältnissen nach Möglichkeit aus den vorhandenen Kräften zu entfalten und dort, wo es nötig und möglich ist, als ständige Dienste einzurichten.

3. Die Ausübung der verschiedenen Dienste verlangt von ihren Trägern die ständige Ausrichtung auf die Nachfolge Jesu. Darum sollen sich alle, die einen Dienst übernehmen, selbst um Vertiefung ihres geistlichen Lebens bemühen; sie müssen aber auch Anleitung und Hilfe für die geistliche Ausrichtung ihres Tuns erfahren. 9

4. Brüderliche Gesinnung und Bereitschaft zu verantwortlicher Zusammenarbeit müssen die Ausübung jedes Dienstes bestimmen, damit das Zusammenwirken aller Dienste zu einem glaubwürdigen Zeugnis wird. 10

5. Das kirchliche Leben ist auf allen Ebenen so zu ordnen, daß ein fruchtbares Zusammenwirken aller Dienste erreicht wird. Dabei muß der Raum echter Spontaneität für einzelne und Gruppen erhalten bleiben. 11

ZWEITES KAPITEL: DIENSTE IN DER GEMEINDE

Die Verwirklichung der verschiedenen Dienste wird von der jeweiligen Situation und den damit gegebenen Anforderungen entscheidend mitgeprägt. Bei aller Verschiedenheit der Gemeinden ergeben sich aus ihrer gemeinsamen Situation parallele Entwicklungen. Die durch die Gesellschaftsordnung, Industrialisierung und Verstädterung verschärfte Diasporasituation u. a.[5] macht eine persönliche Glaubensentscheidung notwendig und den engeren Zu- 12

[5] Vgl. Beschluß der Pastoralsynode, Glaube heute 5–10.

sammenhalt der Gläubigen unumgänglich. Diese Entwicklungen – wie auch die geringer werdende Zahl derer, die in den Priester- und Ordensstand eintreten oder einen anderen pastoralen Beruf ergreifen – fordern neue Dienste im Leben der Gemeinde.

Erster Abschnitt: Dienste der Gemeinde

1. *Träger der Dienste*

Die pastorale Arbeit[6] in der Gemeinde ist auch bisher nicht allein von den Priestern getragen worden. Vieles haben andere geleistet, z. B. **13**

- Seelsorgehelferinnen, denen immer neue Aufgaben übertragen wurden;
- Ordensleute[7];
- Helfer bei der Gestaltung des Gottesdienstes und Kirchenmusiker;
- Dorfhelfer und Helfer in Wohngebieten;
- Helfer in der Caritasarbeit;
- Haushälterinnen im Pfarrhaus, die oft auch Dienste für die Gemeinde leisten.

Diese von der Gemeinde dankbar angenommenen Dienste müssen heute der neuen Situation angepaßt werden. Die Akzente, die aus der heutigen Zeit erwachsen, machen aber auch deutlich, daß eine Vielzahl von relativ neuen Aufgaben zu **14**

---

6 Die Begriffe „pastorale Arbeit“ und „pastoraler Dienst“ werden in diesem Dokument im weiten Sinn verstanden, umfassen also den gesamten Bereich der seelsorglichen und diakonisch-caritativen Tätigkeit der Kirche. Anders ist dagegen der Begriff „nichtpastoraler Dienst“ in Absatz 29 verstanden (vgl. Anm. 13).

7 Zum Selbstverständnis der Orden und geistlichen Gemeinschaften vgl. die Erarbeitung gemäß GO § 14,5 „Leben und Dienst der Orden und anderer geistlicher Gemeinschaften“.

den bewährten Seelsorgediensten in der Gemeinde hinzukommen muß. Es können und müssen befähigte Gemeindemitglieder gewonnen werden, die diese Dienste, entsprechend ihrem Alter und ihrer Begabung, übernehmen, z. B.

- Verantwortliche für Besuchsdienste (Neubaugebiete, Gemeindebezirke, Alte und Kranke);
- Vermittler für Beratungen in den verschiedenen Lebensbereichen (Ehe, Familie, Beruf);
- Referenten für die religiöse Erwachsenenbildung;
- Erwachsene als Mitarbeiter in der Glaubensunterweisung;
- Leiter für die verschiedenen Gruppen und Kreise in den Gemeinden (Erwachsene für die Familienkreise, Jugendliche und Erwachsene als Leiter von Kindergruppen und Helfer in der Jugendarbeit);
- Diakonatshelfer für Gottesdienste auf Außenstationen und Kommunionhelfer;
- Verantwortliche in den Sachbereichen (Gottesdienst, Ökumene, Diakonie, Verkündigung);
- Verantwortliche für praktische Dienstleistungen (Gebäude- und Grundstückspflege, Fahrzeuge, Verwaltung).

Die Dienste können haupt-, neben- oder ehrenamtlich geleistet werden. Notwendige Dienste, die die Einzelgemeinde nicht erbringen kann, sind vom Dekanat oder Jurisdiktionsbezirk zu übernehmen. 15

2. *Zurüstung der Dienste*

Ohne ein bewußt geistlich geführtes Leben und ohne ständige Bemühung um fachliche Weiterbildung ist auf die Dauer kein Dienst in der Gemeinde zu verwirklichen. Deshalb müssen regelmäßige Besinnungstage durchgeführt sowie Kurse und Tagungen zum Zweck der Weiterbildung eingerichtet werden. 16

Dienste

Die voll- und teilbeschäftigten Mitarbeiter im kirchlichen Dienst[8] brauchen, ähnlich wie die Priester und Diakone, ihre Berufsgruppen, die ihnen u. a. folgende Hilfen bieten: **17**

- Möglichkeiten zur geistlichen Vertiefung;
- Veranstaltungen zur Weiterbildung;
- Informationen und Austausch von Erfahrungen;
- Weiterentwicklung des Berufsbildes;
- Vertretung der Mitglieder in Berufs- und Rechtsfragen.

3. *Pastorale Folgerungen*

Pastoraler Appell

Alle *Gemeindemitglieder* sollen daran denken, daß die Wirksamkeit der Dienste von der Bereitschaft und Offenheit der Gemeinden abhängt. Sie sollen daher besonders die Träger von neuen Diensten anerkennen und unterstützen. Sie sollen sich auch selbst fragen, für welche Aufgaben sie sich aus eigener Initiative zur Verfügung stellen können. **18**

Pastorale Empfehlungen

Der *Pfarrer* mit dem *Pfarrgemeinderat* soll **19**

- nach geeigneten Trägern von Diensten suchen und ihren Einsatz fördern;
- Männer und Frauen mit der Zusammenführung der Gemeindemitglieder auf den Außenstationen betrauen und ihnen Mitverantwortung übertragen;

---

[8] Unter dem Begriff „Mitarbeiter im kirchlichen Dienst" – in Kurzform „Mitarbeiter" genannt – werden alle hauptamtlich in der Kirche Tätigen verstanden. „Mitarbeiter im pastoralen Dienst" sind alle, die im seelsorglichen Bereich hauptamtlich tätig sind. Mit „Helfer" werden alle ehrenamtlich Tätigen bezeichnet.

– darum bemüht sein, geeignete Gemeindemitglieder für den Dienst des Diakonatshelfers zu gewinnen.[9]

Die für die verschiedenen kirchlichen Dienste verantwortlichen *Mitarbeiter des Ordinariates* und *der Caritas* sollen für die Bildung und Förderung von Berufsgruppen Sorge tragen. 20

Wunsch

Die *Berliner Ordinarienkonferenz* wird gebeten, die Berufsbezeichnung „Seelsorgehelferin" zu ändern und dafür die Bezeichnung „Gemeindeassistentin" oder eine andere passende Bezeichnung einzuführen. 21

Pastorale Anweisung

Alle *Priester* und *Mitarbeiter* im *pastoralen Dienst* sollen wenigstens einmal im Jahr an geeigneten Veranstaltungen zur geistlichen Vertiefung und fachlichen Weiterbildung teilnehmen. 22

Das *Seelsorgeamt* und die *Diözesancaritas* sollen entsprechende Bildungs- und Besinnungstage anbieten. 23

Zweiter Abschnitt: Priester und Diakone

1. *Priester*

1.1. In der gegenwärtigen Situation sprechen viele Gründe dafür, die Aufgaben des Priesters in der Gemeinde vor allem als Dienst an der Einheit zu verstehen, der sich in der Zusammenführung der Gemeinde, in der Verkündigung, im Vorsitz bei 24

---

[9] Gemäß der Instruktion „Immensae caritatis" vom 29. 1. 1973 bleibt die Berufung von Kommunionhelfern dem Ordinarius vorbehalten.

der Eucharistiefeier und in der Spendung der anderen Sakramente sowie im fürbittenden und stellvertretenden Gebet und Opfer darstellt.[10]

Dieser Dienst ist durch die Freude bestimmt, die aus der Zuversicht des Glaubens kommt und deshalb allen Belastungen standhalten kann. Von ihr soll darum die Verkündigung des Priesters in Wort und Leben geprägt sein. Aufmerksamkeit für das oft verborgene Glaubenszeugnis in den Gemeinden und für deren Erwartungen an den Priester bestärkt diese Freude. Sie ist jedoch gefährdet, wenn der Sinn des priesterlichen Dienstes vom zahlenmäßigen Erfolg abhängig gemacht und nicht zuerst in seiner Sendung gesehen wird. Eigene Begrenztheit und die Erfahrung von Unglauben und Versagen belasten oft den Priester bei der Ausübung seines Dienstes. So kann auch die Freude leicht beeinträchtigt werden und einer fortschreitenden Resignation weichen. **25**

Neben dieser Diskrepanz zwischen der Freude aus der eigenen Sendung und der Begrenztheit ihrer Verwirklichung erfährt der Priester für seinen Dienst und sein Leben heute auch Spannungen, die sich aus dem veränderten Denken und Handeln der Menschen ergeben. Er sieht, daß die Botschaft von der ewigen Vollendung durch Gott dem Streben der Menschen nach Glück und Geborgenheit nicht widerspricht, sondern ihr Tun unterstützt, ihm Orientierung und Ziel gibt. Und doch verstehen viele Menschen weder seinen Dienst noch seine Lebensgestaltung. **26**

Mehr als früher wird so offenbar, daß der Priester vom menschlichen Denken und Handeln allein keine ausreichende **27**

---

[10] Vgl. *H. Mühlen,* Sakralität und Amt zu Beginn einer neuen Epoche, in: Theologisches Jahrbuch 1973, Leipzig 1973, 401–412, besonders 401.

Begründung und Sicherheit erwarten kann; es kann ihn aber zur Neubesinnung auf die unveränderlichen Grundlagen seiner priesterlichen Existenz führen.

1.2. Durch Weihe und Sendung ist der Priester endgültig von Christus in Dienst genommen. Dieser Dienst ist unwiderruflich und fordert seine auf Unwiderruflichkeit hin orientierte Entscheidung. Sein zölibatäres Leben ist nur dann glaubwürdig und fruchtbar für den Heilsdienst, wenn er auf diese Weise bezeugen kann und will, daß er in ungeteilter Hingabe Gott und den Menschen zu dienen bereit ist. Seine Spiritualität wird von seinem Dienst geformt: Er kann anderen nur dann Hilfe für den Glauben geben, wenn er selbst die unmittelbare Begegnung mit dem Herrn sucht und in fürbittendem Gebet für die Menschen eintritt. Deshalb wird er nicht in äußerer Betriebsamkeit und in der Erfüllung möglichst vieler Funktionen allein die Grundlagen seines Dienstes sehen, sondern vor allem in der Verwirklichung seiner gesamten priesterlichen Existenz, in Eucharistiefeier und Breviergebet genauso wie im engagierten Mittragen der Sorgen der ihm anvertrauten Menschen. 28

1.3. In der Gemeinde wird der Priester besonders darauf hinwirken, daß aus einer Ansammlung von Betreuten eine lebendige Gemeinde wird, für die eine möglichst große Zahl von verantwortlichen Mitarbeitern und Helfern ein typisches Merkmal ist. Deshalb wird der Priester ständig nach solchen Gemeindemitgliedern Ausschau halten, die fähig und bereit sind, Dienste und Aufgaben mitzutragen bzw. zu übernehmen, Kontakte mit andern herzustellen und so die Voraussetzungen für Gemeindebildung zu schaffen. Auch bei der Verkündigung wird er darauf achten, nicht nur selbst das Evangelium zu predigen, sondern zugleich Männer und Frauen zu 29 finden, die imstande sind, den Glauben an einzelne und Gruppen weiterzugeben. Diesen wird er die notwendige Hilfe dabei leisten. Bei der Gestaltung des Gottesdienstes wird er viele Gläubige aktiv an der Vorbereitung und Durchführung verantwortlich beteiligen. Das geistliche Leben der Gemeinde muß der Priester in besonderer Weise fördern. Das Gebet füreinander und stellvertretend für die Welt ist ihr unverzichtbarer Dienst.

1.4. Die Zeugniskraft des priesterlichen Dienstes hängt entschei- **30**
dend von der brüderlichen Zusammenarbeit im Presbyterium ab, an dessen Spitze der Bischof steht. Die Sorge um ständigen Kontakt und um Vertrauen untereinander weckt das notwendige Verständnis für die Eigenart des einzelnen und läßt seine Schwierigkeiten besser verstehen. Erst wenn das Verhältnis der Priester untereinander und das zwischen Bischof und Priestern auch im dienstlichen Bereich vom Geist der Brüderlichkeit getragen ist, wird einer dem anderen, besonders aber der Bischof den Priestern, Seelsorger sein können.

Dem Bischof und den Priestern ist zusammen mit den Ge- **31**
meinden die Sorge um den Priesternachwuchs aufgetragen. In ihr zeigt sich das Vertrauen darauf, daß Gott auch heute Menschen in seinen Dienst ruft.

1.5. Angesichts der Unwiderruflichkeit und Notwendigkeit des **32**
priesterlichen Dienstes ist das Problem der aus dem Amt geschiedenen Priester besonders schwerwiegend.

Die Gemeinden vertrauen darauf, daß ihre Priester zu dem **33**
gegebenen Wort stehen und ihr Leben lang im priesterlichen Dienst verbleiben. Wie die Priester ihren Dienst nicht ohne

das Bewußtsein, von der Gemeinde mitgetragen zu werden, leisten können, so lebt umgekehrt auch die Gemeinde in weitaus größerem Maße von der Treue und Hingabe ihrer Priester, als ihnen dies oftmals im alltäglichen Vollzug bewußt und erfahrbar wird. Die vielfältigen Gründe und Umstände, die zum Ausscheiden aus dem priesterlichen Dienst geführt haben, kann und will die Synode nicht beurteilen. Sie möchte aber an dieser Stelle betonen, daß der Zölibat des Priesters nach wie vor einen hohen Wert darstellt.[11]

Daher soll ein Priester, der aus seinem Dienst scheidet, beden- 34
ken, welche Belastungen für die Gemeindemitglieder und für die Mitbrüder durch einen solchen Schritt entstehen. Andererseits braucht gerade er das Gebet und die brüderliche Mitsorge der Gemeinde, der Mitbrüder und der kirchlichen Leitung.

Ist ein Priester aus seinem Amt geschieden, soll man ihn nicht 35
verurteilen und seine Situation durch unsachliches Reden erschweren, sondern ihm brüderliche Liebe, Verstehen und Hilfe entgegenbringen.[12] Er selbst möge sich seiner ursprünglichen Berufung bewußt bleiben und so in der Gemeinde leben, daß seine dienende Bereitschaft für die Kirche deutlich wird.

1.6. Pastorale Folgerungen

Pastoraler Appell

Die *Priester* sollen sich bewußt sein, daß die Gemeinden auf 36
ihr dienendes und aufbauendes Zeugnis warten. Sie sollen

[11] Damit ist nicht gesagt, daß die Frage der „viri probati“ (Priesterweihe für bewährte verheiratete Männer) aus der weiteren Diskussion ausgeschlossen sein soll.

[12] Nach kirchlicher Lehre beruht die Unauflöslichkeit der Ehe auf göttlicher Weisung, der Zölibat aber auf Gesetz und Tradition der lateinischen Kirche. Deshalb kann ein Priester von der Zölibatsverpflichtung befreit werden und die Erlaubnis zur kirchlichen Eheschließung erhalten, was in der Regel nach Versetzung des Priesters in den Laienstand geschieht.

sich gegenseitig darin bestärken, daß die Erfahrung von Belastungen und Unsicherheiten eine Chance zur Neubesinnung auf ihren Dienst und ihr Leben darstellen kann. Sie sollen alle Möglichkeiten des brüderlichen Zusammenseins nutzen und nach Formen des gemeinsamen Lebens suchen.

Wünsche

Der *Bischof* wird gebeten, dafür Sorge zu tragen, daß den laisierten Priestern, die im Frieden mit der Kirche leben, in den betreffenden Gemeinden die Ausübung der Rechte eines Laien ermöglicht wird.[13] **37**

Die *Berliner Ordinarienkonferenz* wird gebeten, ihre Festlegung zur Beschäftigung aus dem Amt geschiedener Priester im nichtpastoralen kirchlichen Dienst[14] zu überprüfen. **38**

2. *Diakone*

Der Dienst des ständigen Diakons ist durch das II. Vatikanum als Amt in der Kirche wiederhergestellt worden.[15] Die Berliner Ordinarienkonferenz hat seine Einführung beschlossen und einen Pastoralbrief über den Diakonat an die Priester gerichtet.[16] **39**

Der Diakon ist zu einem unwiderruflichen Dienst in der Kirche geweiht. Der ständige Diakonat ist ein Dienstamt mit ei- **40**

13 Dabei ist es selbstverständlich, daß der Bischof sowohl die Belange der Gemeinde wie auch die Bestimmungen des Laisierungsdekretes berücksichtigen muß.

14 Unter „nichtpastoralem kirchlichem Dienst" ist hier die Übernahme jener Aufgaben gemeint, für die Laien keiner bischöflichen Sendung oder Beauftragung bedürfen. Die persönliche Eignung wird vorausgesetzt.

15 Vgl. Vat. II., Kirche 29; Mission 16; Motu proprio „Sacrum diaconatus" 1967.

16 Der Pastoralbrief der Bischöfe an die Priester „Über die Einführung des Diakonates" ist den Amtlichen Rundschreiben bzw. Mitteilungen vom November 1973 beigefügt.

gener Berufung, das nicht als Ersatz für fehlende Priester oder als Übergang zum priesterlichen Dienst verstanden werden darf. Sein Sinn liegt in der Bezeugung und Verdeutlichung der Diakonie Christi und läßt den Dienstcharakter des einen Amtes in der Kirche zeichenhaft hervortreten. Der Dienst des ständigen Diakons kann haupt- oder nebenamtlich, von Verheirateten oder Unverheirateten ausgeübt werden.

Wenn der Diakon auch in allen Bereichen des kirchlichen Lebens aufgrund seines Weiheauftrages tätig werden kann, gilt sein Dienst doch besonders den Schwachen, Kranken und Leidenden sowie jenen, die dem Gemeindeleben fernstehen. 41

Wunsch

Die *Berliner Ordinarienkonferenz* wird gebeten, 42
- einheitliche Fortbildungskurse für die ständigen Diakone zu veranlassen und alle Diakone zur Teilnahme daran zu verpflichten;
- über die Einsatzbereiche der ständigen Diakone nach einem ausreichenden Erfahrungszeitraum gemeinsame Richtlinien erstellen zu lassen;
- die rechtliche Eingliederung der hauptamtlichen Diakone und ihre Altersversorgung einheitlich zu regeln.

Dritter Abschnitt: Zusammenwirken der Dienste

1. *Notwendigkeit*

Weder vom Evangelium noch von der heutigen Situation her ist es möglich, die pastoralen Aufgaben im Alleingang zu bewältigen. Hinzu kommt, daß bestimmte Aufgaben der Gemeinde von eigenen Kräften nicht genügend wahrgenommen werden können. Deshalb ist das Zusammenwirken der Dien- 43 ste untereinander und die Zusammenarbeit mit den Nachbargemeinden notwendig. Dabei ist es wichtig, daß die Beteiligten die wirkliche Situation der Gemeinden einander offen darlegen. Entscheidend ist der Wille zum Miteinander. Hinderlich für jede Zusammenarbeit sind Neid und Mißgunst, falscher Ehrgeiz, destruktive Kritik und übertriebenes Autoritätsbewußtsein; Spaltung und Desinteresse führen zu Mutlosigkeit und hemmen den Aufbau des gemeinsamen Werkes. Manche Resignation kommt aus dem Mangel an Bereitschaft zu solchem Zusammenwirken. Gemeinsames Tun jedoch baut auf, weil jeder als Partner und Mitarbeiter angenommen wird.

2. *Art und Weise*

Voraussetzungen der Zusammenarbeit der Dienste sind: **44**
- klare Umschreibung und Zuordnung der einzelnen Aufgabenbereiche;
- rechtzeitige und genaue Weitergabe von Informationen;
- gemeinsame Beratungen und Absprachen;
- gemeinsame pastorale Zielsetzungen.

Grundregeln für Organisation und Information sind erlernbar. Alle Zusammenarbeit muß vom Leben aus der Heiligen Schrift, vom gemeinsamen Gebet und gegenseitigen Vertrauen getragen sein.

Dennoch werden sich auch bei ehrlicher Zusammenarbeit **45**
Konflikte ergeben. Wenn sie in sachlichen und fairen Gesprächen ausgetragen werden, wirken sie sich positiv auf die Ergebnisse der gemeinsamen Arbeit aus und führen nicht zu persönlichen Differenzen. Hinter Aggressionen verbergen sich häufig sachliche Anliegen, die erkannt werden müssen. Deshalb muß die Bereitschaft dasein, von jedem zu lernen und keinem voreilig unlautere Absichten zu unterstellen. Vertrauen ist zwar in erster Linie ein Geschenk, es kann jedoch

auch durch entsprechendes Verhalten, Offenheit und Ehrlichkeit erworben werden.

Bei Konflikten, die unlösbar erscheinen, sollte eine Vertrauensperson hinzugezogen werden. Gegebenenfalls wird sich dafür eine Persönlichkeit auf der nächsthöheren Ebene empfehlen. 46

3. *Leitungsdienst als Dienst an der Einheit*

Damit die einzelnen Dienste in rechter Weise zusammenwirken können, sind besondere Leitungsdienste auf den verschiedenen Ebenen kirchlichen Lebens nötig. 47

In der Gemeinde ist der Pfarrer der vom Bischof mit der Leitung beauftragte Priester. Seine Aufgabe ist es, für ein gutes Miteinander der einzelnen Dienste zu sorgen. Die Anleitung und Begleitung der Dienste, die Inanspruchnahme und Koordinierung vorhandener Kräfte aus der eigenen Gemeinde sowie aus dem Dekanat und dem Jurisdiktionsbezirk und die Übertragung von Verantwortlichkeiten sind als Dienst an der Einheit vorrangig geistliche Aufgaben. 48

Geeignete Gläubige werden mit bestimmten Leitungsaufgaben in der Gemeinde beauftragt, die sie im Rahmen ihres Auftrages verantwortlich wahrnehmen. Besondere Bedeutung kommt dem Pfarrgemeinderat zu, weil er mit dem Pfarrer dafür zuständig ist, die in der Gemeinde erforderlichen Dienste zu ermöglichen. 49

4 *Pastorale Folgerungen*

Pastorale Empfehlungen

Der *Pfarrer* und alle mit besonderen *Leitungsaufgaben Beauftragten* sollen mit den *Mitarbeitern* und *Helfern* die Aufga- 50 bengebiete in ihrem Bereich genau umschreiben. Die einzelnen Mitarbeiter sollen in ihrem Tätigkeitsbereich Verantwortung übertragen bekommen. Durch ständigen Kontakt untereinander muß verhindert werden, daß die Übertragung eines Teilbereiches jemanden von seiner Mitverantwortung für die Gesamtgemeinde entbindet. Regelmäßig sollen Dienstbesprechungen durchgeführt werden, deren Ergebnisse in einem Protokoll nachprüfbar festgehalten werden.

Der *Pfarrer* soll den Pfarrgemeinderat in die Entscheidungsfindung bei pastoralen Fragen einbeziehen. Er soll den Mitgliedern des Pfarrgemeinderates und den Helfern aus der Gemeinde die amtlichen Mitteilungen und Rundschreiben zu pastoralen Fragen regelmäßig zur Einsicht und Information anbieten. 51

Alle *Mitarbeiter* sollen von ihrem Recht und ihrer Pflicht Gebrauch machen, an den für sie in Frage kommenden Dienstbesprechungen teilzunehmen und die Leitungstätigkeit durch Vorschläge, Rat und konstruktive Kritik zu unterstützen. 52

Alle mit besonderen Leitungsaufgaben auf der Ebene des *Jurisdiktionsbezirkes Beauftragten* mögen nach sechs Jahren überlegen, ob sie ihr Amt zur Verfügung stellen, damit sie in aller Freiheit entweder neu bestätigt werden oder einen anderen Wirkungskreis übernehmen können. 53
Sie sollen sich für gute Arbeitsbedingungen, gerechte Entlohnung und angemessene Altersversorgung der kirchlichen Mitarbeiter einsetzen.

Pastoraler Auftrag

Das *Seelsorgeamt*[17] soll ausreichende Arbeitshilfen und Fortbildungskurse anbieten, in denen die Grundregeln partnerschaftlicher Zusammenarbeit und sachgerechter Aufgabenteilung sowie der Konfliktbewältigung gelehrt werden. 54

DRITTES KAPITEL: ORDNUNGEN, IN DENEN DIE GEMEINDE LEBT

Die Gemeinde ist in sich selbst vielfältig gegliedert. Darüber hinaus ist sie dem Dekanat, dem Jurisdiktionsbezirk und der Gesamtkirche zugeordnet und so in übergreifende Strukturen mit ihren Ordnungen hineingestellt. Daher ist sie auf Zusammenarbeit angewiesen, soll aber auch durch Impulse und eigene Beiträge das Leben der Kirche auf allen Ebenen fördern. 55

Erster Abschnitt: Überblick und Zuordnung

Seit längerer Zeit ist ein Wachsen der Pfarrgemeinden in den größeren Städten und ihre Verminderung in vielen Kleinstädten und auf dem Lande festzustellen. Dieser Entwicklung müssen die pastoralen Strukturen Rechnung tragen. Bei ihrer Einrichtung ist darauf zu achten, daß sie den Möglichkeiten einer Diasporakirche entsprechen. 56

1. *Gliederung in drei pastorale Ebenen*

Die kirchlichen Strukturen werden drei pastoralen Ebenen zugeordnet. Pfarrgemeinden mit ihren Substrukturen, Studentengemeinden, Krankenhausgemeinden u. ä. sowie Pfarrverbände bilden die untere Ebene. Auf der mittleren Ebene 57

[17] „Seelsorgeamt" steht hier auch für „Pastorales Amt" oder „Seelsorgereferat", da in den Jurisdiktionsbezirken bisher keine einheitliche Bezeichnung in Gebrauch ist.

bestehen Dekanate und – falls erforderlich – Regionen.[18] Die obere Ebene bilden die Jurisdiktionsbezirke, die Berliner Ordinarienkonferenz und alle ihr zugeordneten Arbeitsstellen.

2. *Leitung, Mitverantwortung und Zusammenarbeit*

In allen Strukturformen der pastoralen Ebenen sind die Funktionen von Leitung, Mitverantwortung und Verwaltung zu unterscheiden. **58**

Am Leitungsamt des Bischofs, der die Verantwortung für die gesamte Pastoral in der Ortskirche trägt, nehmen auf jeder pastoralen Ebene je nach ihrer Sendung und Beauftragung Priester, Ordensleute und Laien als Mitarbeiter teil. **59**

Die Mitverantwortung aller Gläubigen wird heute vor allem in den Pastoralen Räten wirksam, die an der Leitung der Kirche – insbesondere am Prozeß der Meinungsbildung und Entscheidungsfindung – teilnehmen. **60**
Diese sind
- auf der oberen Ebene der Pastoralrat sowie die Pastoralen Beratungen gemäß Absatz 90, 5 Anstrich,
- auf der mittleren Ebene der Dekanatsrat,
- auf der unteren Ebene der Pfarrgemeinderat.[19]

Die pastoralen Strukturen sind so zu gestalten, daß sie eine enge Zusammenarbeit aller Verantwortlichen, eine sachgerechte Arbeitsteilung und eine pastoral begründete Speziali- **61**

---

18 Regionen sind territoriale Unterteilungen eines Jurisdiktionsbezirkes, die über den Bereich von Dekanaten hinausgehen.

19 Näheres über Zusammensetzung und Verantwortung der Räte regelt die „Rahmenordnung der Räte", die als Erarbeitung im Sinne der GO § 14,5 mit Zustimmung der Vollversammlung der Pastoralsynode veröffentlicht werden soll.

sierung der kirchlichen Arbeit ermöglichen. So kann es angebracht sein, die Verwaltungsarbeit mehrerer kirchlicher Einheiten zusammenzufassen, damit sie einfacher und effektiver wird.

Zweiter Abschnitt: Substrukturen

Besondere Beachtung verdient heute eine Vielfalt überschaubarer 62
Gruppen der Gemeinde, in denen Gemeindemitglieder sich persönlich begegnen und in Glaube, Hoffnung und Liebe bestärken können. Darüber hinaus darf nicht übersehen werden, daß auch die Zusammenkunft in größeren Kreisen und Gruppierungen oder unter bestimmten Sachgebietspunkten für eine organische Entfaltung des Gemeindelebens von großer Bedeutung ist.

1. *Notwendigkeit und Aufgaben der Kleingruppen*

In der Pfarrgemeinde soll die Kirche als Einheit des Gottes- 63
volkes in überschaubarem Lebensbereich am Ort sichtbar und erfahrbar werden.[20] Dennoch ist es notwendig, daß sich in den Pfarrgemeinden Gruppen bilden:

- sie erleichtern den persönlichen Kontakt unter Gemeindemitgliedern;[21]
- in Gruppen kann auch die Vielfalt der Interessen, der Meinungen und der Lebensgestaltung innerhalb der Gemeinde am besten zum Ausdruck kommen;
- die Übereinstimmung zwischen Glauben und Leben kann in ihnen leichter gefunden werden;
- die Gruppen ermöglichen es, Erfahrungen über den eigenen Lebensbereich hinaus auszutauschen und gegenseitige Hilfe schneller zu leisten.

---

20 Vgl. Vat. II., Liturgie 42.

21 Vgl. Beschluß der Pastoralsynode, Diakonie der Gemeinde 11, und Glaube heute 67.

2. *Gruppen und Gemeinde*

Gruppen entstehen nicht von selbst, sondern bedürfen der Initiative einzelner oder mehrerer. Die Zusammensetzung, die Aufgabenstellung, die Art ihrer Leitung und andere Faktoren bestimmen den vielschichtigen Prozeß ihrer Entwicklung. **64**

Für die Gruppe selbst und für die Entfaltung des Gemeindelebens ist es unentbehrlich, daß die Gruppen auch an anderen Veranstaltungen in der Gemeinde teilnehmen und diese mittragen. Jedoch sollten sie erst nach einer gewissen Zeit der Festigung zur Übernahme von Diensten in der Pfarrgemeinde aufgefordert werden.[22] **65**

3. *Pastorale Empfehlungen*

Der *Pfarrer* und der *Pfarrgemeinderat* sollen **66**

- die Gemeinde als ganze sowie einzelne Gläubige regelmäßig auf die Notwendigkeit der Zusammenkunft in Gruppen aufmerksam machen;
- darauf achten, daß bei aller Sorge für die Gruppen deren Selbständigkeit von Anfang an angestrebt wird;
- regelmäßig Vertreter der Gruppen zusammenrufen, ihnen Hilfe für ihre Arbeit anbieten und sie auf notwendige Aufgaben der Gemeinde hinweisen;
- sich Kenntnisse über das Verhalten von Gruppen und die Arbeit mit ihnen aneignen.

Die *Mitglieder der Gruppen* sollen **67**

- dem Entwicklungsstand ihrer Gruppe entsprechend offen über Fragen von Glauben und Leben sprechen und sich mit dem Wort Gottes beschäftigen;

[22] Vgl. Beschluß der Pastoralsynode, Diakonie der Gemeinde 25 und E. 29; Akzente christlichen Lebens in Ehe und Familie 8 und 17.

- in regelmäßigen Abständen einen Priester (Diakon, Seelsorgehelferin oder Vertreter des Pfarrgemeinderates) zu ihren Zusammenkünften einladen;
- sich nach Kräften an den übrigen Veranstaltungen in der Gemeinde beteiligen und zu gegebener Zeit auch für die Übernahme ständiger Aufgaben bereit sein;
- offen sein für Aufnahme neuer Mitglieder bzw. Teilung der Gruppe.

Die *Verantwortlichen* für die *Aus- und Weiterbildung* der Priester und Mitarbeiter im kirchlichen Dienst sollen die Einführung in die Arbeit mit Gruppen in ihre Bildungsprogramme aufnehmen. 68

Dritter Abschnitt: Kooperation

Das Zusammenwirken auf allen pastoralen Ebenen braucht Strukturen, durch die die Dienste klar umschrieben und einander zugeordnet werden. 69

1. *Strukturen auf der unteren Ebene*

1.1. Der Pfarrgemeinderat

Der Pfarrgemeinderat unterstützt den Pfarrer bei der Gemeindeleitung. Seine Aufgabe ist aufgrund bischöflicher Anordnung und durch die Wahl der Gemeinde hervorgehoben und legitimiert. Es ist daher notwendig, daß die Fragen der Zusammenarbeit mit dem Pfarrer sowie die Aufgabenbereiche des Pfarrgemeinderates durch eine einheitliche Rahmenordnung geregelt werden.[23] 70

[23] Siehe Anm. 19.

Pastorale Anweisung

Der *Pfarrer* und der *Pfarrgemeinderat* sind bei ihrer Arbeit an die Richtlinien der Rahmenordnung für Pfarrgemeinderäte gebunden. **71**

1.2. Der Pfarrverband

Der Pfarrverband ist ein Zusammenschluß rechtlich selbständig bleibender Pfarrgemeinden. Ihm werden Aufgaben der Pfarrgemeinden zu gemeinsamer Erfüllung übertragen: **72**

- wo die notwendigen Dienste von einer Einzelgemeinde aus eigener Kraft nicht geleistet werden können;
- in größeren Städten mit mehreren Pfarrgemeinden, in denen die wachsenden Aufgaben eine Spezialisierung erforderlich machen;
- um dem Priester- und Mitarbeitermangel wirksam zu begegnen;
- wenn in kleiner gewordenen Pfarrgemeinden der Einsatz eines eigenen Priesters nicht möglich ist;
- um zu einer gezielten Verwendung vorhandener Mittel zu kommen.

Pastorale Empfehlungen

Als Vorstufe zur Gründung von Pfarrverbänden soll der *Pfarrer* mit seinen *Mitarbeitern* und dem *Pfarrgemeinderat* prüfen, inwieweit verbindliche Kooperationsvereinbarungen in schriftlicher Form mit benachbarten Pfarrgemeinden zur besseren Lösung pastoraler Aufgaben getroffen werden können. **73**

Der *Dekan* soll von allen Kooperationsvereinbarungen der Pfarrgemeinden seines Dekanates das Ordinariat in Kenntnis setzen. **74**

Der *Dekan* und der *Priesterkonvent des Dekanates* sowie die *Pfarrgemeinderäte* sollen prüfen, wo und unter welchen Bedingungen mehrere Pfarrgemeinden zu Pfarrverbänden zusammengeschlossen werden können. Dies soll auch dann geschehen, wenn noch kein personeller Notstand im Dekanat herrscht. 75

Der *Pfarrer* soll sich und alle Mitarbeiter im pastoralen Dienst von Verwaltungsaufgaben weitgehend entlasten, indem er diese Aufgaben im Sinne des Auftragsrechtes geeigneten Mitarbeitern in seiner oder in einer Nachbargemeinde überträgt. 76

2. *Das Dekanat*

Das Dekanat besteht aus benachbarten Pfarrgemeinden und Pfarrverbänden. Um die gegenwärtigen Aufgaben zu erfüllen, darf das Dekanat nicht nur Verwaltungseinheit sein, sondern muß auch pastorale Aufgaben wahrnehmen. 77

Alle pastoral wichtigen Aufgaben im Dekanat können nur in enger Zusammenarbeit zwischen dem Dekan, dem Dekanatsrat und dem Priesterkonvent des Dekanates durchgeführt werden,[24] z. B.: 78

- Verwirklichung der pastoralen Zielsetzung des Jurisdiktionsbezirkes nach den örtlichen Gegebenheiten der Gemeinden des Dekanates;
- Übermittlung von Erfahrungen und Informationen an das Seelsorgeamt;
- Koordinierung und Abstimmung der Arbeit zwischen den Pfarrgemeinden;
- Anregung, Vorbereitung und Mithilfe bei der Gründung

[24] Die Fragen der Zusammenarbeit im Dekanatsrat werden durch eine einheitliche Rahmenordnung geregelt.

von Pfarrverbänden und beim Abschluß von Kooperationsvereinbarungen;
- spirituelle und fachliche Förderung der Priester und Mitarbeiter;
- Angebote zur persönlichen Begegnung und zum Erfahrungsaustausch;
- Zielgruppenseelsorge durch spezialisierte Dienste (z. B. Brautleute, Erwachsene, Akademiker, Jugend, soziale Dienste u. a.);
- Vorbereitung gemeinsamer Veranstaltungen des Dekanates;
- ökumenische Kontakte und gemeinsame Aktionen mit anderen Kirchen.

Pastorale Empfehlungen

Der *Dekan* soll vor allem um eine brüderliche Atmosphäre im Presbyterium und zwischen den Mitarbeitern besorgt sein. Insbesondere soll er sich um die geistliche Grundlegung der Zusammenarbeit bemühen. 79

Der *Priesterkonvent des Dekanates* soll in Absprache mit dem *Dekanatsrat* und den *Mitarbeitern* Schwerpunkte der pastoralen Arbeit im Dekanat festlegen. 80

Der *Priesterkonvent des Dekanates* und der *Dekanatsrat* sollen wenigstens einmal im Jahr zu einer gemeinsamen Sitzung zusammenkommen. 81

Der *Dekan* und der *Pastoralreferent* des Dekanates sollen aufgrund der Beschlüsse der Pastoralsynode für die Bildung von Arbeitsgruppen Sorge tragen, in denen Priester, Mitarbeiter und sachkundige Gemeindemitglieder zusammenarbeiten. 82

Wo Seelsorgestellen unbesetzt bleiben, die Gründung eines Pfarrverbandes aber längerer Vorbereitungszeit bedarf, sollen der *Dekan* und der *Priesterkonvent des Dekanates* zusammen mit den *Pfarrgemeinderäten* dafür sorgen, daß die Seelsorge in der priesterlosen Gemeinde nicht nur dem gewohnten Modell „Pfarrei – Außenstation" zusteuert (z. B. indem sie die Beauftragung eines Diakons bzw. einer Seelsorgehelferin erbitten). 83

Das *Ordinariat* möge prüfen, inwieweit die derzeitige Dekanatsaufteilung der pastoralen Aufgabenstellung entspricht, und nötigenfalls neue Zuordnungen festlegen. 84

3. *Der Jurisdiktionsbezirk*

Der Bischof leitet als eigentlicher Träger des Hirtenamtes in Einheit mit der Gesamtkirche die ihm anvertraute Teilkirche. Er kann diese Aufgabe nur in einem sinnvoll geordneten Zusammenwirken mit dem Presbyterium und den Gläubigen im Jurisdiktionsbezirk erfüllen;[25] dabei unterstützen ihn auch die Konferenz der Dekane, der Priesterrat und der Pastoralrat. 85

Der Bischof ist zuständig für die pastorale Zielsetzung. Sie wird von ihm auf Vorschlag des Seelsorgeamtes nach Anhörung der Räte verbindlich festgelegt. Er gibt allen beteiligten Gremien und Einrichtungen entsprechende Richtlinien und läßt sich von deren Durchführung berichten. 86

Wünsche

Der *Bischof* wird gebeten, 87
– rechtzeitig vor Beginn des Arbeitsjahres die pastorale Zielsetzung für seinen Jurisdiktionsbezirk bekanntzumachen;

[25] Vgl. Vat. II., Bischöfe 11 und 16.

- die Rahmenordnungen für alle Räte den Gegebenheiten seines Jurisdiktionsbezirkes anzupassen und für eine Probezeit in Kraft zu setzen;
- für bestimmte Aufgaben, die bisher von Priestern wahrgenommen wurden, nach Möglichkeit qualifizierte Laien zu berufen (z. B. als Baureferenten, Referenten für Erwachsenenbildung u. a.);
- sobald entsprechende Erfahrungen vorliegen und die Arbeit der Pfarrverbände es erfordert, eine Rahmenordnung für sie herauszugeben;
- bei Veränderungen der Stellenbesetzung vorhandene Kooperationsvereinbarungen und Pfarrverbände zu berücksichtigen;
- gegebenenfalls von seinem Recht Gebrauch zu machen, Pfarrer zu versetzen.[26]

Pastorale Empfehlung

Das *Ordinariat* möge mit Hilfe neuer, von Fachleuten erar- 88
beiteter Fragebögen alle notwendigen Angaben für personelle, strukturelle und bauliche Veränderungen in den Pfarreien, Dekanaten und im Jurisdiktionsbezirk erfassen. Es möge Fachleute beauftragen, für die kirchliche Verwaltung auf allen Ebenen Möglichkeiten zur Vereinfachung, Modernisierung und Zusammenlegung aufzuzeigen.

4. *Zusammenarbeit über den Jurisdiktionsbezirk hinaus*

Die relativ wenigen qualifizierten Kräfte, die geringen zur 89
Verfügung stehenden Mittel und die Diasporasituation der katholischen Kirche in der DDR machen ein möglichst intensives Zusammenwirken notwendig. Die gemeinsame Planung

[26] Vgl. Motu proprio „Ecclesiae sanctae" 31, § 2.

pastoraler Aktivitäten fördert das Bewußtsein der Zusammengehörigkeit und den Aufbau gemeinsamer Strukturen.

Wünsche

Die *Berliner Ordinarienkonferenz* wird gebeten, 90
- die pastoralen Zielsetzungen in den Jurisdiktionsbezirken aufeinander abzustimmen;
- eine Rahmenordnung für einheitliche Strukturen in den Ordinariaten, Seelsorgeämtern und in der Caritas der Jurisdiktionsbezirke erarbeiten zu lassen, damit die Zusammenarbeit erleichtert wird;
- das Sekretariat der Pastoralkonferenz neu zu errichten und auf Vorschlag derselben einen hauptamtlichen Sekretär zu berufen;
- zu erwägen, ob die jährlich stattfindende Plenarversammlung der Pastoralkonferenz durch Vertreter der Berliner Ordinarienkonferenz und der Pastoralräte der Jurisdiktionsbezirke erweitert werden könnte, damit auf dieser Ebene der Austausch über pastorale Fragen auf breiter Basis geführt werden kann;
- gewählte Vertreter der diözesanen Pastoralräte und von den Bischöfen berufene Vertreter kirchlicher Gremien und Experten von Zeit zu Zeit zu Pastoralen Beratungen über wichtige Probleme des Lebens der katholischen Kirche in der DDR zusammenzurufen;
- die Pastoralkonferenz zu beauftragen, einen „Pastoralen Informationsdienst" für alle Jurisdiktionsbezirke einzurichten;[27]
- eine Kommission zu berufen, die Vorschläge zur Koordinierung bzw. Neuordnung der kirchlichen Ausbildungswege

---

[27] Die Erfahrungen im Bistum Meißen sollen dabei ausgewertet werden.

und -einrichtungen erarbeitet. Dabei soll auch die Möglichkeit des Fernstudiums* berücksichtigt werden;
- Regelungen für einen Austausch von Priestern und Mitarbeitern auch über die Grenzen des Jurisdiktionsbezirkes hinaus zu vereinbaren;
- es den Priestern zu erleichtern, aus gesundheitlichen, persönlichen oder strukturellen Gründen im Rahmen der Möglichkeiten auch in einem anderen Jurisdiktionsbezirk ihren Dienst auszuüben.

Der *Bischof* wird gebeten, 91

- aufgrund der gewünschten Rahmenordnung für Strukturen in den Ordinariaten, Seelsorgeämtern und in der Caritas der Jurisdiktionsbezirke die Umstrukturierung derselben zu veranlassen;
- eine Kommission zur Regelung von Konflikten im Sinne der Arbeitsvertragsordnung für Priester einzurichten;
- geeigneten Priestern und Laien ein Weiterstudium* oder eine Qualifizierung zu ermöglichen, damit diese später als Lehrkräfte, Referenten oder in anderer Weise eingesetzt werden können.

Pastorale Aufträge

Das *Sekretariat der Pastoralkonferenz* der Jurisdiktionsbezirke wird beauftragt, in Zusammenarbeit mit den Ordinariaten und unter Hinzuziehung von Fachkräften entsprechende Kriterien und Vorarbeiten für die Berichterstattung über die pastorale Situation zusammenzustellen.[28] 92

---

28 Die Fachkommission ist bereit, vorhandene Vorarbeiten zur Verfügung zu stellen.

* Anmerkung im Auftrag der Berliner Ordinarienkonferenz:
Gemeint ist an dieser Stelle ein Fernstudium und eine Weiterbildung mit kirchlicher Zielsetzung; beide sind nicht mit dem in den staatlichen Veröffentlichungen geordneten Fernstudium und der entsprechenden Weiterbildung gleichzusetzen.

Die *Pastoralkonferenz* der Jurisdiktionsbezirke soll zusammen mit den Seelsorgeämtern einen Pastoralplan auf der Grundlage der Beschlüsse der Pastoralsynode erarbeiten. Die planmäßige Durchführung der Beschlüsse soll stufenweise eingeleitet werden. 93

BESCHLUSS DER PASTORALSYNODE

ÖKUMENE IM BEREICH DER GEMEINDE

Inkraftsetzung des Beschlusses der Pastoralsynode

Ökumene im Bereich der Gemeinde

Den von der Pastoralsynode der Jurisdiktionsbezirke in der DDR verabschiedeten Beschluß „Ökumene im Bereich der Gemeinde" setze ich hiermit in Kraft mit folgenden Hinweisen:

1. Der theologische Ansatzpunkt in Absatz 3 ist entsprechend der Darstellung im Dekret über den Ökumenismus (1. Kapitel) zu ergänzen.
2. Die Differenzierung in der Anwendung der Pastoralen Empfehlungen gem. Absatz 45 ist je nach der Lage der katholischen und evangelischen Ortsgemeinde zu prüfen und ggf. im Dekanatskonvent abzusprechen.

Die Veröffentlichung in den Amtlichen Mitteilungen ordne ich hiermit an.

Berlin, 3. Juni 1975	+ Alfred Card. Bengsch Erzbischof Bischof von Berlin
Dresden, 3. Juni 1975	+ Gerhard Schaffran Bischof von Meißen
Görlitz, 3. Juni 1975	+ Bernhard Huhn Bischof und Apostolischer Administrator von Görlitz
Erfurt, 3. Juni 1975	+ Hugo Aufderbeck Bischof und Apostolischer Administrator in Erfurt-Meiningen
Schwerin, 3. Juni 1975	+ Heinrich Theissing Bischof und Apostolischer Administrator in Schwerin
Magdeburg, 3. Juni 1975	+ Johannes Braun Bischof und Apostolischer Administrator in Magdeburg

Ökumene im Bereich der Gemeinde

Grundaussagen[1]

Der Synodenbeschluß „Ökumene im Bereich der Gemeinde" will die kirchenamtlichen Dokumente über den Ökumenismus[2] für die Pfarrgemeinden[3] in der DDR konkretisieren. Dies geschieht aufgrund der ökumenischen Erfahrungen der jüngsten Vergangenheit, der Vorarbeiten zur Pastoralsynode und unter Berücksichtigung unserer kirchlichen Situation. Bei uns ist das Bemühen um die Einheit in den christlichen Gemeinden von besonderer Dringlichkeit, 1

- weil in unserem Raum eine Trennung vor 450 Jahren ihren Anfang nahm;
- weil wir als Christen dieser Zeit und Welt gemeinsame Sorgen und Aufgaben haben;
- weil das christliche Miteinander für andere ein Weg zum Glauben werden kann.

---

[1] Die in den folgenden Ausführungen typologisch nicht näher gekennzeichneten Texte sind im allgemeinen als Weiterführung dieser Grundaussagen zu verstehen.

[2] Vgl. Vat. II, Dekret über den Ökumenismus; Sekretariat für die Förderung der Einheit der Christen, Ökumenisches Direktorium. Richtlinien zur Durchführung der Konzilsbeschlüsse über die ökumenische Aufgabe, Teil I und II (abgekürzt ÖD I bzw. II); Sekretariat für die Förderung der Einheit der Christen, Erwägungen und Hinweise zum ökumenischen Dialog (abgekürzt DD). – Diese Dokumente sind ein Zeichen für die Öffnung der katholischen Kirche gegenüber der Ökumenischen Bewegung in der gesamten Christenheit aufgrund der Erkenntnis, „daß eine fundamentale Einheit im Glauben an Christus und in der Anrufung der heiligsten Dreifaltigkeit unter allen getauften Christen existiert: diese Überzeugung mit ihrem ganzen Reichtum an Faktoren, die den Ökumenismus begünstigen, ist hinfort in jedem wachen christlichen Herzen präsent und wirksam" (Paul VI. in seiner Ansprache vor den Mitgliedern des Sekretariats für die Einheit der Christen vom 27. April 1967 [abgedruckt in der Ausgabe des ÖD I, Leipzig 1968, 74]).

[3] Unbeschadet der Tatsache, daß der Begriff Gemeinde normalerweise die juristische Pfarrgemeinde meint, sind in diesem Text gleichzeitig alle Gottesdienstgemeinden mit angesprochen, also Seelsorgestellen, Außenstationen, Personalgemeinden o. ä.

Die katholische Gemeinde findet in der DDR in den Gemeinden der evangelischen Landeskirchen, der orthodoxen Kirche, der altkatholischen Kirche, des Kirchenbundes der Evang.-Reformierten Gemeinden und mehrerer Freikirchen ihre ökumenischen Partner.[4] Auf sie geht die katholische Gemeinde zu voll Vertrauen, daß auch in ihnen der Geist Christi am Werk ist. Mit ihnen zusammen bemüht sie sich nach dem Willen unseres gemeinsamen Herrn um die Einheit der Christen.[5] 2

Unser Herr Jesus Christus will eindeutig die Einheit aller, die an ihn glauben, und bittet den Vater, „daß alle eins seien, wie du, Vater, in mir und ich in dir, damit auch sie in uns eins seien, auf daß die Welt glaube, daß du mich gesandt hast"[6]. Im Gebet des Herrn um die Einheit wird deutlich, daß es nach dem Urbild der Einheit des Sohnes mit dem Vater um eine Einheit in Vielfalt geht. Die Gaben des Geistes Christi sind allen, die an Christus glauben, zugesagt. Deshalb finden wir in allen Kirchen und kirchlichen Gemeinschaften vielfältige Gaben des Heiligen Geistes. Kirchentrennung kann daher niemals als unabänderlich hingenommen werden. 3

4 Im Raum der DDR bestehen acht evangelische Landeskirchen (drei lutherische und fünf unierte), die seit 1969 im „Bund Evangelischer Kirchen in der DDR" zusammengeschlossen sind; die orthodoxe Kirche, die altkatholische Kirche, der Kirchenbund der Evang.-Reformierten Gemeinden und folgende evangelische Freikirchen, die in der „Arbeitsgemeinschaft Christlicher Kirchen in der DDR" mitarbeiten:
- Evangelische Brüderunität (Distrikt Herrnhut), dem Bund der Evangelischen Kirchen in der DDR angeschlossen,
- Evangelisch-Methodistische Kirche in der DDR,
- Bund Evang.-Freikirchl. Gemeinden (Baptisten) in der DDR,
- Evangelisch-Lutherische (Altlutherische) Kirche,
- Bund Freier Evangelischer Gemeinden,
- Mennonitengemeinde,
- Religiöse Gesellschaft der Freunde (Quäker).

5 Vgl. Vat. II., Ökumenismus 4.

6 Joh 17,20f.

Pastorale Leitsätze

Ökumene im Bereich der Gemeinde ist ein ständiger Prozeß, der überall eingeleitet und vertieft werden muß. Letztes Ziel ist die Einheit aller Christen, wie Christus sie will. Es gibt, unabhängig von Größe und Möglichkeiten der Pfarrgemeinden, Stufen der Öffnung und Aktivität auf diese Einheit hin. 4

Ökumene im Bereich der Gemeinde bedeutet die ständige Aufgabe, auf allen Ebenen der Pfarrgemeinde mit den ökumenischen Partnern zu gemeinsamem Tun – Gespräch, Gebet, Zusammenarbeit – zu kommen unter Berücksichtigung folgender Gesichtspunkte: 5

- Sie soll auf dem Boden der Gleichberechtigung[7] und der Wechselseitigkeit[8] geschehen, weil besonders solche Bemühungen der Einheit dienen, die von allen beteiligten Partnern geplant, erarbeitet, verantwortet und personell getragen werden. 6

- Sie soll die Glaubens- und Gewissensvorbehalte der beteiligten Partner respektieren. 7

- Sie soll in Übereinstimmung mit den zuständigen Kirchenleitungen stehen. Die Übereinstimmung kann je nach der besonderen Art des Vorhabens vorausgesetzt oder sie muß ausdrücklich hergestellt werden. 8

- Sie erfordert die Zusammenarbeit mit benachbarten Pfarrgemeinden, besonders wenn es um Aktivitäten geht, die die Möglichkeiten einer kleinen Gemeinde übersteigen. 9

---

[7] „par cum pari", vgl. Vat. II., Ökumenismus 9.
[8] „reciprocitas", vgl. ÖD I,27, und DD II,1.

- Sie braucht die Unterstützung durch die zuständigen diözesanen Gremien und die Ökumenische Kommission der Berliner Ordinarienkonferenz, andernfalls besteht die Gefahr der Zersplitterung und Stagnation, wenn Pfarrgemeinden auf sich allein angewiesen sind. 10

Ökumene erfordert im Bereich der Gemeinde das ernste Streben, als lebendige Gemeinschaft nach dem Willen des Herrn zu leben. Beim einzelnen setzt ökumenische Arbeit echtes Vertrautsein mit der eigenen Glaubensüberzeugung sowie mit den Ordnungen und der Praxis der eigenen Kirche und deren Begründung voraus. Daher ist immer tieferes Eindringen und ständige Fortbildung auf diesen Gebieten Voraussetzung jeder erfolgreichen ökumenischen Zusammenarbeit.[9] Ebenso notwendig ist die Bereitschaft zu Offenheit und Dialog mit anderen. Ein solches Streben der ganzen Gemeinde und jedes einzelnen Gemeindegliedes steht im Dienst fruchtbarer ökumenischer Gesinnung. 11

Erster Abschnitt: Schritte zum Miteinander

1. *Interessieren – Kennenlernen – Informieren* 12

Auf dem Wege zum Miteinander lassen sich folgende Schritte markieren:

1.1. Trennung bewußt machen 13

Unseren Gemeinden muß bewußt werden, wie sehr die Spaltung der Christenheit dem Willen des Herrn widerspricht.[10] Die Trennung beeinträchtigt die Glaubwürdigkeit der christlichen Botschaft und der Christen selbst. Sie behindert die Kirche in ihrem Dienst an den Menschen und an der Welt.

---

[9] Vgl. Vat. II., Ökumenismus 4, 6.11.

[10] Vgl. Joh 17.

1.2. Einstellung überprüfen 14

Was sich in Jahrhunderten an Einstellungen gegenüber den Christen anderer Kirchen und kirchlicher Gemeinschaften herausgebildet hat, sollte überprüft werden. Historische Mißverständnisse und eingewurzelte falsche Vorstellungen müssen in unseren Pfarrgemeinden korrigiert werden.

1.3. Verständnis wecken 15

Auf dem Wege zum Miteinander ist für alle Gemeindeglieder die Kenntnis der Unterschiede wichtig, so wie sie sich heute nach dem Konzil zwischen den verschiedenen Konfessionen darstellen. Solche Kenntnis hilft, das eigene Glaubensbewußtsein, die Bedeutung der eigenen Ordnungen und der eigenen Praxis wie auch Glauben und Leben der getrennten Brüder besser verstehen zu lernen. In besonderer Weise sollten aber die grundlegenden Gemeinsamkeiten[11] der getrennten Christen herausgestellt werden; so wird das Verständnis füreinander wachsen.

Auf diesem Wege zueinander werden auch in Zukunft Konversionen nach beiden Seiten geschehen. Konversionen sind immer eine schmerzliche Erfahrung für die Kirche, die einer verläßt, und eine ernste Anfrage an sie. Sie sind aber als Gewissensentscheidungen der einzelnen zu respektieren, jedoch unter keinen Umständen einzufordern oder gar zu erzwingen. Es sollte Anliegen jedes Gläubigen sein, durch ein überzeugendes christliches Leben seine Kirche für alle Menschen einladend zu machen. 16

1.4. Zum Umdenken ermutigen 17

Die ständige Forderung zum Umdenken und zur Erneuerung

[11] Vgl. Vat. II., Ökumenismus 11.

aus dem Geiste Christi betrifft auch unser Verhältnis zu den von uns getrennten Christen. Alle Gemeindeglieder sollen sich bemühen, zu größerem Interesse an den Gemeinden anderer Kirchen und kirchlicher Gemeinschaften zu gelangen, vom höflichen Nebeneinander zum brüderlichen Miteinander.[12] Der Blick soll von allem Streit der Vergangenheit weg nach vorn auf die eine Kirche des einen Herrn gerichtet werden. In der Verkündigung, in der Liturgie und in der Diakonie einer Gemeinde soll die andere Gemeinde „mitgedacht" werden.

1.5. Kontakte intensivieren **18**

Auf dem Weg zueinander wird die Gemeinde nur dann vorankommen, wenn die Kontakte intensiviert werden. Vor allem im persönlichen Kontakt wird die Trennung schmerzlich erfahren – am meisten wohl in der konfessionsverschiedenen Ehe[13] –, werden die Einstellungen gegenüber dem anderen in Frage gestellt, wird das Verstehen erleichtert und das Umdenken herausgefordert.

Pastorale Empfehlungen **19**

Der *Pfarrer*[14], die *Mitarbeiter im pastoralen Dienst* und der *Pfarrgemeinderat* sollen sich bemühen, Katechese, Predigt

---

[12] Auch nach ÖD 1,6 soll das Verhältnis zwischen den Katholiken und den anderen Christen von gegenseitigem Wohlwollen, Verbundenheit und Liebe gekennzeichnet sein.

[13] Die Pastoralsynode wird an anderem Ort das Problem der konfessionsverschiedenen Ehe ausführlich behandeln (vgl. die Vorlage der FK 2, „Aspekte christlichen Lebens in Ehe und Familie"). Deshalb ist es hier und unten (Absatz 34) nur genannt, um auf diese spezielle Problematik der vielen schon bestehenden konfessionsverschiedenen Ehen in der Gemeinde hinzuweisen.

[14] „Pfarrer" ist der vom Bischof mit der Gemeindeleitung beauftragte Priester; angesprochen ist jedoch zugleich jeder mit Leitungsaufgaben in der Gemeinde Betraute. In ähnlicher Weise sind unter „Pfarrgemeinderat" auch entsprechende Gemeindevertretungen in nicht selbständigen Gemeinden zu verstehen. „Mitarbeiter im pastoralen Dienst" sind die Kapläne, Diakone, Seelsorgehelferinnen und andere, die ganz oder teilbeschäftigt im Dienst der Gemeinde stehen.

und Gottesdienst so zu gestalten, daß die Gemeinde immer tiefer in den eigenen Glauben eindringt, daß sie es aber auch lernt, die anderen Kirchen und kirchlichen Gemeinschaften immer besser zu verstehen und ihren Gemeinden mit wachem Interesse und in brüderlicher Gesinnung sich zuzuwenden.

Der *Pfarrer* soll möglichst bald nach Amtsantritt die Amts- 20
träger der anderen christlichen Gemeinden, die sich auf dem gleichen Territorium befinden, besuchen und sich um regelmäßige Treffen mit diesen bemühen.[15]

Jeder *Pfarrgemeinderat* soll je nach der Größe und den 21
Möglichkeiten seiner Gemeinde einen ökumenischen Kontaktkreis aus geeigneten Gemeindegliedern bilden, mindestens aber eine ökumenische Kontaktperson berufen. Dieser Kontaktkreis bzw. diese Kontaktperson soll die Verbindung zu den Gemeinden anderer Kirchen und kirchlicher Gemeinschaften herstellen und aufrechterhalten und die ständige ökumenische Ausrichtung der Gemeindearbeit anregen und unterstützen. Auf diese Weise können auch die ökumenischen Initiativen der nichtkatholischen Gemeinden aufgenommen und für die eigene Arbeit fruchtbar gemacht werden.

Der *Pfarrer* soll den Kontaktkreis bzw. die Kontaktperson 22
sowie seine Mitarbeiter im pastoralen Dienst den Amtsträgern der nichtkatholischen Gemeinden bekanntmachen.

---

15 „Es versteht sich von selbst, daß der Klerus (die Geistlichen) der verschiedenen Kirchen und Kirchengemeinschaften den Wunsch haben wird, zum Meinungsaustausch über die pastoralen Probleme, vor die er sich gestellt sieht, zusammenzukommen, um . . . zu einer gemeinsamen Haltung . . . zu kommen" (DD VII, 7).

1.6. Informieren und austauschen 23

Die katholischen Gläubigen sollen den Geist und die Sinnesart der Christen anderer Kirchen und kirchlicher Gemeinschaften besser kennenlernen.[16] Dadurch werden sie befähigt, in den Dialog mit ihnen einzutreten und in gemeinsamer Arbeit Zeugnis abzulegen für den einen Herrn Jesus Christus. Der Austausch von Informationen und Gedanken soll immer sachlich und engagiert, redlich und offen im Geiste des Dialogs, d. h. in Hör- und Lernbereitschaft erfolgen,[17] wobei auch Schwierigkeiten und Mißerfolge nicht verschwiegen werden dürfen.

Die christlichen Gemeinden sollen nach Möglichkeit gegen- 24
seitig Informationen austauschen, die beide Seiten interessieren, wie über Gemeindeveranstaltungen und ihre Themen, Seminare, Kirchenmusik, Verkündigungsspiele, Ausstellungen, Neuerscheinungen in christlichen Verlagen, aber auch gemeinsam interessierende Vorkommnisse in der weiten Welt.

Pastorale Empfehlungen 25

Der *Pfarrer* und die *Mitarbeiter im pastoralen Dienst* sollen für geeignete Information der Gemeindeglieder über diejenigen Kirchen und kirchlichen Gemeinschaften sorgen, die ihre ökumenischen Partner sind, z. B. über ihre Ordnungen; ihr Bekenntnis; die Art, wie sie den Gottesdienst verstehen und feiern; welche Strukturen bei ihnen bestehen und welche Möglichkeiten es gibt, aus Kirchenblättern, Zeitschriften und Büchern nähere Kenntnis über die getrennten Christen, ihre Kirchen und Organisationen zu erhalten.

---

16 Vgl. Vat. II., Ökumenismus 9.
17 Vgl. DD II.

Der *Pfarrer* soll evangelische, gegebenenfalls auch orthodoxe Geistliche oder besonders befähigte Laien zu Gemeindeveranstaltungen einladen, in denen diese über Fragen des christlichen und kirchlichen Lebens und über theologische Themen zu den katholischen Gläubigen sprechen und in der Diskussion Fragen beantworten können. 26

Pastorale Aufträge 27

Die *Katechetische Arbeitsgemeinschaft* und die *Arbeitsgemeinschaft Jugendseelsorge* werden beauftragt, dafür zu sorgen,

- daß Arbeitspläne für die Kinder- und Jugendseelsorge erstellt werden, die konfessionskundliche und ökumenisch bedeutsame Themen enthalten;
- daß den Pfarrgemeinden konkrete Vorschläge für eine phasengerechte und verantwortungsbewußte Vorbereitung der Kinder und Jugendlichen auf die ökumenische Arbeit gemacht werden.

Die *Arbeitsgemeinschaft Erwachsenenseelsorge* wird beauftragt, dafür zu sorgen, daß den Pfarrgemeinden Pläne und Vorschläge für die Erwachsenenseelsorge zur Verfügung gestellt werden, in denen das ökumenische Anliegen entsprechend berücksichtigt ist. 28

Die *Ökumenische Kommission der Berliner Ordinarienkonferenz* wird beauftragt, dafür zu sorgen, daß Informationsmaterial bzw. Handreichungen für die Pfarrgemeinden erstellt werden. Diese Handreichungen sollen nach dem Stand heutiger Erkenntnis die Faktoren darstellen, die zur Spaltung der Christenheit geführt haben und die das Verhältnis der Kirchen zueinander auch heute noch belasten; sie sollen helfen, Mißverständnisse zu klären und falsche Vorstellungen abzubauen. 29

2. *Bezeugen und Dienen*

2.1. Zeugnis voreinander 30

Informationen und Dialog werden nicht nur im Austausch von Wissen bestehen, sondern auch zum Zeugnis voreinander führen. Haben die Christen jahrhundertelang ihr Glaubensbekenntnis gegeneinander gelernt, gesagt und durchgesetzt, so müssen wir es heute lernen, unser Zeugnis voreinander abzulegen. Religiöse Erfahrungen und die Praxis eines gelebten Glaubens bereichern das Zeugnis voreinander, so daß es darin zu einem gegenseitigen Geben und Nehmen kommt. Solches Zeugnis voreinander geschieht z. B. bei ökumenischen Bibelkreisen, ökumenischen Besinnungstagen und in den vielfachen Formen der ökumenischen Begegnungen Jugendlicher und Erwachsener.

Pastorale Empfehlung 31

Der *Pfarrer* soll sich darum bemühen, daß in jedem zweiten oder dritten Jahr ein Glaubensseminar gemeinsam mit nichtkatholischen Christen gehalten wird. Dabei sollen Themen, die die Fülle des kirchlichen Lebens in verschiedenen Ausprägungen deutlich werden lassen, wie auch Kontroversfragen behandelt werden.

2.2. Gemeinsames Zeugnis 32

Es ist Tatsache, daß die Kirchen als Institutionen in der Öffentlichkeit immer weniger in Erscheinung treten. Das hebt nicht die Pflicht der Christen auf, mit dem Zeugnis des Glaubens in allen Lebensbereichen präsent zu bleiben. Dieses Zeugnis wird um so wirksamer und überzeugender sein, je mehr es im Miteinander der Christen verschiedener Kirchen und kirchlicher Gemeinschaften gegeben wird. Dieses

Ziel kann nicht erreicht werden, wenn sich die Verantwortlichen in den christlichen Gemeinden in Fragen der gemeinsamen Bezeugung des Glaubens nicht miteinander beraten und absprechen.

2.3. Dienst aneinahder 33

Das wirksamste Zeugnis ist der gegenseitige und gemeinsame Dienst der Christen. Hier erweist es sich, ob das Zeugnis glaubwürdig ist. Im Dienst aneinander befolgen Christen die Weisung des Apostels: „Einer trage des anderen Last, und so werdet ihr das Gesetz Christi erfüllen.“[18] Dieser Dienst erstreckt sich auf alle Bereiche geistlichen und materiellen Lebens in den christlichen Gemeinden. Dazu gehören z. B. das helfende und aufmunternde Wort, aber auch die Fähigkeit, Kritik anzunehmen, und die Möglichkeit, sie üben zu dürfen; die Mitteilung über den Zuzug von nichtkatholischen Christen und umgekehrt; die Information, wenn alte oder kranke Menschen Hilfe brauchen, und die erste Hilfeleistung im Rahmen des Möglichen; der Austausch auf dem Gebiet der Kirchenmusik. Wünschenswert ist es, sich gegenseitig Räume für Gottesdienst und Gemeindeveranstaltungen zur Verfügung zu stellen, bei der Erstellung und Renovierung solcher Räume zu unterstützen und bei der Errichtung neuer Gemeinderäume ökumenische Gesichtspunkte zu beachten.

2.4. Gemeinsamer Dienst 34

Viele pastorale und sozial-caritative Dienste sind wirksamer, wenn sie gemeinsam getan werden. Hierbei dürfte es auch die wenigsten Hindernisse aufgrund der Kirchentrennung geben; denn durch die Zusammenarbeit der Christen in die-

[18] Gal 6,2.

sen Bereichen „kommt die Verbundenheit, in der sie schon untereinander vereinigt sind, lebendig zum Ausdruck“[19]. Als Beispiele für gemeinsames pastorales Handeln bieten sich an: Zusammenkünfte der Eltern von Kindern bestimmter Jahrgänge, bei denen sie ihre Erziehungsaufgaben bedenken und nach gemeinsamen Lösungen suchen; Christen, die denselben Beruf haben oder in demselben Wohnviertel oder Dorf wohnen, können sich treffen, um gemeinsam ihre Probleme zu erörtern und Formen des gemeinsamen Zeugnisses und Dienstes abzusprechen. In konfessionsverschiedenen Ehen sollten sich die Ehepartner bewußt sein, daß rechtes gemeinsames Leben ein überzeugendes Zeichen christlichen Dienstes sein kann.[20]

Eine betont ökumenisch ausgerichtete Pastoral und gemein- 35
same pastorale Dienste sind in neugegründeten Gemeinden, vor allem Neubaugebieten, leichter möglich, weil hier ortsübliche Gewohnheiten keine so große Rolle spielen. Als Beispiel dafür bietet sich ein ökumenisch geplanter und durchgeführter Hausbesuchsdienst an. Er führt zu einer schnelleren Erfassung der Gemeindeglieder und läßt die Christen in ihrer gemeinsamen Sorge um ihre Mitmenschen in Erscheinung treten.

Beispiele für gemeinsamen sozial-caritativen Dienst sind: 36
ökumenisch geplante und durchgeführte Nachbarschaftshilfe, Krankenpflege, Altenpflege, in größeren Orten auch eine ökumenisch getragene Kindertagesstätte für debile Kinder.

3. *Gebet und Gottesdienst*

Zeugnis und Dienst dürfen nicht isoliert vom Gottesdienst 37

19 Vat. II., Ökumenismus 12, vgl. 23 und den Beschluß der Pastoralsynode, Diakonie der Gemeinde 6 (E. 13), 55.70.

20 Vgl. DD VII, 3–6.

betrachtet werden. Ebensowenig kann aber Gottesdienst ohne Zeugnis und Dienst gesehen werden.[21]

3.1. Füreinander beten 38

Im Gebet für die anderen christlichen Gemeinden wird die Tragik der Trennung erfahren. Solches Gebet wird uns vor Selbstzufriedenheit mit dem jeweils Erreichten und vor Gleichgültigkeit gegenüber den anderen ebenso bewahren wie vor Resignation.

Pastoraler Appell 39

Im Bewußtsein der Verantwortung für die ganze Christenheit sollen die *Pfarrgemeinden* und *jedes Gemeindeglied* für die Anliegen der anderen Christen beten und die Gabe der Einheit erflehen. Besondere Anlässe zum Gebet füreinander und um die Einheit sind:

- die in der Christenheit üblichen Gebetswochen im Januar und vor Pfingsten, die ökumenisch intensiver gestaltet werden sollten;
- Ereignisse von ökumenischer Tragweite in der Christenheit, auf welche die Gläubigen aufmerksam zu machen sind;
- wichtige Begebenheiten im Leben der anderen christlichen Gemeinden, an denen die katholische Gemeinde brüderlich Anteil nimmt.

Pastorale Empfehlung 40

Der *Pfarrer* soll bei wichtigen Begebenheiten der Gemeinde die anderen christlichen Gemeinden um ihr fürbittendes Gebet bitten.

---

[21] Vgl. Röm 12,1; 1 Petr 2,5; Vat. II., Kirche 34.

3.2. Miteinander beten **41**

Die vom Ökumenismusdekret und vom Ökumenischen Direktorium empfohlene Gemeinschaft im geistlichen Tun[22] legt auch gemeinsame ökumenische Gottesdienste nahe. Diese werden aber nur ihre Bedeutung für die christlichen Gemeinden haben, wenn sie im Zusammenhang ständiger Kontakte und stetiger Zusammenarbeit stehen.[23]

Pastorale Empfehlung **42**

Vom *Pfarrer* und von den *Mitarbeitern im pastoralen Dienst* soll ökumenisches Gebets- und Liedgut nicht nur in ökumenischen, sondern von Zeit zu Zeit auch in den regelmäßigen Gemeindegottesdiensten verwendet werden, damit schon in den gemeinsamen Texten das Ziel – die künftige Einheit – aufleuchte.

Pastorale Anweisung **43**

Der *Pfarrer* hat dafür zu sorgen, daß einmal im Jahr ein ökumenischer Gottesdienst mit nichtkatholischen Gemeinden gehalten wird, wenn diese dazu bereit sind.

Pastoraler Auftrag **44**

Die *Ökumenische Kommission der Berliner Ordinarienkonferenz* wird beauftragt, unter Wahrung der geltenden kirchlichen Bestimmungen Modelle für Gottesdienste bei ökumenischen Wochenenden, Kursen, Seminaren und Aktionen zu erarbeiten.

---

22 Vgl. Vat. II., Ökumenismus 8, 15; ÖD I, IV.

23 In den „Hinweisen für die ökumenische Arbeit an der Basis" (in: Kirchliches Amtsblatt 21 [1972], Heft 27) ist „mit Absicht das gemeinsame Gebet ans Ende gesetzt worden, um die Vorstufen des gemeinsamen Gebetes herauszustellen. Dadurch soll der geistliche Ökumenismus gegenüber dem praktischen oder sozialen nicht abgewertet werden. Aber dieser sollte stärker praktiziert werden, damit so eine glaubwürdige Basis für das gemeinsame Gebet entsteht."

Zweiter Abschnitt: Zusammenarbeit der Gemeinde und ihrer Gruppierungen mit den entsprechenden ökumenischen Partnern

Je nach dem Bereich und dem Gegenstand ökumenischer Aktivitäten werden jeweils andere Personen und Gruppierungen geeignet sein. Keiner kann alles tun. Bestimmte ökumenische Bemühungen müssen von der Gesamtgemeinde getragen werden; andere sind als Aufgaben bestimmten Gruppierungen der Gemeinde zugeordnet. **45**

1. *Die Gesamtgemeinde* **46**

Vor jeder Einteilung in verschiedene Glieder und Gruppierungen, in Laien und Priester ist die Gemeinde als ganze zu sehen. Wie die Sorge um die Wiederherstellung der Einheit Sache der ganzen Kirche ist, sowohl der Gläubigen wie der Hirten,[24] so ist Ökumene im Bereich der Gemeinde die ständige Aufgabe der ganzen Gemeinde.

Pastorale Empfehlung **47**

Der *Pfarrer* und der *Pfarrgemeinderat* sollen prüfen, welche der nachstehenden Möglichkeiten ökumenischer Zusammenarbeit[25] in ihrer Gemeinde verwirklicht werden können:

- ökumenische Informationsabende (vgl. Abs. 25f);
- gemeinsame Schaukastenarbeit;
- ökumenische Vortragsreihen (vgl. Abs. 31);
- gemeinsame Betreuung von Urlaubern und Kurgästen;
- gegenseitige Hilfeleistung (vgl. Abs. 33ff);
- sozial-caritative Arbeit (vgl. Abs. 36);

---

[24] Vgl. Vat. II., Ökumenismus 5.

[25] Die hier und in den folgenden Absätzen aufgezählten Möglichkeiten ökumenischer Zusammenarbeit sind als Beispiele zu verstehen, die je nach den örtlichen Gegebenheiten verwendet, abgeändert oder ergänzt werden können.

- kirchenmusikalische Veranstaltungen;
- ökumenische Gottesdienste.[26]

2. *Zusammenarbeit der verschiedenen Glieder und Gruppierungen der Gemeinde*

2.1. Der Pfarrer und die Mitarbeiter im pastoralen Dienst **48**

Für die ökumenische Zusammenarbeit des Pfarrers und der Mitarbeiter im pastoralen Dienst mit den nichtkatholischen Amtsträgern ist die Einstellung und das Verhalten zueinander von großer Bedeutung. Ohne positive Impulse von beiden Seiten ist die ökumenische Arbeit im Bereich der Gemeinde sehr erschwert.[27]

2.2. Pfarrgemeinderat

Pastorale Empfehlung **49**

Der *Kontaktkreis* bzw. die *Kontaktperson* (vgl. Abs. 21), die im Auftrag des Pfarrgemeinderates handeln, sollen Möglichkeiten ökumenischer Zusammenarbeit nutzen, indem sie

- auf Einladung hin an bestimmten Sitzungen der jeweiligen Gemeindekirchenräte teilnehmen, z. B. wenn ökumenische Anliegen behandelt werden;
- ein oder mehrere Mitglieder der jeweiligen Gemeindekirchenräte zu Sitzungen des Pfarrgemeinderates einladen;
- die Situation der Gemeinden mit Vertretern der Gemeindekirchenräte gemeinsam bedenken;
- die gemeinsamen Aktivitäten planen (Terminkalender abstimmen), für Vorbereitung und Durchführung sorgen und sie auswerten.

---

[26] In Abs. 43 ist der *jährlich einmalige* ökumenische Gottesdienst angewiesen. Empfohlen werden hier *häufigere* ökumenische Gottesdienste.

[27] Vgl. DD VII, 7. Hier wird diese Zusammenarbeit als etwas Selbstverständliches erklärt.

2.3. Erwachsene 50

Die Gemeinde wird entscheidend geprägt durch die Erwachsenen. Die Pastoral wird daher entsprechend auf sie ausgerichtet sein müssen. Hier entscheiden sich Bestand und Zukunft der Gemeinde. Auch bei ökumenischen Bemühungen sollen die Erwachsenen ihre Verantwortung wahrnehmen.

Pastorale Empfehlung 51

Der *Pfarrer*, der *Pfarrgemeinderat*, die *Mitarbeiter im pastoralen Dienst* und die *Helfer* sollen prüfen, welche der nachstehenden Möglichkeiten ökumenischer Zusammenarbeit in der Erwachsenenseelsorge verwirklicht werden können:

- ökumenische Zusammenkünfte zur Erörterung von Fragen des Glaubens und der christlichen Lebensgestaltung (Seminare und Arbeitskreise, Rundtisch- und Forumsgespräche, Vorträge, ökumenische Bibelkreise);
- ökumenische Abende oder Wochenenden der verschiedenen Berufsgruppen;
- ökumenische Besinnungstage;
- ökumenische Familienkreise, besonders für konfessionsverschiedene Ehen;
- ökumenische Seminare über Ehe- und Erziehungsfragen;
- ökumenische Eheberatungsstellen;[28]
- gemeinsame sozial-caritative Aktionen;
- gemeinsame Altentage.

2.4. Jugend 52

Eine wichtige Gruppierung in der Gemeinde bilden die Jugendlichen. Für die Zukunft der Gemeinde ist es von ent-

[28] Die Errichtung ökumenischer Eheberatungsstellen sollte wegen der Wichtigkeit des Anliegens angestrebt werden. Jedoch soll die personelle Besetzung der Eheberatungsstellen in jedem Fall die Zustimmung beider Kirchenleitungen erhalten.

scheidender Bedeutung, wie sie an ihre ökumenische Verantwortung herangeführt werden.

Pastorale Empfehlung 53

Der *Pfarrer*, der *Pfarrgemeinderat*, die *Mitarbeiter im pastoralen Dienst* und die *Helfer* sollen prüfen, welche der nachstehenden Möglichkeiten ökumenischer Zusammenarbeit in der Jugendseelsorge verwirklicht werden können:

- regelmäßige Absprache der in den Gemeinden für die Jugendseelsorge Verantwortlichen;
- ökumenische Jugendveranstaltungen (Abende, Gesprächskreise, Wochenenden);
- ökumenische Ehevorbereitungskurse für konfessionsverschiedene Brautpaare;
- gemeinsame sozial-caritative Aktionen;
- ökumenische Jugendgottesdienste.

2.5. Kinder 54

Die Hinführung der Kinder zum Leben aus dem Glauben muß heute den ökumenischen Aspekt der gesamten kirchlichen Arbeit berücksichtigen.

Pastorale Empfehlung 55

Die *für die Kinderseelsorge Verantwortlichen* sollen prüfen, auf welche Weise die Kinder auf ihre spätere ökumenische Aufgabe vorbereitet werden können. Dafür bieten sich folgende Möglichkeiten an:

- einige gemeinsame Glaubensstunden zu ökumenisch bedeutsamen Themen in höheren Klassen;

- gemeinsame Kindernachmittage, besonders zum gegenseitigen Kennenlernen;
- gelegentlich gemeinsam durchgeführte Religiöse Kindertage;
- ökumenische Familiengottesdienste, die von den Kindern mitgestaltet werden.

Schlußwort 56

Die Synode hofft, mit diesem Dokument ökumenische Aktivitäten bekanntzumachen und zu bestätigen, ökumenisches Denken und Handeln anzuregen und zu fördern. So kann immer neu die schon bestehende Gemeinsamkeit erfahren werden, und dies wird zu einer ständigen Vertiefung der Zusammenarbeit der Kirchen führen. Zugleich werden eine ökumenische Haltung und ihre Verwirklichung zeichenhafte Bedeutung für die Einheit der Menschheit haben.

Jede ökumenische Aktivität wird Leerlauf bleiben, wenn sie nicht 57
von ökumenischer Gesinnung[29] getragen wird und von dem, was man mit Recht als „geistlichen Ökumenismus" bezeichnet hat: „Die Bekehrung des Herzens und die Heiligkeit des Lebens ist in Verbindung mit dem privaten und öffentlichen Gebet für die Einheit der Christen als die Seele der ganzen ökumenischen Bewegung anzusehen."[30] Nur aus dieser Grundhaltung, aus der sich eine ökumenische Gesinnung formt, wird der Christ im Alltagsleben das Anliegen der Einheit beständig vor Augen haben.[31] So kann sich ein „Klima aktiver Geduld" bilden und das „Vertrauen auf die Möglichkeit der Überwindung der Uneinigkeit"[32] wachsen.

---

[29] Vgl. ÖD I, 28.
[30] Vat. II., Ökumenismus 8.
[31] Vgl. ÖD I, 21.
[32] Vgl. DD IV, 6.

BESCHLUSS DER PASTORALSYNODE

VORBEREITUNG AUF DIE EHE

Inkraftsetzung des Beschlusses der Pastoralsynode

Vorbereitung auf die Ehe

Den von der Pastoralsynode der Jurisdiktionsbezirke in der DDR verabschiedeten Beschluß „Vorbereitung auf die Ehe" setze ich hiermit in Kraft.

Richtlinien für die Vorbereitung auf die Ehe werden demnächst unter Berücksichtigung der Empfehlungen des Beschlusses der Pastoralsynode von mir erlassen.

Die Veröffentlichung in den Amtlichen Mitteilungen ordne ich hiermit an. Gleichzeitig erkläre ich mein Einverständnis, daß die von der Fachkommission erarbeiteten Erläuterungen zum Synodenbeschluß „Vorbereitung auf die Ehe" veröffentlicht werden.

Berlin, 4. Dezember 1974 + Alfred Card. Bengsch
Erzbischof
Bischof von Berlin

Dresden, 4. Dezember 1974 + Gerhard Schaffran
Bischof von Meißen

Görlitz, 4. Dezember 1974 + Bernhard Huhn
Bischof und Apostolischer
Administrator von Görlitz

Erfurt, 4. Dezember 1974 + Hugo Aufderbeck
Bischof und Apostolischer
Administrator in Erfurt-Meiningen

Schwerin, 4. Dezember 1974 + Heinrich Theissing
Bischof und Apostolischer
Administrator in Schwerin

Magdeburg, 4. Dezember 1974 + Johannes Braun
Bischof und Apostolischer
Administrator in Magdeburg

Vorbereitung auf die Ehe

1. *Grundaussagen*

Wer Liebe erfährt, erlebt sich selbst neu in den vielfachen Beziehungen seines Lebens. Wert und Würde eines jeden Menschen werden deutlich sichtbar, wenn Menschen einander annehmen und füreinander da sind. Dies ist in jeder Gemeinschaft möglich, zeigt sich aber in besonderer Weise in Ehe und Familie. Die innige Gemeinschaft des Lebens und der Liebe in *Ausschließlichkeit* und *auf Lebenszeit* bietet den Ehepartnern die Chance, ihre Persönlichkeit zu entfalten und zu vertiefen. Sie haben den Auftrag, Verantwortung füreinander und für neues menschliches Leben zu übernehmen. 1

Die Ehe mit ihren vielfältigen Möglichkeiten, Liebe zu empfangen und zu schenken und darin über sich selbst hinauszuwachsen, läßt, bei aller menschlichen Unvollkommenheit und Begrenztheit der Partner, *den letzten Urgrund* von Freude und Glück erahnen. Sie weist darauf hin, daß alle Liebe *in Gott* ihren Ursprung hat, von ihm Zeugnis gibt und auf die *Vollendung* in ihm hinzielt. 2

Für katholische Christen ist das gegenseitige Ja ihrer Liebe, mit dem sie ihre Ehe begründen und in unauflöslicher Gemeinschaft vollziehen, *wirkkräftiges Zeichen* der Hingabe Christi an seine Kirche. Schon das Alte Testament[1] 3

[1] In Ex 20,14 ist die Ehe in das Bundesgesetz Gottes hineingenommen. Mal 2,14f bezeichnet den Bund mit Jahwe als eheliche Verbindung. Das Buch Tobias bietet eine geistige Schau des Familienlebens aus Glaube und Gebet (vgl. bes. 3,16ff).
Bei den Propheten Hosea, Jeremia und Ezechiel wird das Verhältnis Jahwes zu seinem Volk als Ehe dargestellt und der Abfall von Gott als Ehebruch gebrandmarkt (vgl. Hos 2,4ff; Jer 2,2; 3,8f; 5,7; 9,1; Ez 16,23ff).

schildert die Beziehung zwischen Gott und seinem Volk oft im Bild der Ehe und bringt damit zum Ausdruck, daß Gott als ein zuverlässiger Partner zu seinem Volk steht. Im Neuen Testament wird die eheliche Liebesgemeinschaft mit der Beziehung Christi zu seiner Kirche verglichen.[2] Dieses *Sakrament* wird in der Gemeinschaft der Kirche gespendet und gelebt. Die Kirche bestätigt das Jawort der Partner und hilft ihnen, in der Kraft dieses Sakramentes ihre Aufgaben in Ehe und Familie zu erfüllen.

Christlich gelebte Ehe[3] läßt die Familie im Glauben wach- **4**
sen zur gegenseitigen Heiligung und zur gemeinsamen Verherrlichung Gottes. Sie hat darüber hinaus Bedeutung für Kirche und Gesellschaft und bedarf deshalb einer stabilen Ordnung: „Die innige Gemeinschaft des Ehelebens und der ehelichen Liebe, vom Schöpfer begründet und mit einer eigenen Gesetzlichkeit versehen, . . . ist ein nach göttlicher Anordnung fester Stand, auch vor der Gesellschaft. Dieses heilige Band unterliegt im Hinblick auf das Wohl der Eheleute und der Nachkommenschaft sowie das Wohl der Gesellschaft *nicht menschlicher Willkür*."[4]

Doch die persönliche Gestaltung von Ehe und Familie aus **5**
christlichen Grundhaltungen wird auch von den jeweiligen *sozialen und kulturellen Gegebenheiten* bestimmt. Die in

---

[2] Vgl. Eph 5,32.

[3] Die Synode wendet sich unmittelbar an die Mitglieder der katholischen Kirche. Die Verwendung des Begriffes „christlich" in der gesamten Vorlage soll auf den ökumenischen Bezug des katholischen Verständnisses von Ehe und Familie hinweisen und zu ökumenischer Zusammenarbeit ermutigen. Besonders soll der konfessionsverschiedene Ehepartner mit angesprochen werden.

[4] Vat. II., Kirche und Welt 48.

der gesellschaftlichen Wirklichkeit der DDR geltende Gleichberechtigung von Mann und Frau, der allgemein hohe Lebensstandard und die sozialen und wirtschaftlichen Strukturen beeinflussen die Weise der Partnerwahl, der Eheführung und des Ehelebens. Durch Verfassung und Familiengesetz sind Ehe und Familie juristisch geschützt.[5] Doch können Gesetze allein nicht vor möglichen Belastungen bewahren.

Erläuterungen der Fachkommission zu Absatz 5

- Die rechtliche und berufliche Gleichstellung von Mann und Frau bildet eine wichtige Voraussetzung für personale Partnerschaft, stellt aber bei Berufstätigkeit beider Ehepartner höhere Anforderungen an die rechte Gestaltung des ehelichen Lebens, an die gemeinsame Bewältigung häuslicher Pflichten und an die verantwortliche Führung des Familienlebens. E. 1
- Berufliche und gesellschaftliche Tätigkeit ermöglichen eine erweiterte und vertiefte Begegnung mit anderen Menschen außerhalb der Familie, können aber auch zu Bindungen führen, in denen die Treue zum Ehepartner gefährdet oder verletzt wird. E. 2
- Häufiger Orts- und Wohnungswechsel können feste Bindungen in Gemeinden erschweren, wodurch, zumal in größeren Städten und neuen Wohngebieten, eine Isolierung besonders der jungen Ehen und Familien begünstigt wird. E. 3
- Berufs- und wohnungsbedingte Trennung der Ehepartner können zu einem allmählichen Auseinanderleben führen oder die Entwicklung einer gemeinsamen Lebensweise zu Beginn einer Ehe stören. Wertordnung und Verhaltensmuster von Gruppen, durch die nur ein Partner geprägt ist, können diese Entfremdung fördern. E. 4

Mit unterschiedlichem Anspruch und Ziel bemühen sich staatliche Institutionen und gesellschaftliche Gruppen, entsprechend ihrer jeweiligen Zuständigkeit, jungen Menschen Hilfen für die Vorbereitung auf das Leben in Ehe und Familie zu geben. Die katholische Kirche anerkennt 6

[5] Verfassung der Deutschen Demokratischen Republik vom 6. 4. 1968 in der Fassung des Gesetzes zur Ergänzung und Änderung der Verfassung der DDR vom 7. 10. 1974, Artikel 20 und 38;
Familiengesetzbuch der DDR vom 20. 12. 1965, § 1 (1).

die Bedeutung dieser pädagogischen, sozialen und wirtschaftlichen Leistungen, sieht aber auch deren Grenzen.

Die Kirche selbst weiß sich verpflichtet, auf der Grundlage ihrer Glaubens- und Sittenlehre die jungen Katholiken auf Ehe und Familie vorzubereiten, damit sie gegenüber anderen Einstellungen der Umwelt zu einem *katholischen Verständnis der Ehe* finden und ihr Leben in christlicher Verantwortung gestalten. Der Verweis auf historisch bedingte Leitbilder der Eheführung, die sich nicht notwendig aus der kirchlichen Lehre ergeben, reicht nicht aus. Vielmehr ist ein Dialog zwischen den Generationen erforderlich im gemeinsamen Suchen nach den Möglichkeiten, wie Ehe und Familie aus christlichem Glauben in dieser Zeit gelebt werden können. 7

2. *Leitlinien*

2.1. Vorbereitung auf die Ehe als Partnerschaft

Erläuterungen der Fachkommission zur Überschrift (2.1.)

Partnerschaft meint hier nicht wie in der Wirtschaft eine arbeitsteilige geschäftliche Beziehung. Sie ist kein Vertrag, der an Vorteil, Recht, Sicherung, Anspruch und Leistung denken läßt. Partnerschaft ist vielmehr eine im Kern personale Beziehung, eine Lebensweise auf der Basis des Vertrauens und der Liebe in gegenseitiger Übereignung. Für dieses Vermögen des Menschen, unverbrüchlich zu seinem Partner zu stehen, ist das Verhältnis der Sakramentalität der Ehe grundlegend. E. 5

Die Achtung vor der Würde und dem Wert des Menschen ist für jede partnerschaftliche Beziehung Voraussetzung; besonders grundlegend aber ist sie für die Ehe. Für den Christen sind Würde und gleicher Wert aller Menschen darin begründet, daß sie nach Gottes Bild geschaffen und durch Gottes Heilshandeln erlöst wurden. Deshalb versucht der Christ, in der Liebe Christi den Mitmenschen zu lieben. 8

Den anderen Menschen in seiner Würde wirklich anzunehmen ist auch dem Christen nicht einfach gegeben, sondern Ziel der Erziehung von frühester Kindheit an. Die Liebesfähigkeit des Menschen wird bereits zu Beginn seines Lebens grundgelegt und entfaltet sich, wenn das Kind in einer Atmosphäre der Geborgenheit Beziehungen zu seiner Umwelt aufnimmt. Das Erleben von Liebe läßt den einzelnen den eigenen Wert erfahren, gibt ihm Mut, den anderen anzunehmen, und führt zu Vertrauen und Hingabefähigkeit, zu Toleranz und Versöhnungswillen, zu Selbstlosigkeit und Treue. Das Leben in der Gemeinschaft der Kirche, den Kinder- und Jugendgruppen der Gemeinden vertieft diese Haltungen im Geiste des Evangeliums. Der Jugendliche erhält Maßstäbe für ein Verhalten anderen Menschen gegenüber und wird auf die verantwortete Wahl des Ehepartners vorbereitet. 9

Erläuterungen der Fachkommission zu Absatz 9

Wichtig ist, daß die Eltern für das Kind im ersten Lebensjahr die entscheidenden Bezugspersonen sind und bleiben. Im Kreis der Geschwister und Spielkameraden nimmt das Kind Kontakt zu Gleichgestellten auf, lernt sich einordnen und durchsetzen, bis es schließlich über Kindergarten- und Schulalter allmählich zu einem gereiften Umgang mit anderen Menschen findet. **E. 6**

Die Partner sollen dialogfähig sein und schon in der Zeit des näheren Kennenlernens das offene Gespräch über alle Fragen führen, damit es zu einer Selbstverständlichkeit in ihrem Leben wird. Dadurch entsteht eine Vertrauensbasis, auf der Konflikte gelöst und Spannungen ausgehalten oder abgebaut werden können. 10

Partnerschaftliche Liebe ermöglicht die Entfaltung der Persönlichkeit. Sie verwirklicht die Gleichberechtigung und wahrt die persönliche Eigenart von Mann und Frau. In der Zeit vor der Eheschließung und unter den Anforde- 11 rungen der ersten Ehejahre wird die Partnerschaft entscheidend geprägt.

Wenn junge Menschen Ehemann und Ehefrau, Vater und Mutter werden, übernehmen sie Aufgaben, die ohne gewisse Sachkenntnis nicht zu lösen sind. Deshalb gehört zur Ehevorbereitung die Bereitschaft, sich entsprechendes Wissen und Können anzueignen: 12
wie man sich selbst und den Partner verstehen lernt, im Ehealltag sachgemäß urteilt und handelt und wie man Kinder erzieht. Jeder bereitet sich auf die Ausübung eines Berufes gewissenhaft vor. Ehepartner, Vater und Mutter sein sind auch „Berufe".

Aus diesen Erwägungen beschließt die Synode als *ersten Leitsatz* für die Ehevorbereitung: 13

Christliche Vorbereitung auf die Ehe soll Ehrfurcht wekken vor der Würde des Menschen, der von Gott geliebt und von Christus erlöst ist. Sie soll helfen, die Liebesfähigkeit zu entfalten, und partnerschaftliches Verhalten fördern. Sie soll zu einer Partnerwahl befähigen, die vor Gott und der Gemeinschaft der Glaubenden verantwortet werden kann. 14

2.2. Vorbereitung auf die Ehe als Geschlechtsgemeinschaft

Erläuterungen der Fachkommission zur Überschrift (2.2.)

Die persönlichen Einstellungen und Grundhaltungen zu Sexualität, Ehe und Familie haben in den letzten Jahrzehnten zwar manche positive Wandlungen erfahren, sind aber bei vielen Menschen auch heute noch von sexuellen Tabus, überkommenen Lebensstilen und unrealistischen Denkweisen geprägt. Vielfach verhindern unzureichende Sexualerziehung, Unkenntnis und schlechtes Beispiel der Umwelt eine richtige Einschätzung der Werte im Bereich des geschlechtlichen und ehelichen Lebens. E. 7

Menschliche Geschlechtlichkeit betrifft den ganzen Menschen und gehört zu seinem Wesen. In der Heiligen Schrift 15 steht die Aussage über die Geschlechtlichkeit des Menschen in engem Zusammenhang mit der Aussage über seine Gottebenbildlichkeit: „Und Gott schuf den Menschen nach seinem Bilde, nach dem Bilde Gottes schuf er ihn, als Mann und Frau schuf er sie“ (Gen 1,27). Auch in einer unter den Folgen der Sünde leidenden Schöpfung ist die Geschlechtlichkeit keine Bedrohung, sondern birgt in sich reiches und beglückendes Erleben.

Ihren vollen Sinn findet die menschliche Geschlechtlichkeit, 16
wenn sie in personaler Beziehung und sozialer Verantwortung gelebt wird. Diese Voraussetzungen sind nur in der Ehe gegeben. Die eheliche Geschlechtsgemeinschaft ist Ausdruck der Liebe der Partner und kann diese Liebe wachhalten und vertiefen. Sie ist Zeichen für ihre Verbundenheit und ermöglicht die Fruchtbarkeit der Liebe, die sichtbar wird in den Kindern.

Das geschlechtliche Leben unterliegt wie andere Lebens- 17
bereiche der Unzulänglichkeit menschlicher Verwirklichung. Deshalb darf nicht übersehen werden, daß es einen egoistischen und unverantwortlichen Gebrauch der Sexualität geben kann, der ihren Sinn einengt und deshalb schuldig werden läßt.

Christliche Sexualpädagogik soll die sittlichen Werte, wie 18
Liebe, Treue und Verantwortung in den Beziehungen zum andern Geschlecht, betonen und die geschlechtliche Entwicklung in ihrer Zuordnung auf die partnerschaftliche Liebe hin aufzeigen. So wird Sexualerziehung zu einem festen Bestandteil christlicher Erziehung und Ehevorbereitung. Sie darf nicht darin bestehen, nur die Grenzen sexuellen Verhaltens abzustecken; sie muß vielmehr das rechte Verständnis für die menschliche Geschlechtlichkeit vermitteln und ihre Reifung fördern.

Damit das leibliche Einswerden wirklich Bekundung echter Liebe werden kann, muß der junge Mensch auf dem Wege vom Bewußtwerden der Leiblichkeit bis zur Liebe und Ehe seine Geschlechtlichkeit annehmen und beherrschen lernen. Echte Liebe erkennt trotz aller Ungeduld der Wünsche zuerst die Verantwortung für den Partner und für ein gemeinsames Leben. Deshalb entsprechen Intimbeziehungen vor der Ehe nicht dem vollen Sinngehalt menschlicher Sexualität und dienen nicht der Hinführung zur Ehe. 19

Aufgrund dieser Überlegungen beschließt die Synode als *zweiten Leitsatz* zur Ehevorbereitung: 20

Christliche Vorbereitung auf die Ehe soll den Sinn und Reichtum menschlicher Geschlechtlichkeit als einer Gabe Gottes erschließen. Sie soll zu ihrer Reifung und Einbeziehung in die christliche Gesamtpersönlichkeit beitragen. Sie soll eheliche Geschlechtsgemeinschaft als ein Bindeglied der Partner aufweisen und ihre Hinordnung auf neues menschliches Leben betonen. 21

2.3. Vorbereitung auf die Ehe als geistliche Gemeinschaft

Erläuterungen der Fachkommission zur Überschrift (2.3.)

Ehe als Sakrament kann nach katholischer Auffassung nur leiblich und geistlich zugleich gelebt und verwirklicht werden. Geistliches Leben (Spiritualität) kommt nicht als „Überbau" zur Ehe als partnerschaftlicher Geschlechtsgemeinschaft hinzu; vielmehr gehört das Geistliche wesensmäßig zur Ehe. So sind die drei Leitlinien dieses Textes nicht als Darstellung getrennter Bereiche ehelichen Lebens zu verstehen, sondern als Beschreibung dreier Aspekte der einen Wirklichkeit. E. 8

Geistliches Leben hat der katholische Christ in seiner Kindheit und Jugendzeit erlernt als einzelner und in der betenden und Eucharistie feiernden Gemeinde. Christliche Ehe fordert darüber hinaus ein geistliches Leben zu zweien, das sich äußern kann im Glaubensgespräch, im gemeinsamen Gebet, in der gemeinsamen Vorbereitung auf den Empfang des Bußsakramentes und auf die Feier der E. 9

Eucharistie. Erprobte Formen dieses geistlichen Lebens beider Ehegatten sind noch weithin unbekannt. Viele Eheleute tun sich schwer, den Schritt von der persönlichen Frömmigkeit zur „Spiritualität zu zweit" zu tun, und leben gerade in diesem wichtigen Bereich nebeneinanderher. Dies gilt besonders für Ehepartner verschiedener Konfession.

Im Glauben wird Ehe in ihrem vollen Sinn erkannt. Mann und Frau erleben ihre Liebe als gnadenhaftes Geschenk. Ihr ehelicher Bund in seiner sakramentalen Wirklichkeit wird zu einer wichtigen Quelle ihres religiösen Lebens, das sich ausformt in der Wechselbeziehung individueller und gemeinsamer Frömmigkeit. 22

So muß bei der Vorbereitung auf die Ehe neben einer weiterführenden Glaubensvermittlung der Wert des gemeinsamen Gebetes erschlossen werden. Die Partner sollen lernen, ihr Gewissen danach zu erforschen, wie sie ihre Liebe gelebt und durchlitten haben. Im Bußsakrament wird ihnen die Versöhnung mit Gott und miteinander geschenkt. In die Mitfeier der Eucharistie dürfen sie den Dank für die Erfahrung ihrer Liebe einbringen. 23

Das Leben aus dem Glauben korrigiert unrealistische Glücksvorstellungen, die Belastungen nicht standhalten würden. Die Erfahrung der eigenen Unzulänglichkeit und der Begrenztheit des Partners sowie die Enttäuschung aus der Gewöhnung an das Alltägliche erfordern ein realistisches Bild vom Menschen, wie es der Glaube zu geben vermag. 24

Die Glaubensverkündigung muß deutlich machen, daß die Ehe wie jedes andere Sakrament den Glaubenden unter das Kreuz Christi stellt. Das Kreuz ist gewiß Zeichen des Leidens; es ist aber auch Verheißung und Hoffnung. 25

Das Leben aus dem Glauben gibt den Partnern die gemeinsame Basis, auf der sie sich in ihrem tiefsten Innern 26 finden können. Deshalb sind die Möglichkeiten zur gemeinsamen Glaubensvertiefung zu nutzen. Kreise Junger Erwachsener und Familiengruppen bieten Hilfen für die Bewältigung der späteren Eheaufgaben. Ehe und Familie können nicht isoliert bestehen; sie sind auf eine größere Gemeinschaft angewiesen.

Zur Verantwortung füreinander und für die künftige Familie gehört auch, in der Zeit der Ehevorbereitung eine bejahende Einstellung zum Kind zu gewinnen und sich um eine evangeliumsgemäße Rangordnung der Werte zu mühen, die ein Leben aus dem Glauben und wahre Menschlichkeit höher stellt als materielle Güter. 27

Da Ehe Gemeinschaft für ein ganzes Leben ist, erfordert sie eine weitgehende Gemeinsamkeit der Lebensauffassung und des Geistes, der das Familienleben bestimmen soll. Dann sind christliche Familien fähig zum Zeugnis in Kirche und Gesellschaft. 28

Zur Verwirklichung einer Spiritualität der Ehe beschließt die Synode als *dritten Leitsatz* der Ehevorbereitung: 29

Christliche Vorbereitung auf die Ehe soll sich um das rechte Verständnis der Ehe als eines gemeinsamen Weges zu Gott in Verantwortung füreinander und für die künftige Familie bemühen. Sie soll dazu geeignete Formen des geistlichen Lebens erproben. 30

3. *Zur Verwirklichung dieser pastoralen Aufgaben beschließt die Synode:*

3.1. Pastorale Appelle

3.1.1. Appell an die christlichen Eltern

Die Synode appelliert an die christlichen Eltern, in ihrem Familienleben die Kinder echte partnerschaftliche Liebe erleben zu lassen. Sie tragen als erste die Verantwortung vor Gott für die Ehevorbereitung ihrer Kinder. Besonders die Zeit der Pubertät stellt die Jugend vor Aufgaben, die sie allein nicht bewältigen kann. Eltern sollen deshalb offen sein und sich Zeit nehmen für die Fragen und Probleme ihrer heranwachsenden Kinder, ihnen Vertrauen schenken und sie zu einem christlichen Leben in Ehe und Familie ermutigen. 31

Die Eltern sollen sich bewußt sein, daß sie die ersten und entscheidenden Träger auch der geschlechtlichen Erziehung ihrer Kinder sind. Durch ihr eigenes Vorbild und durch ausreichende Belehrung helfen sie ihren Kindern zur rechten Annahme und Wertung der Geschlechtlichkeit. Mitmenschliche Verantwortung, Selbstbeherrschung und Liebesfähigkeit sind wesentliche Grundlagen rechten Verhaltens vor und in der Ehe. Die erheblich vor der sittlich-sozialen Ehemündigkeit eintretende Geschlechtsreife der Heranwachsenden („Akzeleration") mit den daraus sich ergebenden Problemen ist zu beachten. 32

Christliche Eltern sollen durch ihr gemeinsames Leben und durch ihr Verhalten gegenüber den Kindern eine Atmosphäre der Geborgenheit und Liebe schaffen und ihnen damit die Grunderfahrung Gottes ermöglichen. Sie werden versuchen, ihren Glauben als Glieder der Gemeinde auch im Alltag überzeugend darzustellen, und für die enge Verbindung ihrer Kinder zur Pfarrgemeinde sorgen. Sie sollen das Familiengebet pflegen und zusammen mit ihren 33

Kindern im Leben aus dem Geiste Jesu Christi ihren Weg zu Gott gehen.

Die christlichen Eltern werden aufgefordert, sich in Glaubens- und Erziehungsfragen weiterzubilden und geeignete Möglichkeiten in Kirche und Öffentlichkeit zu nutzen. 34

Nicht selten müssen christliche Eltern erleben, daß ihre heranwachsenden Kinder weltanschaulich oder sittlich andere Wege gehen, als sie ihnen gezeigt haben, oder daß diese eine Partnerbindung eingehen, die sie nicht für gut halten. In solchen Fällen werden die Eltern schmerzlich die Grenzen ihrer Autorität spüren. Sie sollen mit überzeugenden Argumenten ihren Einfluß geltend machen, dabei aber die Gebote der Elternliebe, die Toleranz und die Achtung vor der Entscheidung ihrer erwachsenen Kinder nicht verletzen. Letztlich dürfen sie der Kraft des Gebetes und einer Liebe vertrauen, die sich nicht enttäuschen und verbittern läßt. 35

3.1.2. Appell an die Pfarrgemeinden

Die Synode appelliert an die Pfarrgemeinden, durch verschiedenartige konkrete Hilfen den Brautleuten und jungen Ehepaaren den Beginn ihrer Ehe als gemeinsames Leben zu erleichtern. Solche Hilfen können sein: 36

- Zeugnis christlich gelebter Ehe;
- Beratung durch lebenserfahrene Christen;
- Nachbarschaftshilfe in Lebens- und Erziehungsproblemen;
- Hilfe beim Finden geeigneten ersten Wohnraums.

Besonderer Hilfe, etwa durch Patenschaften, bedürfen solche junge Menschen, die durch ihre Mütter, Väter oder Erzieher nur unzureichend unterstützt und auf die Ehe vorbereitet werden können. Niemand sollte eine Eheschließung anraten nur aufgrund eines zu erwartenden Kindes. Die Pfarrgemeinden sollen alleinstehenden Müttern und Vätern bei der Erziehung ihrer Kinder helfen. 37

Erläuterungen der Fachkommission zu Absatz 37

Ein Mädchen oder eine Frau, die in klarer Erkenntnis der Belastungen, die auf sie warten, sich zu einem nicht ehelich empfangenen Kind bekennt, es zur Welt bringt und ihm Lebenschancen zu geben versucht, fällt mit der Annahme des Kindes eine positive sittliche Entscheidung, die Achtung und Hilfe verdient. **E. 10**

Die Bereitschaft zur Hilfe muß bei aller Prinzipienfestigkeit von großem Verständnis und echter Toleranz getragen sein. Die Gemeinde stößt sonst viele junge Menschen ab, gefährdet deren Glauben und handelt dem Geiste Christi zuwider, der sich besonders der Schwachen und Irrenden angenommen hat.[6] 38

Erläuterungen der Fachkommission zu Absatz 38

Intimbeziehungen vor der Ehe sind pastoral verschieden zu beurteilen, je nachdem, ob der Wille zu einer festen Bindung bereits vorliegt oder ob es sich um ein vorläufiges, oberflächliches und vorwiegend auf den sexuellen Reiz ausgerichtetes Verhältnis handelt. **E. 11**

3.1.3. Appell an die katholische Jugend

Die Synode appelliert an die Jugendlichen in den Pfarrgemeinden, sich in Verantwortung vor Gott und der menschlichen Gesellschaft sowie in *Achtung vor der Würde des Partners* auf ein Leben in Ehe und Familie vorzubereiten. Jungen und Mädchen sollen sich gegenseitig in 39

[6] Vgl. Lk 7,37; Joh 4,18; 8,3ff.

ihrer Eigenart kennen- und schätzenlernen. Selbsterkenntnis und Selbsterziehung sind Grundlage echter Liebe.
Zur Vorbereitung auf die Ehe gehört auch die Verpflichtung, sich um Gesundheit und berufliche Tüchtigkeit zu mühen.

In der Gemeinschaft mit Gleichaltrigen werden Dialog- 40
fähigkeit und partnerschaftliches Verhalten eingeübt. *Freundschaften* zwischen Jungen und Mädchen in dieser Zeit der ersten Liebe tragen zur Reifung bei, sollen aber nicht von der größeren Gemeinschaft isolieren. Allzu frühe feste Bindungen an einen Partner können die weitere Entwicklung des einzelnen belasten und die spätere freie Wahl des Ehepartners erschweren.

Lieben und geliebt werden macht das Leben reich. *Liebe* 41
kann und will sich äußern, indem sie ihren *leiblich-zeichenhaften Ausdruck* sucht. Doch müssen die Zeichen langsam mit der Liebe wachsen und der gesamtmenschlichen Verbundenheit entsprechen. Deshalb muß das leibliche Einswerden der Ehe vorbehalten bleiben, in der allein es ungeminderter Ausdruck der Liebe sein kann. Voreheliche Enthaltsamkeit ist darum unbedingt zu bejahen.

Jeder weiß um die Spannungen, die im *Lern- und Reife-* 42
prozeß bis zur Eheschließung vorhanden sind. In dieser Zeit wird besonders stark empfunden, wie verschieden die Geschlechtlichkeit des Menschen gesehen und wie unterschiedlich sie von Älteren und Gleichaltrigen gelebt wird. Christliche Jugendliche dürfen sich weder von egoistischen Wünschen noch von Vorurteilen und Zwängen der öffentlichen Meinung leiten lassen. Sie vertrauen auf den Sinn von Opfer und Verzicht vor und in der Ehe.

Junge Menschen, besonders jene, die hinter diesen Aussagen und Forderungen zurückbleiben, dürfen bei ihren Eltern und Seelsorgern sowie in ihrer Pfarrgemeinde Verständnis, Rat und Hilfe erwarten. Sie haben ein Recht darauf, mit ihren Schwierigkeiten und Problemen nicht allein gelassen zu werden. 43

Der gemeinsame Glaube ist das Fundament christlicher Ehe. Die Synode fordert die katholischen Jugendlichen auf, bei der Wahl ihres Partners auf die Gemeinsamkeit im Glauben zu achten. Vertiefung des Glaubenswissens und des Glaubenslebens ist über das persönliche Christsein hinaus wichtig für das gemeinsame Leben in der Ehe und für die Erziehung der Kinder. In den Gemeinschaften der katholischen Jugend besteht die Möglichkeit, Glaubensgespräche zu führen, Formen gemeinsamen Betens zu suchen und Möglichkeiten geistlichen Lebens mitten in der Welt einzuüben. 44

3.1.4. Appell an die Seelsorger und Mitarbeiter im pastoralen Dienst 45

Die Synode appelliert an die *Seelsorger* und *Mitarbeiter im pastoralen Dienst,* den Fragen der Ehevorbereitung größere Aufmerksamkeit zu widmen.

Sie sollen die Kinder und Jugendlichen zu echter Partnerschaft, zu richtiger Annahme und Beherrschung ihrer Geschlechtlichkeit und zu vertieftem geistlichem Leben im Hinblick auf die Ehe erziehen.

Sie sollen darauf achten, daß die sexualpädagogische Arbeit der Kirche im Rahmen der gesamten Glaubensunterweisung geschieht und dieser als Grundlage bedarf.

3.2. Pastorale Empfehlungen

3.2.1. Pastorale *Veranstaltungen* in Pfarrgemeinde, Dekanat und Jurisdiktionsbezirk, die im weitesten Sinne der christlichen Vorbereitung auf die Ehe dienen, sollten sein: 46

- Besinnungstage für das 5./6. und für das 7./8. Schuljahr, zuvor entsprechende Elternabende;
- Jungen- und Mädchenseminare in den Ferien für die 14/16jährigen;
- Ehevorbereitungsseminare über mehrere Abende oder an Wochenenden für die jungen Erwachsenen;
- Brautleuteseminare für Paare, die sich auf die Eheschließung vorbereiten. Diese Seminare können den bisher üblichen „Brautunterricht" ersetzen. Den Teilnehmern wird eine Bescheinigung zur Vorlage beim Pfarramt ausgestellt; das sogenannte „Brautexamen" vorzunehmen bleibt weiterhin Recht und Pflicht des zuständigen Pfarrers.
- Ökumenische Formen der Ehevorbereitung in Zusammenarbeit der christlichen Gemeinden.

Die Kurse und Seminare sind von einer *Referentengruppe* zu gestalten, der erfahrene Eheleute, ein Arzt und ein Priester angehören sollten. Sie sollten die verschiedenen Bereiche der Ehevorbereitung berücksichtigen, wie sie in den Leitlinien dieses Synodentextes aufgezeigt sind. 47

3.2.2. Außerdem müßten bei diesen Kursen folgende *Probleme* behandelt werden: 48

- Den Jugendlichen sind die Werte der Ehelosigkeit im Sinne des Evangeliums aufzuzeigen. Diese ermöglicht den Dienst vor Gott und an den Menschen frei von familiären Verpflichtungen und ist ein Zeichen des künftigen Gottesreiches. Die jungen Menschen sind über die konkreten Möglichkeiten des Lebens in Priestertum, Ordensstand, Säkularinstituten und in kirchlichen Sozialberufen zu informieren.

- Die Jugendlichen sind auf die Eigenart und die damit gegebenen besonderen Aufgaben der Ehe mit einem nichtkatholischen, jedoch christlichen Partner aufmerksam zu machen. Bei ökumenischen Ehevorbereitungskursen ist hinzuweisen auf das Gemeinsame des christlichen Glaubens als geistliches Fundament der Ehe, aber auch auf das noch Trennende, besonders im Verständnis der Ehe.
- Auf die Problematik der Ehe mit Nichtchristen ist rechtzeitig hinzuweisen.
- Im Gespräch mit konfessions- oder religionsverschiedenen Brautleuten muß die Frage der Taufe und der christlichen Erziehung der Kinder angesprochen werden. Diese Erziehung liegt in der Verantwortung beider Eltern; sie werden das Beste ihrer Glaubensüberzeugung in sie einbringen. Der katholische Partner soll nach besten Kräften für die katholische Taufe und Erziehung der Kinder sorgen. Die Gewissenssituation des nichtkatholischen Partners ist zu berücksichtigen.
- Zu warnen ist vor der Absicht einer Eheschließung mit Geschiedenen, da in der Regel eine kirchlich gültige Ehe nicht entstehen kann.

3.2.3. Mit Brautleuten, die an Ehevorbereitungskursen oder -seminaren nicht teilnehmen konnten, sollten die *Pfarrer* mindestens drei Ehevorbereitungsstunden halten. Dieses 49

Mindestmaß sollte nur aus schwerwiegenden Gründen unterschritten werden. Die Pfarrer können sich bei dieser Aufgabe von geeigneten Helfern (Eheleuten, Fürsorger, Arzt) unterstützen lassen.

3.3. Pastorale Aufträge

3.3.1. Die *Pastoralkonferenz* der Jurisdiktionsbezirke soll durch Fachleute aller beteiligten Wissenschaften unter Heranziehung von Eltern und Jugendlichen Modelle und Handreichungen für die sexualpädagogische Arbeit und Ehevorbereitung erstellen lassen. Die Aussagen der Pastoralsynode zur Vorbereitung auf die Ehe sind dabei zu berücksichtigen. 50

3.3.2. Die *Seelsorgeämter* der Jurisdiktionsbezirke sind verpflichtet, für die Ausbildung von Priestern und Laien als Referenten und Berater für die Ehevorbereitung und Sexualpädagogik zu sorgen. 51

3.4. Wünsche

3.4.1. Die *Berliner Ordinarienkonferenz* möge die „Sexualpädagogischen Richtlinien“ aus dem Jahr 1964 überprüfen und entsprechend den heutigen Erfordernissen überarbeiten lassen. Ein Gremium aus Vertretern aller einschlägigen Wissenschaften (Theologie, Psychologie, Pädagogik, Medizin) möge dazu gebildet werden. Für die Weiterarbeit an dieser Problematik sollte diese Arbeitsgruppe der Pastoralkonferenz zugeordnet werden. 52

3.4.2. Die *Berliner Ordinarienkonferenz* wird gebeten, die Notwendigkeit einer Ehevorbereitung im Sinne dieses Dokumentes durch ein Hirtenwort den Gemeinden nahezubringen, um allen Beteiligten ihre Aufgabe neu bewußt zu machen. 53

3.4.3. Der *Bischof* wird gebeten, in seinem Jurisdiktionsbezirk Durchführungsbestimmungen im Sinne der Pastoralen Empfehlungen zu erlassen. 54

BESCHLUSS DER PASTORALSYNODE

AKZENTE CHRISTLICHEN LEBENS IN EHE UND FAMILIE

Inkraftsetzung des Beschlusses der Pastoralsynode

Akzente christlichen Lebens in Ehe und Familie

Den von der Pastoralsynode der Jurisdiktionsbezirke in der DDR verabschiedeten Beschluß „Akzente christlichen Lebens in Ehe und Familie" setze ich hiermit in Kraft mit der Anweisung, daß bei der Lehrverkündigung und Unterweisung (z. B. in Kursen und Seminaren) über das Thema der verantworteten Elternschaft die „Hinweise der Berliner Ordinarienkonferenz vom 9. September 1968 zur pastoralen Besinnung nach der Enzyklika ‚Humanae vitae'" heranzuziehen sind.

Die Veröffentlichung in den Amtlichen Mitteilungen ordne ich hiermit an.

Berlin, 1. Dezember 1975 — + Alfred Card. Bengsch
Erzbischof
Bischof von Berlin

Dresden, 1. Dezember 1975 — + Gerhard Schaffran
Bischof von Meißen

Görlitz, 1. Dezember 1975 — + Bernhard Huhn
Bischof und Apostolischer
Administrator von Görlitz

Erfurt, 1. Dezember 1975 — + Hugo Aufderbeck
Bischof und Apostolischer
Administrator in Erfurt-Meiningen

Schwerin, 1. Dezember 1975 — + Heinrich Theissing
Bischof und Apostolischer
Administrator in Schwerin

Magdeburg, 1. Dezember 1975 — + Johannes Braun
Bischof und Apostolischer
Administrator in Magdeburg

Akzente christlichen Lebens in Ehe und Familie

ERSTES KAPITEL: EHE ALS EINHEIT

Erster Abschnitt: Grundaussagen

1. *In Gott gegründete Gemeinschaft*

In seinem Glauben weiß der Christ, daß der Mensch nur von Gott her und auf Gott hin verstanden werden kann. Gott aber hat seine Liebe zu allen Menschen im Leben, im Kreuz und in der Auferstehung Jesu Christi erwiesen. Daran erkennt der Christ den unermeßlichen Wert jedes einzelnen Menschen in seinen vielfältigen Beziehungen zu der Welt, die ihn umgibt. 1

Dieses christliche Verständnis des Menschen als Kind Gottes, Bruder Christi und Tempel des Heiligen Geistes bestimmt auch die eheliche Partnerschaft unter Christen[1]. Wie Gott einst durch den Bund der Liebe und Treue seinem Volke entgegenkam, „so begegnet nun der Erlöser der Menschen und der Bräutigam der Kirche durch das Sakrament der Ehe den christlichen Gatten“[2]. Die Ehe wird so zum Bild und 2

---

[1] Die Synode wendet sich unmittelbar an die Mitglieder der katholischen Kirche. Die Verwendung der Begriffe „christlich“ und „Christ“ in der gesamten Vorlage soll auf den ökumenischen Bezug des katholischen Verständnisses von Ehe und Familie hinweisen und zu ökumenischer Zusammenarbeit ermutigen. Besonders soll der konfessionsverschiedene Partner mit angesprochen werden.

[2] Vat. II., Kirche und Welt 48; vgl auch Beschluß der Pastoralsynode, Vorbereitung auf die Ehe 1–4.

zur Teilhabe an dem Liebesbund Christi und der Kirche.[3] Grundlage der tiefen Verbundenheit der Ehegatten ist somit eine Liebe, die letztlich von Gott stammt. „Diese Liebe wird durch den eigentlichen Vollzug der Ehe in besonderer Weise ausgedrückt und verwirklicht."[4] In freier Entscheidung geben Mann und Frau einander Anteil an ihrem Leben, das durch Glaube und Taufe auf Gott hin gerichtet ist. Denn die Verbundenheit zweier christlicher Partner wäre nicht vollständig, wenn das Hineingenommensein in das Leben des dreifaltigen Gottes aus ihren gegenseitigen Beziehungen ausgeklammert würde.

Die Gemeinsamkeit des Lebens in der Ehe schafft eine Ver- 3
bundenheit in allen Lebenssituationen und Erlebnisbereichen der Partner. Einer trägt die Sorgen des anderen mit und wird von dessen Freude mitgetragen. Auch in den Zeiten der Trennung leben die Partner so verbunden. Diese Verbundenheit hat vielfältige Ausdrucksmöglichkeiten leiblicher, geistiger und seelischer Art. Der Partner muß darauf vertrauen können, daß dieser Ausdruck eine wahrhaftige Äußerung des Inneren ist.

Das Streben nach Einheit in der Ehe läßt die Partner aber 4
auch die Grenzen ihrer Einheit spüren. Beide behalten ihre Individualität und bleiben verschieden in ihrer Wesensart. Auch bei größter innerer Nähe ist jeder Partner der einzelne, den Gott bei seinem Namen gerufen hat. Das Einssein der Partner bleibt immer in einer polaren Spannung, die nicht aufgelöst werden kann. Aber es gilt für sie die Verheißung

[3] Vat. II., Kirche und Welt 48; vgl. auch Beschluß der Pastoralsynode, Vorbereitung auf die Ehe 1–4.
[4] Vat. II., Kirche und Welt 49

der Gegenwart Jesu in ihrer Gemeinschaft: „Wo zwei oder drei in meinem Namen versammelt sind, da bin ich mitten unter ihnen.“[5]

Wesentlich für das Verständnis dieser Einheit ist der gemein- 5
same katholische Glaube. In ihm geeint, wenden sich katholische Eheleute Gott zu: Zu ihm kommen sie mit ihrem Lob und Dank, mit dem Bekenntnis ihres Versagens und mit ihren Bitten. Seiner Weisung vertrauen sie sich an. Diese Einheit ist zwar noch keine Garantie für eine harmonische Ehe, aber sie bildet dafür eine wichtige Voraussetzung und ist zugleich eine gute Grundlage für die religiöse Erziehung der Kinder. Deshalb ist es das Bemühen der katholischen Kirche, die Einheit der Eheleute im gemeinsamen Bekenntnis des Glaubens zu stärken.[6]

2. *Offene Gemeinschaft*

2.1. Von der Ehe zur Familie

Die Fruchtbarkeit ist ein besonderes Gut der ehelichen Lie- 6
be. „Ehe und eheliche Liebe sind ihrem Wesen nach auf die Erzeugung und Erziehung von Nachkommenschaft ausgerichtet. Kinder sind gewiß die vorzüglichste Gabe für die Ehe und tragen zum Wohl der Eltern selbst sehr viel bei.“[7]

Da die Eltern den Kindern das Leben schenkten, sind sie 7
auch deren erste und bevorzugte Erzieher in allen Bereichen. Für diese Erziehung ist die Familie unersetzbar. In ihr können sich die Eltern den Fragen der heranreifenden Kinder

[5] Mt 18,20.
[6] Vgl. dazu Beschluß der Pastoralsynode, Vorbereitung auf die Ehe 44.
[7] Vat. II., Kirche und Welt 50.

stellen und ihnen einen Raum der Freiheit zur eigenen Entscheidung gewähren. Indem sich christliche Eltern um eine Atmosphäre der Liebe und Wahrhaftigkeit bemühen, ahnen die Kinder etwas von der Nähe des lebendigen Gottes.
Durch die Feier der kirchlichen Feste mit Brauchtum, Spielen und Symbolen wird für die Kinder der Inhalt unseres Glaubens zur persönlichen Erfahrung.
Durch ihr Beispiel bereiten christliche Eltern ihren Kindern den Weg zu einem personalen Glauben. Im Glaubenswachstum ihrer Kinder erleben sie in Freude die Frucht ihrer Einheit.

2.2. Familie als Glied größerer Gemeinschaft

Das Einssein der Partner in Gott muß auch über das Leben 8
in der Ehe hinaus wirksam werden. Fruchtbarkeit der Ehe zeigt sich nicht nur in den Kindern, sondern in allen Bereichen des Lebens. Ehe und Familie haben nicht zu ersetzende Aufgaben in Kirche und Öffentlichkeit. Wenn Eheleute ein wirkliches Zuhause schaffen, erfüllen sic diesen Auftrag. Christliche Ehen und Familien können lebendige Zentren werden, in denen andere Ermutigung, Trost und Freude finden. Durch gemeinsame Teilnahme am Leben der Pfarrgemeinde und der Öffentlichkeit erschließen sich für die Familienmitglieder Möglichkeiten geistlichen Wachstums. Sie entgehen dadurch der Gefahr der Selbstgenügsamkeit und Isolation.
Besonders wichtig ist in diesem Zusammenhang die Bildung von Familiengruppen, die echte Gemeinschaft mit Gleichgesinnten und gegenseitige Hilfe ermöglichen. Die Familiengruppe wird vieles leisten müssen, was früher der Großfamilie zufiel: Beratung in Ehe- und Erziehungsfragen; Kinder- und Schülerbetreuung; Berufsberatung; handwerkliche Leistungen; finanzielle Hilfe; Aufnahme der Kinder bei Er-

krankung, Urlaub, notwendiger Berufstätigkeit; Schaffung einer christlichen „Umwelt" u. a.

3. *Bewährung der Liebe*

Lebendige Beziehungen in Ehe und Familie sind immer spannungsvoll. Spannungen können den Horizont des einzelnen erweitern und zu Einsichten führen, die für die Liebe nötig sind. So können Ehepartner auch in schweren Stunden, in den Wechselfällen des Lebens, in Krankheit und im gemeinsamen Altwerden ihre Liebe vertiefen und damit zur vollen Reife ihres Menschseins gelangen. Gerade in den Bewährungsproben der einzelnen Ehephasen zeigt sich, ob die Partner in Christus eins sind. In seiner Gegenwart findet die Liebe trotz allen menschlichen Versagens aus Schwachheit und Schuld immer wieder den Weg zu tieferem Vertrauen und damit zu größerer Geborgenheit ineinander und in Gott. 9

Das Leben des einzelnen Partners erschöpft sich nicht in den Aufgaben für Ehe und Familie. Viele Tätigkeiten haben ihren Eigenwert. Besonders durch die Arbeit, die meist eine zeitweilige Trennung der Eheleute bewirkt, geht der einzelne Partner mannigfache Beziehungen zu anderen Menschen ein. Außerfamiliäre Gruppierungen müssen in ihrem Wert für die Persönlichkeitsentwicklung der Partner gesehen werden; sie können aber auch dazu führen, daß ein Partner sich von der einmal eingegangenen Verbindung löst und sich dem Familienleben weitgehend entzieht. Schwierigkeiten, Gefährdungen und Krisen für die Ehe entstehen besonders dann, wenn die Partner solche Belastungen unkritisch hinnehmen und nicht die nötige Verantwortung und Kraft zur Überwindung aufbringen. Auch können ein Partner oder beide versagen und schuldhaft die Einheit der Ehe zerstören. 10

Zweiter Abschnitt: Leitsätze

1. Die Ehepastoral soll den Ehepartnern den Wert *umfassender Einheit* aufzeigen. 11
2. Die Ehepastoral soll den Ehepartnern helfen, einander in ihrer *Verschiedenheit anzunehmen.*
3. Die Ehepastoral soll den Ehepartnern helfen, die einmal vollzogene *Entscheidung* aus der Kraft des Sakramentes *immer wieder zu erneuern.*
4. Die Ehepastoral soll die Ehepartner in ihrem *Ja zu neuem menschlichem Leben* als Frucht und Zeichen ihrer Liebe bestärken.
5. Die Ehepastoral soll den Ehepartnern helfen, durch ihr *Beispiel* den Kindern die wahren Werte menschlichen Lebens und christlichen Glaubens aufzuzeigen.
6. Die Ehepastoral soll in Ehe und Familie die *Offenheit* für den Dienst am Nächsten und an größerer Gemeinschaft fördern.

Dritter Abschnitt: Pastorale Folgerungen

1. *Pastoraler Appell an die Eheleute*

Die Synode ruft die *katholischen Eheleute* auf, ihrer Berufung gerecht zu werden. Das eheliche Leben ist ihr Weg zur Vollkommenheit, ihre Teilhabe an der alles einenden Liebe Gottes. Sie wissen, aus welchen Quellen sie die Kraft dazu schöpfen können: 12

– aus der Liebe Gottes zu uns, die in Jesus Christus kund wurde;
– aus dem Hören des Wortes Gottes und dem Gebet;

– aus den Sakramenten, besonders aus der Mitfeier der Eucharistie;
– aus dem Glauben an die Sakramentalität ihrer Ehe.

Sie sollen daran denken, daß ihr Beispiel richtungweisend ist für das spätere Leben und Christsein ihrer Kinder und daß sie auch auf andere Familien in positiver oder negativer Weise beispielhaft wirken. Sie sollen sich um Kontakt mit anderen christlichen Familien in ihrer Nachbarschaft und in ihrem Lebensbereich bemühen. 13

Aus der Überzeugung heraus, daß für eine fruchtbare Ehe die Offenheit nach außen hin wichtig ist, sollen sie aktiven Anteil nehmen am Leben der Pfarrgemeinde und bei Aufgaben mitarbeiten, die dem Gemeinwohl dienen. 14

Christliche Ehepaare und *Familien* sollen einen Blick haben für die Not des Nächsten und tätige Liebe üben: anderen Geborgenheit vermitteln, ihnen mit Rat zur Seite stehen und tatkräftige Hilfe leisten. 15

2. *Pastorale Anweisung*

Der *Pfarrer* und die *Mitarbeiter im pastoralen Dienst* sollen in ihrer Gemeinde bzw. in Verbindung mit Nachbargemeinden im jährlichen Wechsel je ein Ehe- und ein Elternseminar oder entsprechende Einkehrtage anbieten. Die vom Dekanat und Jurisdiktionsbezirk zu Fragen von Ehe und Familie veranstalteten Kurse sind den Gemeindemitgliedern bekanntzugeben. 16

3. *Pastorale Empfehlungen*

3.1. Dem *Pfarrer* und den *Mitarbeitern im pastoralen Dienst* wird nachdrücklich empfohlen, die Gründung von Fa- 17 milienkreisen und -gruppen anzuregen und die bestehenden zu unterstützen. Sie sollen diesen Gruppen eine weitgehende Eigenständigkeit einräumen.

3.2. Die *Träger der Exerzitienhäuser* sollen „geistliche Tage“ für Familienkreise durchführen. 18

4. *Pastoraler Auftrag*

Die *Verantwortlichen* für die *Erwachsenen-* und *Familienpastoral* in Dekanat und Jurisdiktionsbezirk sollen regelmäßig Kurse über Fragen zu Ehe und Familie anbieten, und zwar wegen der je verschiedenen Problemstellung differenziert für die ersten Ehejahre, für Eltern mit Schulkindern sowie für Eltern von Jugendlichen. 19

ZWEITES KAPITEL: DIE EHE EINES KATHOLIKEN MIT EINEM NICHTKATHOLISCHEN PARTNER

Erster Abschnitt: Grundaussagen

In der rechtlichen Ordnung der Kirche wird u. a. unterschieden zwischen 20
Ehen, deren Partner beide getauft sind, aber verschiedenen christlichen Bekenntnissen angehören (konfessionsverschiedene Ehen), und
Ehen, bei denen ein Partner getauft, der andere nicht getauft ist; er kann einer nichtchristlichen Religion angehören oder religionslos sein (religionsverschiedene Ehen).

1. *Ehen zwischen Katholiken und Christen anderer Konfessionen*

Das II. Vatikanische Konzil nennt die nichtkatholischen Christen „Brüder im Herrn“ und sieht ihre Kirchen und Ge- 21 meinschaften an „als geeignete Mittel für den Zutritt zur Gemeinschaft des Heiles“[8].

Die Ehe zwischen Getauften, auch wenn sie verschiedenen christlichen Bekenntnissen angehören, ist nach katholischer Auffassung Sakrament, d. h. Zeichen des Heils und Hilfe zum Heil. In einer solchen Ehe besteht „eine gewisse Gemeinsamkeit der geistlichen Güter, die der Ehe zwischen einem Getauften und einem Nichtgetauften fehlt“[9]. 22

„Die besten Voraussetzungen für das Gelingen einer konfessionsverschiedenen Ehe sind gegeben, wenn beide Partner fest in ihrer Kirche beheimatet sind. Damit kann sich eine Chance gemeinsamen gläubigen Lebens und Handelns eröffnen.“[10]

Ebenso ist der gemeinsame christliche Glaube eine entscheidende Voraussetzung für die christliche Erziehung der Kinder.

Trotz aller Gemeinsamkeiten, die durch die ökumenischen Aussagen des II. Vatikanischen Konzils ins Bewußtsein der Christen getreten sind, sind die Folgen der durch menschliche Schuld verursachten Trennung des einen Gottesvolkes in verschiedene Kirchen und kirchliche Gemeinschaften noch nicht überwunden und wirken sich auch in den Ehen mit Christen anderer Bekenntnisse aus. Gerade die Partner in diesen Ehen „tragen besonders schwer an den Folgen der fortbestehen- 23

[8] Vgl. Vat. II., Dekret über den Ökumenismus 3.

[9] Paul VI., Motuproprio „Matrimonia mixta“ (über die rechtliche Ordnung der Mischehen), hier und im folgenden zitiert nach: Die rechtliche Ordnung der bekenntnisverschiedenen Ehe – Kirchliche Dokumente nach dem Konzil, Heft 15, Leipzig 1975, 121. Abkürzung: Kirchl. Dok.

[10] Ausführungsbestimmungen der Berliner Ordinarienkonferenz vom 27. 10. 1970 zum Motuproprio „Matrimonia mixta“, hier und im folgenden zitiert nach: Kirchl. Dok. 135.

den Spaltung der Kirche, wenn es zum Konflikt zwischen der Treue zum eigenen Glauben und der Liebe zum Partner des anderen Bekenntnisses kommt. Diese Last vollständig zu beseitigen, wird erst möglich sein, wenn die Spaltung der Christenheit überwunden ist."[11]

Die Kirche möchte den Ehegatten verschiedenen christlichen Bekenntnisses helfen, „die Einheit in Ehe und Familie zu pflegen und zu fördern"[12].

2. *Ehen zwischen Katholiken und Nichtglaubenden*

24 Während Ehen zwischen Christen und Angehörigen anderer Religionen in unserem Land eine seltene Ausnahme sind, kommt es immer häufiger zu Eheschließungen mit Partnern, die sich zu keiner Religion bekennen oder die als Getaufte ihren Glauben verloren haben.

Der Ehe zwischen einem Katholiken und einem Nichtglaubenden fehlt die religiöse Gemeinsamkeit und damit ein wesentliches Element ihrer Einheit. Der katholische Teil wird möglicherweise beim Partner wenig Verständnis für sein Glaubensleben finden. Daraus kann sich die Gefahr der Verflachung des Glaubens und der Gleichgültigkeit ergeben.

25 Auch in einer solchen Ehe bleibt aber die Möglichkeit, von seinem Glauben Zeugnis zu geben, ja, es bleibt eine echte missionarische Chance. Die Ehepartner werden die vorhandenen Gemeinsamkeiten pflegen und Achtung haben vor der Entscheidung des Partners in Fragen des Glaubens bzw. der Weltanschauung. So kann auch eine solche Ehe sich mehr und mehr einer umfassenden Einheit nähern und zum gegenseitigen Heil der Partner beitragen.[13]

---

[11] Ebd.
[12] Paul VI., Motuproprio „Matrimonia mixta", Kirchl. Dok. 133.
[13] Vgl. 1 Kor 7,14.

3. *Die Bedeutung der Glaubenssituation für die Ehepastoral*

Für die Beurteilung der Glaubenssituation einer Ehe ist von Bedeutung, ob der Getaufte in seiner Kirche wirklich beheimatet ist und ob der nichtchristliche Partner nach seiner Überzeugung lebt. Wenn der Getaufte, Katholik wie Nichtkatholik, seinen Glauben verliert, ist die Ehe als geistliche Gemeinschaft aufs höchste gefährdet. Wenn andererseits der nichtgetaufte Partner nach der Wahrheit sucht und so auf dem Weg zum Glauben ist, wird die Gemeinsamkeit der beiden Ehepartner dadurch wachsen. Deshalb muß die Ehepastoral über die kirchenrechtlichen Unterscheidungen hinaus vor allem die konkrete Glaubenssituation beachten. 26

Die nachstehenden pastoralen Folgerungen berücksichtigen die Ehen von Katholiken mit Christen anderer Bekenntnisse, die ihren Glauben leben, und Ehen von Katholiken mit Nichtglaubenden, d. h. mit Getauften, die ihren Glauben nicht mehr leben, und Ungetauften, die noch keinen Zugang zum Glauben gefunden haben. 27

Zweiter Abschnitt: Leitsätze

1. Die Pastoral muß die *konfessionsverschiedene* Ehe nicht als Ausnahmefall, vielmehr als häufige tatsächliche Gegebenheit betrachten. Nur dann findet sie Wege zu einer umfassenden Ehe- und Familienseelsorge, die den menschlichen und religiösen Gegebenheiten gerecht wird. 28

2. Es kommt auf die *Grundentscheidung* zum *christlichen Glauben* an. Darum darf die Pastoral die Chancen der Ehe eines Katholiken mit einem Christen anderen Bekenntnisses, der seinen Glauben lebt, nicht übersehen[14]: ökumenische Im- 29

[14] Vgl. Ausführungsbestimmungen der Berliner Ordinarienkonferenz, Kirchl. Dok. 135.

pulse, intensives Glaubensgespräch, Mühe um christliches Gebetsleben und um eine geistliche Grundhaltung gemäß dem Evangelium. Gemeinsames christliches Leben und christliche Erziehung der Kinder ist in einer solchen Ehe trotz vorhandener Unterschiede im Bekenntnis möglich.[15]

3. Aufgabe der Pfarrgemeinden ist es, die Partner konfessionsverschiedener Ehen auf ihrem *gemeinsamen christlichen* Weg zu bestärken. 30

4. Darüber hinaus ist die Pastoral konfessionsverschiedener Ehen möglichst *gemeinsam zwischen den christlichen Gemeinden* am Ort zu planen und durchzuführen.[16] Dafür sind neue Ansätze zu schaffen und zu erproben. Ökumenische Gottesdienste können eine willkommene Gelegenheit gemeinsamen Glaubensvollzugs sein. 31

5. Die Pastoral muß aber auch die möglichen *Gefahren für das Glaubensleben* aufzeigen: Verflachung des Glaubens, Verarmung konfessionstypischer Werte, Schwierigkeit der Mitarbeit in der Pfarrgemeinde, Unsicherheit bei der Eingliederung der Kinder in diese Gemeinde. 32

6. Die Pastoral soll die Pfarrgemeinden, Verwandten und Freunde des katholischen Partners auffordern, dem Christen anderen Bekenntnisses und auch dem nichtglaubenden Ehepartner eines Katholiken in *Toleranz und offener Freundlichkeit* entgegenzukommen und das Gespräch mit ihm zu suchen, um Rechenschaft zu geben über die Hoffnung, die in uns lebt.[17] 33

---

15 Ebd. 138, Anm. 3.

16 Vgl. Wort der Berliner Ordinarienkonferenz und der Konferenz der Evangelischen Kirchenleitungen in der DDR zur Zusammenarbeit an konfessionsverschiedenen Ehen, Kirchl. Dok. 153f.

17 Vgl. 1 Petr 3,15 und Beschluß der Pastoralsynode, Glaube heute 46.

7. Die Ehepastoral soll den katholischen Partner bestärken, seinem *Glauben* trotz aller Schwierigkeiten *treu zu bleiben* und guten Kontakt zur Pfarrgemeinde zu halten. Sie soll ihm helfen, die Glaubensaussagen und sittlichen Forderungen des Christentums erläutern und begründen zu können. 34

Dritter Abschnitt: Pastorale Folgerungen

1. *Pastorale Appelle*

1.1. Pastoraler Appell an die Katholiken, die in einer Ehe mit einem gläubigen Christen anderen Bekenntnisses leben

Die Synode bestärkt di*e Katholiken,* die *mit* einem *gläubigen Christen anderen Bekenntnisses* verheiratet sind, ihre Chance zum christlichen Leben zu nutzen. „Der katholische Christ ist verpflichtet, alles ihm Mögliche zu tun, seinen als wahr erkannten Glauben und die Zugehörigkeit zu seiner Kirche auch denen zu vermitteln, für die er verantwortlich ist, nämlich seinen Kindern. Da aber die Erziehung der Kinder immer Sache beider Eltern ist und keiner der Ehepartner zu einem Handeln gegen sein Gewissen veranlaßt werden darf, besteht diese Verpflichtung darin, das in der konkreten Situation nach bestem Wissen und Gewissen Mögliche zu tun. 35

Der Katholik kann die Taufe und Erziehung seiner Kinder in einer nichtkatholischen Kirche nur dann zulassen, wenn trotz ernsten Bemühens eine katholische Erziehung nicht erreicht werden kann. 36
Der Ehepartner, der Taufe und Erziehung seiner Kinder in der anderen Konfession zuläßt, darf sich nicht von der religiösen Erziehung ausschließen. Das lebendige religiöse Le-

ben beider Ehepartner ist notwendig für die Erziehung der Kinder."[18]

1.2. Pastoraler Appell an die Katholiken, die in einer Ehe mit einem nichtglaubenden Partner leben

Die Synode ermutigt die *Katholiken*, die *mit* einem *nichtglaubenden Partner* verheiratet sind, trotz des Fehlens der religiösen Gemeinsamkeit ihre Ehe im Licht des Glaubens zu sehen. Sie sollen ihr religiöses Leben gewissenhaft führen und, soweit es die Rücksicht auf den Partner zuläßt, das Ehe- und Familienleben christlich gestalten. Der Lebensweg eines Katholiken an der Seite eines nichtglaubenden Partners ist gewiß nicht leicht, und sicher besteht auch die Gefahr der Lauheit und des Abfalls. Die Synode bittet die katholischen Partner eindringlich, die Chance zu sehen und wahrzunehmen, in Wort und Tat für Christus Zeugnis abzulegen gegenüber ihrem Partner und seiner Verwandtschaft, die ohne die Verbindung mit ihnen vielleicht niemals Kontakt zum christlichen Glauben bekommen hätten. Die katholischen Partner werden an den alten christlichen Grundsatz erinnert, daß ein gläubiger Christ seinem glaubenslosen Ehepartner Vermittler des Heils werden kann. 37

[18] Ausführungsbestimmungen der Berliner Ordinarienkonferenz, Kirchl. Dok. 138, Anm. 3. Der Text fährt fort: „Wenn die Kinder in der nichtkatholischen Kirche getauft und erzogen werden, beinhaltet das Versprechen, das der katholische Partner gemäß 2a ablegt, u. a., daß er die christliche Gestaltung des Ehe- und Familienlebens aktiv mittragen will; daß er die religiöse Erziehung der Kinder fördert; daß er durch seine beispielhafte Lebensführung den Kindern den katholischen Glauben nahebringt; daß er durch religiöse Fortbildung seinen Glauben vertieft, um mit seinem Ehepartner ein fruchtbares Glaubensgespräch führen und die Fragen der Kinder beantworten zu können; daß er mit seiner Familie das Gebet, insbesondere um die Gnade der Einheit im Glauben, pflegt entsprechend dem Testament des Herrn, ‚daß alle eins seien'."

Um diese Aufgabe erfüllen zu können, sollten sie die katholische Glaubens- und Sittenlehre in ihren Grundzügen kennen, erläutern und begründen können. Dazu sollen sie die Hilfe der Pfarrgemeinde annehmen und notfalls erbitten. Sie mögen darauf sehen, daß ihr Ehepartner das Leben der Pfarrgemeinde kennenlernt und, soweit seine weltanschauliche Einstellung es ihm gestattet, daran teilnimmt. 38

2. *Pastorale Empfehlungen*

2.1. Der *Pfarrer* möge die zuständigen Pfarrer der anderen Konfessionen über konfessionsverschiedene Brautpaare informieren, sofern die Brautleute damit einverstanden sind. 39

2.2. Der *Pfarrer* möge mit den Pfarrern der anderen Konfessionen eine Form der Zusammenarbeit in der Seelsorge an konfessionsverschiedenen Ehen entwickeln, die von beiden Seiten uneingeschränkt bejaht werden kann. Dazu sind gemeinsame Gespräche nötig, und auch hier sollte er sich nicht scheuen, den ersten Schritt zu tun.[19] 40

2.3. Der *Pfarrer* und der *Pfarrgemeinderat* sollen alle Veranstaltungen für konfessionsverschiedene Ehen, soweit es möglich und sinnvoll ist, in Abstimmung und in Zusammenarbeit mit den Nachbargemeinden anderer Konfessionen vorbereiten und durchführen. 41

2.4. Der *Pfarrer* möge in Kontaktnahme mit den Pfarrern der anderen Konfessionen gelegentlich ökumenische Familiengottesdienste anbieten, zu denen besonders die konfessionsver- 42

[19] Vgl. Erwägungen und Hinweise zum ökumenischen Dialog, Leipzig 1971, VII,7. Vgl. auch Wort der Berliner Ordinarienkonferenz und der Konferenz der Evangelischen Kirchenleitungen in der DDR zur Zusammenarbeit an konfessionsverschiedenen Ehen, Nr. 3a und 3b, Kirchl. Dok. 153.

schiedenen Ehepaare eingeladen werden, um ihnen einen gemeinsamen Gottesdienstbesuch zu ermöglichen.[20]

2.5. Die *Verantwortlichen* in Dekanat und Jurisdiktionsbezirk für die *Ehepastoral* sollen in Kontaktnahme mit den entsprechenden Verantwortlichen der anderen Konfessionen ökumenische Wochenenden, Rüstzeiten und Exerzitien für konfessionsverschiedene Paare anbieten. 43

2.6. Der *Pfarrer* und die *Mitarbeiter im pastoralen Dienst* sollen den konfessionsverschiedenen Ehepaaren, die ihren Glauben leben, Hilfen für ihr geistliches Leben geben (Feier des Kirchenjahres und der Familienfeste, Gebetsleben und christliche Gestaltung des Alltags). 44

2.7. Der *Pfarrer* und die *Mitarbeiter im pastoralen Dienst* sollen die Partner der Ehen von Katholiken und Nichtkatholiken in der Frage der Taufe und Erziehung der Kinder verständnisvoll beraten und ihnen auf Wunsch geeignete Tauf- und Firmpaten empfehlen.[21] 45

2.8. Der *Pfarrer* und der *Pfarrgemeinderat* sollen bei der Bildung von Familiengruppen die Partner von Ehen zwischen Katholiken und Nichtkatholiken einbeziehen. Darüber hinaus sollen sie überlegen, ob für diese Ehen in bestimmten Abständen besondere Kreise gehalten werden, die helfen, ihre spezifischen Probleme zu bewältigen und Möglichkeiten einer christlichen Lebensgestaltung aufzuzeigen. 46

2.9. Der *Pfarrer*, die *Mitarbeiter im pastoralen Dienst* und der *Pfarrgemeinderat* sollen den Ehen zwischen einem Katholi- 47

[20] Vgl. Sekretariat für die Einheit der Christen, Ökumenisches Direktorium I, 32 und 35.
[21] Vgl. Absätze 23, 35 und 36 dieses Beschlusses.

ken und einem nichtglaubenden Partner besondere Beachtung schenken. Ein intensiver Kontakt soll durch regelmäßige Hausbesuche angestrebt werden.

2.10. Die *Familiengruppen* und andere *Gruppierungen* der Pfarrgemeinde sollen sich um eine Öffnung auf die nichtglaubenden Ehepartner ihrer Gemeindeglieder hin mühen. **48**

2.11. Der *Pfarrer* und der *Pfarrgemeinderat* in größeren Pfarrgemeinden sollen Informationsabende über christliches Leben in unserer Zeit für Ehepaare mit einem nichtglaubenden Partner erwägen und anbieten. **49**

3. *Wunsch*

Die *Berliner Ordinarienkonferenz* wird gebeten, zu gegebener Zeit erneut mit den evangelischen Kirchenleitungen zu prüfen, ob nicht doch eine einheitliche ökumenische Eheschließungsform erreichbar ist. **50**

DRITTES KAPITEL: VERANTWORTETE ELTERNSCHAFT

Erster Abschnitt: Grundaussagen

1. *Eheliche Liebe und Fruchtbarkeit*

Kindern das Leben zu schenken ist die schönste Frucht und Gabe ehelicher Liebe. Eheliche Liebe muß dem Leben dienen. **51**

Die Fruchtbarkeit ehelicher Liebe sollte aber nicht nur biologisch, sondern in einem ganzheitlich-menschlichen Sinn verstanden werden: Eheliche Liebe muß über die Gemeinschaft der Partner hinaus fruchtbar werden.

„Die Ehe ist aber nicht nur zur Zeugung von Kindern eingesetzt, sondern die Eigenart des unauflöslichen personalen Bundes und das Wohl der Kinder fordern, daß auch die gegenseitige Liebe der Ehegatten ihren gebührenden Platz behalte, wachse und reife. Wenn deshalb das – oft so erwünschte – Kind fehlt, bleibt die Ehe dennoch als volle Lebensgemeinschaft bestehen und behält ihren Wert sowie ihre Unauflöslichkeit."[22] Christliche Ehepaare, denen die Erfüllung des Wunsches nach leiblichen Kindern versagt bleibt, werden andere Weisen finden, Zeit und Kraft in den Dienst ihrer Mitmenschen zu stellen. 52

2. *Verantwortete Elternschaft*

Die Verbundenheit von Liebe und Leben in der Ehe erfordert ein hohes Maß an Verantwortung. Christliche Partner werden durch die Weitergabe von Leben Mitarbeiter der Liebe Gottes des Schöpfers. Sie verantworten diese Aufgabe gemeinsam in Ehrfurcht vor dem Leben und im Bemühen, seine Unantastbarkeit zu wahren und seiner Entfaltung durch eine sorgfältige Erziehung der Kinder zu dienen. Nach den Aussagen des II. Vatikanischen Konzils und der Enzyklika „Humanae vitae" ist verantwortete Elternschaft für christliche Eheleute eine entscheidende Gewissensverpflichtung und erfordert ein Urteil der Ehegatten, das vor Gott bestehen kann.[23] 53

Verantwortete Elternschaft ist nicht mit Verminderung der Kinderzahl gleichzusetzen, sondern fordert ein Urteil über die verantwortbare Zahl der Kinder und über zumutbare Zeitabstände in der Geburtenfolge. Die Zahl der Kinder wird häu- 54

22 Vgl. Vat. II., Kirche und Welt 50; ebenso Paul VI., Enzyklika „Humanae vitae" 10.
23 Vgl. Vat. II., Kirche und Welt 50.

fig bestimmt durch die wirtschaftlichen und sozialen Verhältnisse der Familie und deren Rückwirkung auf die physische und psychische Verfassung der Ehegatten und Kinder. Eheleute bedürfen deshalb der Hilfe der Kirche und der Öffentlichkeit. So werden sie „in hochherziger menschlicher und christlicher Verantwortung Kindern das Leben schenken“[24]. Die Freude am Kind steht in wachsender Konkurrenz mit anderen Werten. Das Ja zum Kind ist unter das Zeichen einer größeren Selbstlosigkeit gestellt. Die Entscheidung zu höherer Kinderzahl ist deshalb immer eine Entscheidung für eine andere Rangordnung der Werte als die der Umwelt.[25] Auch in unserer Zeit bringt ein weiteres Kind trotz aller Fürsorgemaßnahmen keinen wirtschaftlichen Vorteil, eher eine zusätzliche Belastung für die Eltern. Allerdings müssen die Ehegatten prüfen, wie ihre sozialen Probleme noch besser gelöst und innerlich bewältigt werden können, damit auch der hochherzige Entschluß zu einer größeren Kinderzahl möglich wird. Die Kraft dazu schöpfen christliche Eheleute aus ihrem Vertrauen auf Gott.

3. *Eheliche Liebe und Empfängnisregelung*

Da in der Ehe als Gemeinschaft personaler Liebe sowohl der 55
geschlechtlichen Begegnung selbst[26] als auch ihrer Ausrichtung auf die Fruchtbarkeit ein hoher Wert[27] zukommt, verlangt die Verantwortung für werdendes Leben in allen Fragen der Empfängnisregelung eine Gewissensentscheidung vor

---

[24] Vgl. Vat. II., Kirche und Welt 50.

[25] Die von der Kirche immer wieder geforderte positive Einstellung zum Kind gilt in besonderer Weise für die in relativ gesicherten sozialen Verhältnissen lebenden Familien in europäischen Staaten. Der gerade hier sichtbar werdende Trend zur Einkindfamilie entspricht nicht dem, was die Kirche mit verantworteter Elternschaft meint.

[26] Vgl. Vat. II., Kirche und Welt 49.

[27] Vgl. Vat. II., Kirche und Welt 50.

Gott, vor sich selber, vor dem Ehegatten, den Kindern, „der weltlichen Gesellschaft und auch der Kirche"[28]. Bei den zur Empfängnisregelung nötigen Entscheidungen ist die Frage nach dem Willen Gottes zu stellen, der im Wesen der Ehe und ihrer Vollzugsformen zum Ausdruck kommt und sich in der Lehre der Kirche zu vermitteln sucht.

Wesentliche Voraussetzung ehelicher Liebe und Treue ist auch das ständige Bemühen um die Beherrschung der Sexualität. Sie muß stets in die gesamtpersönlichen Abläufe eingeordnet werden. Dann kann sie eine Quelle der Kraft, der Lebensfreude und des Aufbaus der Persönlichkeit sein. Bei aller Bejahung dieser Werte ist aber auch zu sagen, daß die Bereitschaft und die Fähigkeit zu zeitweiliger sexueller Enthaltsamkeit in jeder Ehe aus gegenseitiger Rücksichtnahme und in gemeinsamer Vereinbarung nötig ist. **56**

Zweiter Abschnitt: Leitsätze

1. Ein Ziel der Ehepastoral der katholischen Kirche ist die Hinführung zu einer vor Gott und dem Menschen *verantworteten Elternschaft.* Die Ehepaare dürfen scheinbar unüberwindliche Hindernisse, welche die Entscheidung zum Kind beeinträchtigen, nicht einseitig werten; sie werden vielmehr versuchen, sie unter Berücksichtigung ihrer Lebensbedingungen zu überwinden.[29] **57**

2. **Bei dieser Aufgabe lassen sich christliche Ehegatten in ihrer Einstellung und in ihrem Verhalten nicht von eigener Will-** **58**

---

[28] Vat. II., Kirche und Welt 50.

[29] Vgl. Hinweise der Berliner Ordinarienkonferenz vom 9. 9. 1968 zur pastoralen Besinnung nach der Enzyklika „Humanae vitae" 4.

kür, sondern von einem *nach christlichen Normen geprägten Gewissen leiten.*[30]

Sie werden deshalb verantwortete Elternschaft so verstehen und zu leben versuchen,

- daß sie ihre „Pflichten gegenüber Gott, sich selbst, ihrer Familie und der Gesellschaft voll und ganz in einer richtigen Rangordnung der Werte anerkennen"[31];
- daß sie in ihrer Ehe grundsätzlich ja zum Kind sagen und auch bereit sind, mehreren Kindern das Leben zu schenken;
- daß sie sich in christlicher Verantwortung ein Urteil bilden über die mögliche Zahl der Kinder und die Abstände der Geburten; hierbei müssen sie die gesundheitlichen, sozialen und materiellen Verhältnisse, das eigene Wohl und das Wohl der geborenen und zu erwartenden Kinder beachten;[32]
- daß sie sich aus ihrer ersten und ureigenen Verantwortung als Erzieher für eine angemessene Erziehung und harmonische Bildung ihrer Kinder – auch im größeren Geschwisterkreis – aufgerufen wissen und daß diese Aufgabe ihnen weder abgenommen noch von ihnen abgegeben noch durch andere Erzieher erfüllt werden kann.[33]

---

[30] Vat. II., Kirche und Welt 50.

[31] Paul VI., Enzyklika „Humanae vitae" 10.

[32] Vgl. Vat. II., Kirche und Welt 50 und 52.

[33] Vgl. Vat. II., Kirche und Welt 50 und 52, Beschluß der Pastoralsynode, Vorbereitung auf die Ehe 31–35, und Beschluß der Pastoralsynode, Der Christ in der Arbeitswelt 34, E. 4 und E. 5.

3. Die Wahl der Methoden zur Empfängnisregelung[34] fällt in die *gemeinsame Entscheidung der Ehegatten*, die dabei die Äußerungen des kirchlichen Lehramtes[35] und objektive Kriterien beachten müssen. Denn bei der Wahl der Methoden zur Empfängnisregelung sind nicht die gute Absicht und die Motive allein entscheidend, sondern auch „objektive Kriterien, die sich aus dem Wesen der menschlichen Person und ihrer Akte ergeben und die sowohl den vollen Sinn gegenseitiger Hingabe als auch den einer wirklich humanen Zeugung in wirklicher Liebe wahren"[36]. Zu dieser Haltung werden die Ehegatten durch die kirchliche Verkündigung und durch das seelsorgliche Gespräch ermutigt und bestärkt. Niemals darf sich aber jemand über jene Menschen erheben, die nach gewissenhafter Prüfung ihrer Gründe und Motive hinsichtlich der Methoden zur Empfängnisregelung ein anderes Gewissensurteil vertreten und dieser Entscheidung in ihrem konkreten Handeln folgen.[37] **59**

---

[34] Das II. Vatikanische Konzil, Kirche und Welt 51, Anm. 14, hat die Frage der Methoden bewußt für eine spätere Regelung offengelassen. Die Aussagen der Enzyklika „Humanae vitae", in der diese Fragen beantwortet werden sollten, machen die Problematik um die Weitergabe menschlichen Lebens deutlich und lassen in klarer Erkenntnis heutiger Manipulationsmöglichkeiten die Sorge um die Würde der Person, besonders der Frau, erkennen. Es ist das Anliegen der Enzyklika, die Ehegatten zu einer selbstlos schenkenden, opferbereiten Liebe zu führen, ihnen zu helfen, am Leben Gottes teilzuhaben und zu der ihrem Stand eigenen Vollkommenheit zu gelangen. Aus diesen Gründen spricht sie sich für eine Empfängnisregelung unter Berücksichtigung der unfruchtbaren Tage der Frau aus. Den Aussagen der Enzyklika als Aussagen des ordentlichen kirchlichen Lehramtes kommt nicht ein unfehlbarer, sondern ein authentischer Gewißheitsgrad zu. Dem entspricht ein bedingter Verpflichtungsgrad.

[35] Vgl. Vat. II., Kirche 25.

[36] Vat. II., Kirche und Welt 51.

[37] Vgl. Hinweise der Berliner Ordinarienkonferenz vom 9. 9. 1968 zur pastoralen Besinnung nach der Enzyklika „Humanae vitae" 6.

4. Christliche Eheleute müssen deshalb *für ihr eheliches Leben beachten,* 60

– daß jede personale Liebe Reife und Selbstlosigkeit erfordert; sie „muß gegen Egoismus und Mißbrauch des Partners, gegen Zuchtlosigkeit und Selbsttäuschung bewahrt werden“[38];

– „daß der eheliche Akt, der dem Partner ohne Rücksicht auf seinen Zustand und seine berechtigten Wünsche angetragen wird, kein wahrer Liebesakt ist und damit der Forderung der rechten sittlichen Ordnung in den Beziehungen der Eheleute zueinander widerspricht“[39];

– daß Enthaltung vom ehelichen Vollzug auf längere Zeit für manche Ehegatten mitunter nötig, für manche möglich und sinnvoll sein kann, sofern sie sich gemeinsam dazu entschließen; für andere dagegen kann sie die Gefahr der Untreue mit sich bringen.[40]

Unter Beachtung dieser Grundsätze werden christliche Eheleute ernsthaft darum bemüht sein, den Aussagen der Enzyklika „Humanae vitae“ in ihrer Eheführung zu entsprechen.

5. Alle Maßnahmen, die entstandenes menschliches Leben zerstören oder zu beeinträchtigen versuchen, sind abzulehnen. *Der Schwangerschaftsabbruch ist kein Mittel der Familienplanung.* Die katholische Kirche hat sich zu allen Zeiten der Praxis des Schwangerschaftsabbruchs widersetzt und das Recht des Ungeborenen auf Leben verteidigt.[41] Weder durch Urteil über Wert oder Unwert menschlichen Lebens noch durch mannigfaltige Theorien über den Beginn des mensch- 61

[38] Hinweise der Berliner Ordinarienkonferenz vom 9. 9. 1968 zur pastoralen Besinnung nach der Enzyklika „Humanae vitae“ 3.

[39] Paul VI., Enzyklika „Humanae vitae“ 13.

[40] Vgl. Vat. II., Kirche und Welt 51.

[41] Vgl. Kongregation für die Glaubenslehre, Erklärung über den Schwangerschaftsabbruch vom 18. 11. 1974.

lichen Lebens darf das Recht auf Leben gemindert werden. Deshalb kann ein Christ den Schwangerschaftsabbruch im Sinne einer unmittelbar gewollten direkten Tötung der Leibesfrucht nicht als ethisch verantwortbar ansehen. Diesen Standpunkt hat auch das II. Vatikanische Konzil vertreten, indem es sich von allem distanzierte, was zum Leben selbst in Gegensatz steht. Die gesetzliche Freigabe des Schwangerschaftsabbruchs, auch unter Wahrung bestimmter Fristen, bringt Gefahren für die Ehrfurcht vor dem Leben. Christlichen Ehegatten kommt eine hohe Verantwortung zu, in der heutigen Situation dem Sog zum Schwangerschaftsabbruch zu widerstehen. Sie sind aufgerufen, Wege der Familienplanung zu wählen, die vor einem christlich geprägten Gewissen vertretbar sind. In Konfliktsituationen und bei Belastungen, die diese Haltung gegenüber dem keimenden Leben beeinträchtigen können, werden sie sich von der Ehrfurcht vor dem Leben leiten lassen.

6. Christliche *Ehepaare, die kinderlos bleiben*, werden im Vollzug innigster personaler Gemeinschaft erfahren, daß das Ausbleiben biologischer Fruchtbarkeit nicht den hohen Wert und sakramentalen Charakter ehelicher Gemeinschaft in Frage stellen kann. Der Ehebund dieser Partner wird zu einer Fruchtbarkeit drängen, die sich in tätigem Dienst an der Gemeinschaft äußert und nach Möglichkeit die Adoption von Kindern erstrebt. **62**

Dritter Abschnitt: Pastorale Folgerungen

1. *Pastorale Appelle*

1.1. Appell an die christlichen Eheleute

Die Synode ruft die *christlichen Eheleute* auf, 63
- ein bereites Ja zur Geburt von mehreren Kindern zu sprechen und sich nicht vorschnell auf eine Beschränkung der Kinderzahl festzulegen;
- zu vertrauen, daß mit den wachsenden Aufgaben in der größeren Familie auch die Kraft zu ihrer Bewältigung wächst;
- alle geeigneten Bildungs- und Informationsmöglichkeiten zu nutzen, die ihnen helfen können, in den Fragen der verantworteten Elternschaft eine gemeinsame Gewissensentscheidung vor Gott zu fällen. Diese Entscheidung verlangt den Dialog der Ehepartner im Prozeß der Gewissensbildung. Sie sollen wissen, daß sie bei ihren Seelsorgern Verständnis, Rat und Hilfe erwarten können.

1.2. Appell an die Gemeindeglieder

Alle *Glieder der Pfarrgemeinden* sollen 64
- den Sinn für die Verantwortung zum Schutz des Lebens in jeder Phase wecken und fördern, aber auch eine Frau, die einen Schwangerschaftsabbruch an sich geschehen ließ, nicht sich selbst überlassen oder gar verurteilen;
- eine Frau, die aus Achtung vor dem Leben auch ein nichteheliches Kind zur Welt bringt, moralisch und materiell unterstützen;[42]

---
42 Vgl. Beschluß der Pastoralsynode, Vorbereitung auf die Ehe E. 1.

- den kinderreichen Familien Verständnis entgegenbringen und wirksame materielle und persönliche Hilfe leisten.[43]

Besonders die *christlichen Ärzte* und *Mitarbeiter im medizinischen Dienst* sind aufgerufen, in ihrem Arbeits- und Wirkungsbereich jederzeit für die Ehrfurcht vor dem Leben einzutreten.

2. *Pastorale Empfehlung*

Der *Pfarrer* soll durch geeignete Fachleute den Ehepaaren ausreichende Information über die verantwortete Elternschaft[44] geben lassen. Konkrete Entscheidungshilfen der Pastoral müssen jedoch immer die Personwürde des Menschen und das Wohl der Ehe und Familie berücksichtigen. 65

3. *Pastoraler Auftrag*

Das *Seelsorgeamt* soll für die Weiterbildung der Priester sorgen, damit sie im Einzelfall den Eheleuten in rechter Weise Rat und Hilfe geben und der besonderen Gewissensentscheidung der Eheleute in Fragen der Familienplanung Rechnung tragen können. 66

4. *Wunsch*

Die *Berliner Ordinarienkonferenz* wird gebeten, in ihrem Ehehirtenwort die Bedeutung der Gewissensentscheidung beider Ehepartner bezüglich der verantworteten Elternschaft hervorzuheben. 67

---

[43] Vgl. Beschluß der Pastoralsynode, Diakonie der Gemeinde 31 und 32.

[44] Vgl. Absätze 53 und 54 dieses Beschlusses.

VIERTES KAPITEL: DIE MÖGLICHKEIT DES SCHEITERNS

Erster Abschnitt: Grundaussagen

1. *Gefährdete Ehe*

Die Harmonie auch einer christlichen Ehe wird meist dann gestört, wenn wirklichkeitsfremde Wunschvorstellungen und Erwartungen der Eheleute sich nicht erfüllen. Außer den persönlichen Ansprüchen der Partner treffen zugleich die ihrer verschiedenen Lebenskreise aufeinander: 68

- die der Arbeitswelt sowie bestimmter Wohn- und Konsumverhältnisse;
- Weltanschauungen und Eheauffassungen der Umwelt drängen sich auf, Glaubenszweifel der Umgebung machen unsicher;
- übermäßige und dauernde Inanspruchnahme durch berufliche und außerberufliche Belastungen lassen keine Zeit für den Ehepartner;
- über Jahre hinaus andauernde Wohnungsprobleme, oft verknüpft mit Generationsproblemen, bei gleichzeitiger Belastung durch Aus- und Weiterbildung, verursachen heute Schwierigkeiten im Zusammenleben der Eheleute, die es in früheren Generationen nicht gab. Durch diese Lebensweise können Belastungen auftreten, die unabhängig vom Willen und der guten Absicht der Partner zu Konflikten führen.

Neben diesen Einflüssen von außen können auch zwischenmenschliche Störungen in der ehelichen Harmonie auftreten: 69

- zeitweilige persönliche Unausgeglichenheit;
- anfängliche oder sich entwickelnde Unvereinbarkeit der Charaktere bis in die Intimsphäre;

- Auswirkung mangelnder Entscheidungsfreiheit, wenn eine Ehe nur wegen eines zu erwartenden Kindes geschlossen wurde;
- Nachlassen in der Liebe, Lieblosigkeit, mangelnde Aufmerksamkeit, Rücksichtslosigkeit, Schuld und fehlende Vergebungsbereitschaft;
- Belastungen der jeweiligen Altersphasen mit ihren wechselnden Ansprüchen;
- unterschiedliche Zielvorstellungen und Verhaltensweisen bei der Kindererziehung.

Dies führt notwendigerweise zu Spannungen, die in erster Linie eine Bewährungsprobe sind. Sie können aber die Ehe auch ernsthaft gefährden und sie in eine Krise geraten lassen. 70

2. *Gescheiterte Ehe*

Gläubige Katholiken bekennen sich bei der Eheschließung zur Unauflöslichkeit ihrer Ehe. Offenbar sind sich aber nicht alle der Tragweite dieser unwiderruflichen Bindung voll bewußt. Manche kapitulieren, wenn Spannungen und Schwierigkeiten des alltäglichen Lebens unerträglich erscheinen, ziehen sich innerlich vom Partner zurück oder drängen auf Scheidung. 71

Der Entschluß zur Scheidung ist besonders dann von starken Konflikten belastet, wenn noch nicht erwachsene Kinder davon mit betroffen werden. 72

Aber auch die geschiedenen Partner leiden schwer an ihrer Situation, sind verbittert und vom Partner enttäuscht; sie erfahren sich selbst als Gescheiterte. 73

3. *Geschieden und wieder verheiratet*

Viele Geschiedene meinen, erst in einer neuen Ehe wieder Sicherheit und Halt finden zu können. Denn wer einmal in ehelicher Liebe lebte, kann oftmals sein Leben ohne die Hinordnung auf das Du eines Partners und dessen Zuwendung nicht mehr meistern und hofft, in einer neuen Ehe wirklich personale Liebesgemeinschaft zu finden. 74

Viele Geschiedene wollen nach Enttäuschung oder Versagen aufrichtig neu beginnen. Dieses Verlangen nach einer neuen Ehe kann auch bei Katholiken so stark sein, daß deren durch göttliches und kirchliches Gebot gegebene Unerlaubtheit zweitrangig erscheint und erst wieder deutlich vor das Gewissen tritt, wenn bereits neue Verpflichtungen in einer Zivilehe eingegangen wurden. 75

Diese verschiedenen Situationen erfordern eine eigene pastorale Hilfe von seiten der Kirche, denn viele der betroffenen Katholiken sind weiterhin um ein Leben aus dem Glauben bemüht. Hilfe kann jedoch nicht in der Weise gefordert werden, daß es praktisch auf eine Billigung des Verstoßes gegen die Unauflöslichkeit der Ehe hinausliefe. 76

Zweiter Abschnitt: Leitsätze

1.1. Die Ehepastoral soll zur *Verwirklichung ehelichen Lebens nach der Botschaft Christi* beitragen. Sie soll den Eheleuten helfen, im Spannungsfeld menschlicher Beziehungen zu reifen und nicht an den Unzulänglichkeiten ihres gemeinsamen Lebens und den störenden Einflüssen von außen zu scheitern, 77

1.2. Die Ehepastoral soll Hilfen zum gemeinsamen Gebet anbieten und auf die Vergebung durch Gott als Voraussetzung für *gegenseitiges Vergeben* hinweisen. Sie soll sich aber auch der Erkenntnisse der Humanwissenschaften bedienen, um die verschiedenen Konfliktursachen verständlich zu machen. **78**

1.3. Die Ehepastoral soll jungen Eheleuten helfen, sich nicht von *übertriebenen Glückserwartungen* leiten zu lassen und die Schwierigkeiten und Anforderungen des Anfangs zu meistern. **79**

1.4. Die Ehepastoral soll den *Eltern junger Eheleute* helfen, die Selbständigkeit ihrer Kinder zu respektieren. Sie soll die Eltern befähigen, vor allem die Aufgaben ihrer eigenen Ehe zu erkennen und die Bewährungsproben ihrer Liebe zu bestehen. **80**

1.5. Die Ehepastoral soll sich besonders um *gefährdete Ehen* mühen. Schwierigkeiten und Konflikte sollten nicht erst dann beachtet werden, wenn Entscheidungen gefallen sind. Sie soll zur Erkenntnis und Aussprache der Schwierigkeiten beitragen und Lösungsmöglichkeiten der Konflikte aufzeigen. **81**

2. Pastorale Sorge muß sich auch auf *gescheiterte Ehen* erstrekken. Die Pastoral soll dem Schicksal jedes einzelnen nachgehen und versuchen, die verzeihende Liebe Christi glaubwürdig zu machen, ohne bei der Schuldfrage oder bei Verboten stehenzubleiben. Sie versucht, Hilfe zu geben zur Bewältigung des Alleinseins, entsprechend dem Auftrag: „Einer trage des anderen Last."[45] **82**

---

[45] Gal 6,2.

3. Pastorale Sorge muß den *Geschiedenen, die wieder verheiratet sind,* zu der Bereitschaft verhelfen, vergangene Schuld unter die Vergebung Gottes zu stellen, bestehende neue Verantwortung gewissenhaft zu erfüllen und den Willen zur Treue zu erweisen. 83

Ihnen und den *mit Geschiedenen Verheirateten* ist die Bindung der Kirche an die Weisung des Herrn und damit das Verbot der Scheidung[46] verständlich zu machen, aber auch zu zeigen, daß ihnen die Nachfolge Christi trotzdem nicht verwehrt und die Begegnung mit dem Herrn wie die Vergebung der Schuld in verschiedener Art möglich ist. 84

Dritter Abschnitt: Pastorale Folgerungen

1. *Pastorale Appelle*

1.1. Appell an die christlichen Eheleute

Die Synode appelliert an die *christlichen Eheleute,* ihre Lebens- und Liebesgemeinschaft als ihren Weg zu Gott zu verstehen in Verantwortung füreinander und für ihre Kinder. Sie mögen sich bewußt sein, daß das Gelingen ihrer Ehe nicht nur von äußeren Einflüssen, sondern wesentlich von ihrem Verhalten und ihrer Liebe abhängt und daß diese Liebe sich besonders im gegenseitigen Verzeihen erweist. Sie sollen ihre Ehe nicht als selbstverständlichen, unzerstörbaren Besitz auffassen. Trotz aller Übereinstimmung im Glauben kann es zum Scheitern einer Ehe kommen, wenn die verschiedenen Bereiche menschlichen Lebens verkümmern oder in egoistischer Weise gelebt werden. Die Partner mögen sich immer 85

[46] Vgl. Mt 19,3–9.

wieder bewußt machen, daß es nie zu spät ist, gemeinsam neu zu beginnen.

Bei auftretenden Konflikten sollen sie an ihre gemeinsame Verantwortung für die Kinder denken und bei allem berechtigten Streben nach Selbstverwirklichung deren Wohl höher einschätzen als ihre eigenen Wünsche. Im Dienst an den Kindern können sie auch zu einer neuen Sinnerfüllung ihrer Ehe finden. 86

An *Geschiedene,* die *wieder verheiratet sind,* und an die *mit Geschiedenen Verheirateten* appelliert die Synode, die Beurteilung ihres Lebens und des Versagens des Partners der alles verzeihenden Liebe des gerechten Gottes zu überlassen. In diesem Vertrauen auf Vergebung mögen sie sich aber bewußt sein, daß ihr Leben nicht als Maßstab für andere gelten kann. Aus der Erfahrung ihres eigenen Schicksals mögen sie zur Erhaltung anderer Ehen beitragen. 87

1.2. Appell an die Gemeindemitglieder

Die Synode appelliert an die *Gemeindemitglieder,* durch ihr Beispiel und ihr klares Bekenntnis zur Unauflöslichkeit der Ehe dem Trend zur Ehescheidung entgegenzuwirken. Sie mögen die Eheleute ermutigen, rechtzeitig sachkundige Beratung in Anspruch zu nehmen. Sie sollen auch durch praktische Hilfe äußere Belastungen einer Ehe zu mindern suchen. Sie werden alles unterlassen, was geeignet ist, die Lösung von Konflikten nur in einer Scheidung zu suchen. 88

Die Gemeindemitglieder sollen sich bemühen, nicht durch Vorurteile und pharisäisches Verhalten die Liebe zu verletzen oder den Rest einer Bindung an die Kirche zu zerstören. 89

Die Gemeindemitglieder sollen die Not der Geschiedenen, der wiederverheirateten Geschiedenen und der mit Geschiedenen Verheirateten zu verstehen suchen und ihnen Halt geben. Von der Art und Weise, wie die Glieder einer Gemeinde ihr Christsein leben, wird es abhängen, ob Menschen, die in ihrer Ehe scheiterten, glauben können, daß Christus gekommen ist, alle Menschen zu berufen und in seine Gemeinschaft zu führen. 90

Die *Pfarrgemeinden* sollen sich und ihre bestehenden Familienkreise offenhalten für alle Hilfesuchenden, um ihnen den Austausch ihrer Probleme zu ermöglichen und Antworten auf Fragen des Glaubens, des Lebens und der Erziehung zu versuchen. 91

2. *Pastorale Empfehlungen*

2.1. Der *Pfarrer* und die *Mitarbeiter im pastoralen Dienst* sollen durch persönlichen Kontakt, bei Hausbesuchen und Gesprächsabenden die Beziehungen zu den Eheleuten pflegen. Dadurch ist es ihnen möglich, eine Atmosphäre des Vertrauens zu schaffen, in der Schwierigkeiten und Konflikte ausgesprochen und Lösungen gesucht werden können. Sie sollen dafür sorgen, daß rechtzeitig sachkundige Beratung in Anspruch genommen wird. 92

2.2. Der *Pfarrer* und die *Mitarbeiter im pastoralen Dienst* mögen sich mit besonderer Sorgfalt der Geschiedenen und der wiederverheirateten Geschiedenen annehmen und ihre Bindung an die Gemeinde festigen. In der Gemeinschaft der Glaubenden, die sich alle als Sünder unter Gottes Verzeihung stellen, wird die Liebe Gottes erfahren, die alle umfaßt. 93

2.3. Der *Pfarrer* und die *Mitarbeiter im pastoralen Dienst* sollen nach Möglichkeit Gruppen alleinerziehender Mütter (lediger, geschiedener und verwitweter) bilden, da sich diese Frauen durch ihr ähnliches Schicksal zusammengehörig fühlen. **94**

2.4. Der *Pfarrer* soll einem Paar, dem wegen bestehenden Ehebandes die kirchliche Trauung verweigert werden muß, trotzdem vor der standesamtlichen Eheschließung eine Belehrung geben über christliches Leben in der kirchlich ungültigen Ehe und über die christliche Erziehung der Kinder. **95**

3. *Pastoraler Auftrag*

Das *Seelsorgeamt* soll für die Gewinnung und Anleitung von ständigen Eheberatern sorgen. Um möglichst vielseitige Hilfe leisten zu können, sollten Theologen, Psychologen, Pädagogen, Ärzte (Psychiater, Gynäkologen), ferner Rechtsberater, Fürsorger bzw. Personen oder Ehepaare mit entsprechender Erfahrung und Vorbildung zur Verfügung stehen und den Pfarrgemeinden genannt werden. **96**

4. *Wünsche*

4.1. Wegen der schwerwiegenden pastoralen Frage der wiederverheirateten Geschiedenen bittet die Synode die *Berliner Ordinarienkonferenz*, alle pastoralen und kirchenrechtlichen Möglichkeiten einer Hilfe zu prüfen und die zuständigen römischen Stellen von der besonderen Lage in den Jurisdiktionsbezirken in der DDR zu unterrichten und zu bitten, ihrerseits alle pastoralen und kirchenrechtlichen Möglichkeiten anzuwenden. Besonders soll deutlich gemacht werden, daß der Wille zur Unauflöslichkeit bei nur zivilrechtlich geschlossenen Ehen von Nichtkatholiken nicht immer vorausgesetzt werden kann.[47] **97**

---

[47] So vorausgesetzt in CIC, can. 1014.

4.2. Die Synode bittet die *Berliner Ordinarienkonferenz*, den zuständigen römischen Stellen vorzutragen, sie mögen im Zusammenhang mit der Reform des kirchlichen Gesetzbuches die Ehegesetzgebung für die Betroffenen durchschaubar machen und die Eheprozeßordnung vereinfachen. 98

BESCHLUSS DER PASTORALSYNODE

DER CHRIST IN DER ARBEITSWELT

Inkraftsetzung des Beschlusses der Pastoralsynode

Der Christ in der Arbeitswelt

Den von der Pastoralsynode der Jurisdiktionsbezirke in der DDR verabschiedeten Beschluß „Der Christ in der Arbeitswelt“ setze ich hiermit in Kraft.

Die Veröffentlichung in den Amtlichen Mitteilungen ordne ich hiermit an.

Gleichzeitig erkläre ich mein Einverständnis, daß die von der Fachkommission erarbeiteten Erläuterungen zum Synodenbeschluß „Der Christ in der Arbeitswelt“ veröffentlicht werden.

Berlin, 9. September 1975 + Alfred Card. Bengsch
Erzbischof
Bischof von Berlin

Dresden, 9. September 1975 + Gerhard Schaffran
Bischof von Meißen

Görlitz, 9. September 1975 + Bernhard Huhn
Bischof und Apostolischer
Administrator von Görlitz

Erfurt, 9. September 1975 + Hugo Aufderbeck
Bischof und Apostolischer
Administrator in Erfurt-
Meiningen

Schwerin, 9. September 1975 + Heinrich Theissing
Bischof und Apostolischer
Administrator in Schwerin

Magdeburg, 9. September 1975 + Johannes Braun
Bischof und Apostolischer
Administrator in Magdeburg

Der Christ in der Arbeitswelt

Erster Abschnitt: Grundaussagen

1. *Die Erfahrungen des Menschen mit der Arbeit*

1 Arbeit und Beruf bestimmen weitgehend das Leben des Menschen: seine Beziehung zur Welt, seine persönliche Entfaltung und seine Stellung innerhalb der menschlichen Gemeinschaft. Zugleich sind Arbeit und schöpferische Tätigkeit entscheidende Merkmale menschlicher Existenz, spezifischer und sichtbarer Ausdruck des Menschseins. Die Einstellung zur Arbeit und die Art des Tätigseins unterliegen einem geschichtlich bedingten ständigen Wandel. Arbeit und Beruf spiegeln das Können des einzelnen und der Gemeinschaft wider, schaffen geistige und materielle Werte und ermöglichen menschliches Leben.

2 Der Mensch erfährt die Arbeit oft als Freude, besonders dann:

- wenn er Erfolg sieht,
- wenn sie ihm hilft, einen Lebensplan zu erfüllen,
- wenn er seine Persönlichkeit entfalten kann,
- wenn er dadurch seinen Mitmenschen wirklich dient,
- wenn die anderen seine Arbeit würdigen.

3 Zum anderen empfindet der Mensch Arbeit und Beruf nicht selten als Last. Dies zeigt schon die geschichtliche Erfahrung. In vielen Sprachen hat der Begriff „Arbeit" dieselbe Wurzel wie die Worte „Mühsal", „Schmerz", „Last" oder „Not". Immer stellten sich den Menschen Schwierigkeiten entgegen, der Natur Herr zu werden. Gesellschaftliche Verhältnisse, in denen die schwere körperliche Arbeit den sogenannten unteren

---

[1] Ein Synodenbeschluß wendet sich naturgemäß an die Christen der eigenen Konfession. Wenn das im Text nicht ständig durch das Attribut „katholisch" betont wird, dann geschieht das in dem Bewußtsein, daß uns viele der Aussagen mit Christen anderer Konfessionen verbinden.

Schichten der Bevölkerung auferlegt wurde, verschärften diese Erfahrung.

Gründe, die dem heutigen Menschen die Arbeit als Last erscheinen lassen können, sind unter anderen: 4

- Leistungsdruck und Überbelastung,
- die Monotonie im arbeitsteiligen Produktionsprozeß,
- das Fehlen schöpferischer Tätigkeit,
- unfreiwilliger Berufswechsel und dadurch erforderliche Umschulung,
- berufsfremde Tätigkeiten,
- Unterbewertung einzelner Arbeiten,
- Nichtanerkennung des Geleisteten,
- Mängel in der Leitungstätigkeit,
- unkollegiales Verhalten, Geltungssucht und Habgier.

In solch zwiespältiger Erfahrung fragt der Christ nach Sinn und Wert der Arbeit. Der Christ sucht eine Antwort aus dem Anspruch des Evangeliums.

2. *Vom christlichen Verständnis menschlichen Schaffens*[2]

In der Heiligen Schrift finden wir eine grundsätzlich positive Einstellung zum menschlichen Schaffen. Mit der Erschaffung der Welt durch Gott wird zugleich der Mensch – als Teil dieser Schöpfung – für seine gesamte Umwelt verantwortlich gemacht. Als Ebenbild des schöpferischen Gottes soll der Mensch die Welt schöpferisch gestalten,[3] denn Gott hat die Welt nicht fertig erschaffen, sondern er gestaltet sie dauernd, auch durch uns. Jedes gute Handeln eines Menschen prägt die 5

[2] Der Begriff „menschliches Schaffen“ scheint besser als der Begriff „Arbeit“ geeignet, die spezifisch christliche Auffassung von der Teilhabe am Schaffen Gottes (creatio) und damit zugleich das Werte schaffende Tun des Menschen in allen Bereichen des persönlichen und sozialen Lebens, wozu auch das Schaffen alles Guten und Schönen in Zivilisation und Kultur gehört, auszudrücken.

[3] Vgl. Gen 1,28.

kommende neue Welt mit, in der sich die Herrlichkeit Gottes vollends offenbaren wird.[4]

Wenn der Mensch sich weigert, diesen Auftrag Gottes in Treue zu erfüllen, wird eine gute Entwicklung und damit auch das Verhältnis des Menschen zu Gott und zur Welt gestört. Die Heilige Schrift sagt aus, daß der Mensch die Welt als eine unwirtliche Landschaft mit „Dornen und Disteln" erlebt, in der er „im Schweiß seines Angesichtes" sein Brot verdienen muß.[5] 6

Menschliches Schaffen ist Dienst am Mitmenschen. „Durch seine Arbeit erhält der Mensch sein und der Seinigen Leben, tritt in tätigen Verbund mit seinen Brüdern und dient ihnen."[6] Sein Tätigsein fügt den Menschen in ein Zusammenspiel wechselseitigen Dienens ein, schafft Kontakte und kann ihn zur Solidarität mit anderen führen. 7

Wer glaubt, bleibt mit Christus in allen Situationen verbunden. So wird auch die Arbeit Lobpreis Gottes und Opfergabe.[7] 8

Die Arbeit hilft dem Menschen auch zur eigenen Entfaltung. „Durch sein Werk formt der Mensch nämlich nicht nur die Dinge und die Gesellschaft um, sondern vervollkommnet er auch sich selbst."[8] 9
Der Christ darf nicht meinen, daß die eigene geistliche Vervollkommnung und die Arbeit einander widersprechen. Die

[4] Vgl. Vat. II., Kirche und Welt 39.
[5] Vgl. Gen 3,17–19.
[6] Vat. II., Kirche und Welt 67.
[7] Vgl. Kol 3,17; 1 Kor 10,31; Joh 15,5; Mater et magistra 259.
[8] Vat. II., Kirche und Welt 35.

geistliche Entfaltung des Menschen geschieht auch im Vollzug der täglichen Arbeit, die er zur Ehre Gottes und in seinem Auftrag ausübt.[9] Dazu bedarf es gleichzeitig der ständigen Verbindung mit Gott durch Gebet und Gottesdienst.[10]

3. *Die Erlösung des Menschen in der Arbeitswelt*

3.1. Erlösung durch Gott

Wie in allen Bereichen seines Lebens bedarf der Mensch in der Arbeitswelt der Erlösung: denn auch hier zeigen sich die Zeichen und Folgen menschlicher Schuld. Zu allen Zeiten haben sich gerade in der Arbeitswelt Ungerechtigkeit, Machtstreben und Rücksichtslosigkeit zwischen einzelnen und Gruppen herausgebildet. Wirtschaftswachstum und Lebensstandard sind zu neuen Götzen geworden, denen in unserer Zeit viele in unverantwortlicher Weise Zeit und Kraft opfern. Gott überläßt den Menschen nicht einem „Schicksal", sondern will ihn zu einem neuen Leben befreien. Die Heilsgeschichte des Alten und Neuen Bundes zeigt diesen Einsatz Gottes,[11] der sich in der Hingabe Jesu vollendet. **10**

Gott wurde bereits im Alten Bund von Israel entdeckt und gefeiert als der Befreier, der auch von Ausbeutung und Versklavung befreit. Im sogenannten „Credo Israels" heißt es: „Als uns dann die Ägypter schlecht behandelten und bedrückten und uns harten Frondienst auferlegten, schrien wir zu Jahwe, dem Gott unserer Väter, und Jahwe hörte auf unser Rufen und sah unser Elend, unsere Mühsal und Bedrängnis. Und Jahwe führte uns aus Ägypten weg mit starker Hand und **11**

---

9 Vgl. Vat. II., Kirche 41, und Mater et magistra 255.
10 Vgl. Beschluß der Pastoralsynode, Glaube heute 22–29, 61.
11 Vgl. Beschluß der Pastoralsynode, Glaube heute 55.

ausgestrecktem Arme, mit großen Schrecken, unter Zeichen und Wundertaten."[12] Die Initiative Gottes zugunsten der Versklavten sollte die Lebensweise dieses Volkes entscheidend prägen. Die von Zwangsarbeit Befreiten sollten nicht von neuem die Arbeit zum Zwang werden lassen. Man wußte, daß Leben ein Geschenk Gottes ist und von daher seinen Wert bekommt, nicht nur durch vollbrachte Arbeitsleistung. Der wöchentliche Ruhetag für alle, auch für die Fremden, ja sogar für die Schuldsklaven, die zudem alle sieben Jahre, im sogenannten „Erlaßjahr", freigelassen werden sollten,[13] war in der antiken Welt Zeichen einer beginnenden Befreiung des Menschen, die von Israel Gott selber zugeschrieben wurde.[14]

Jesus Christus führt diese Befreiung in ihr letztes geschicht- 12
liches Stadium. Er verdeutlicht durch Zeichen die Annahme jedes Menschen durch Gott, unabhängig von dessen Leistung und sozialem Status. Das sozial unterbewertete oder „unwerte" Leben der Armen, Entrechteten, Kranken und Gescheiterten wertet er auf, indem er sie in die Gemeinschaft seines Neuen Bundes aufnimmt. Dadurch verliert die „niedrige" Arbeit im Bewußtsein der frühen Gemeinden ihren entehrenden Charakter.

Am ersten Tag der Arbeitswoche – es gab für die Arbeiten- 13
den im Römischen Reich keinen freien Tag – feierten die Christen in der Eucharistie die Befreiung von der zerstörenden Macht des Egoismus durch die Hingabe Jesu, die in der Auferweckung aus dem Tod von Gott bestätigt wurde. Ein Zeichen für diese Befreiung ist auch heute für den Christen

12 Dtn 26,6–8.
13 Vgl. Ex 21,2.
14 Vgl. Ex 20,8; Gen 2,2 f.

der Sonntag, an dem immer neu die Auferstehung Jesu gefeiert wird. Der Sonntag ist als der Tag des Herrn der Tag des freien Menschen geworden und soll erleben lassen, daß Freizeit Zeit für Freiheit ist und daß die endgültige „Freiheit der Kinder Gottes" im Kommen ist. Er erinnert daran, wozu und woraufhin der Mensch lebt. Der Mensch arbeitet zwar, um leben zu können, aber er lebt nicht nur um der Arbeit willen.

Das menschliche Schaffen ist auf die endgültige Vollendung hingeordnet, die wir von Gott erwarten. Die Freude darüber soll die Arbeit des Christen prägen und zu einem beständigen Gottesdienst des Alltags machen.[15] So wird sie den Menschen heiligen und dazu helfen, die Kraft der Erlösung anderen mitzuteilen.[16] **14**

3.2. Mitwirkung des Menschen

Die Befreiung des Menschen im Bereich der Arbeit ist eine Aufgabe, an der jeder Christ ständig mitwirken muß. Der Christ kann sich durch seine Gott dargebrachte Arbeit mit dem Erlösungswerk Jesu Christi verbinden[17] und dessen Kraft in der Arbeitswelt wirksam werden lassen. **15**

Erläuterungen der Fachkommission zu Absatz 15

Zu der Verwendung der Begriffe Erlösung und Befreiung **E. 1**
Christus hat durch seine Liebe, mit der er sich den Menschen zuwandte, zunächst Zeichen gesetzt für die Aufnahme aller Menschen in den Neuen Bund und ihre Annahme zu Kindern Gottes *(Erlösung)*.
Zugleich sollte sein Verhalten seinen Jüngern auch die Richtung angeben, in der sie selbst in der Welt wirksam werden sollen. In der Kraft, die ihm

---

15 Vgl. Vat. II., Kirchee und Welt 34.
16 Vgl. Mater et magistra 259.
17 Vgl. Vat. II., Kirche und Welt 67.

von Christus her zuströmt, und nach dem Beispiel, das Christus selbst gegeben hat, hat der Christ die Pflicht, sich ständig für die *Befreiung* der Menschen einzusetzen, auch im Bereich der Arbeit.

Dies zeigt sich vor allem in der Hinordnung der Arbeit auf den Dienst an der Menschheitsfamilie durch das Schaffen materieller, geistiger und sozialer Werte. Alle Ergebnisse menschlichen Schaffens müssen der Menschheit dienen und zugleich ihre Zukunft im Blick haben. Dem Anwachsen der Weltbevölkerung und der Bedürfnisse der Menschen sucht man heute zu Recht durch die Steigerung der landwirtschaftlichen und industriellen Produktion, der Dienstleistungen und ein erhöhtes kulturelles Angebot zu entsprechen. Die Zielrichtung dieser gesteigerten Leistungen kann aber nicht nur in der vermehrten Produktion selbst noch in dem Zuwachs an Gewinn oder Macht liegen, sondern vor allem im Dienst am Menschen, damit das verwirklicht wird, was Gott mit ihm vorhat.[18] 16

Damit hängt ein zweites Anliegen eng zusammen: die Befreiung des Menschen von einer verkehrten Wertordnung, die durch einseitiges Konsumverhalten entstanden ist und sich z. B. dort zeigt, wo 17

- Raubbau an der Gesundheit getrieben wird, etwa durch unnötige Überstunden und Feierabendarbeit,
- durch falsche Gestaltung der Freizeit Überbelastung auftritt oder andauert,
- durch Gewinnsucht der Eltern die Erziehung der Kinder als zweitrangig eingestuft und vernachlässigt wird.

Als Christen können wir die weitere Entfaltung unseres persönlichen wie gesellschaftlichen Lebens nicht nur in der Erhöhung des Lebensstandards sehen. Gegenüber dem wach-

[18] Vgl. Vat. II., Kirche und Welt 64.

senden Angebot an materiellen Produkten und den Möglichkeiten des Freizeitkonsums müssen wir eine dem Evangelium entsprechende Einstellung gewinnen.

Eine dritte Richtung, in welche die Befreiung des Menschen zielen sollte, ist die personale und zwischenmenschliche Entfaltung in Arbeit und Freizeit und die Förderung des Schöpferischen im menschlichen Tätigsein. Christus lehrt uns durch sein Leben und Wort, daß das neue Gebot der Liebe das Grundgesetz der menschlichen Vollendung und deshalb auch der Umwandlung der Welt ist. Dadurch eröffnet sich für alle Menschen der Weg der Liebe, und darum ist der Versuch, eine universale Brüderlichkeit zu schaffen, nicht vergeblich.[19] **18**

Christen können durch ihr Beispiel und ihre Initiative in der Arbeitswelt mithelfen, daß der Mensch nicht nur seiner Leistung wegen anerkannt, sondern zuerst um seiner selbst willen geliebt werden muß. Körperlich und geistig behinderten sowie gescheiterten Menschen ist die Teilnahme an der personalen und zwischenmenschlichen Entfaltung sowie am schöpferischen Tätigsein zu ermöglichen. **19**

Zusammenarbeit mit anderen ist eine große Chance für die Christen. Mitarbeit in einem Kollektiv kann bei gegenseitiger Bejahung und Annahme der Partner zu menschlicher Erfüllung führen. Durch Neid, Streit, Geltungssucht und andere Formen des Egoismus kann es auch im Kollektiv zu gestörten Beziehungen bis zur Beziehungslosigkeit kommen. Minderwertigkeitskomplexe und Resignation können die Folge sein. Der Testfall echter Liebe ist nach den Worten Jesu immer der „geringste der Brüder". Der Christ wird auch **20**

[19] Vgl. Vat. II., Kirche und Welt 38.

durch eigenes Beispiel den anderen zeigen, daß der einzelne niemals vom Kollektiv aufgesogen werden darf und daß die sittlichen Entscheidungen letztlich die persönliche Aufgabe und das Recht jedes einzelnen bleiben.

Erläuterungen der Fachkommission zu Absatz 19 und 20

Das II. Vatikanische Konzil ermutigt dazu mit folgenden Worten: „Wer als Christ am heutigen sozialökonomischen Fortschritt mitwirkt und dabei für Gerechtigkeit und Liebe eintritt, der möge überzeugt sein, er könne viel beitragen zum Wohl der Menschheit und zum Frieden auf dieser Welt. Bei all diesem seinem Wirken möge er, gleichviel, ob er als einzelner oder im Verbund mit anderen tätig wird, leuchtendes Beispiel geben" (Vat. II., Kirche und Welt 72). E. 2

Jedes menschliche Schaffen steht in der Gefahr, mißbraucht zu werden. So können auch die Arbeit des Christen und seine Mitwirkung bei Öffentlichkeitsaufgaben in jeder Gesellschaft zu Zwecken mißbraucht werden, denen er als Christ nicht seine Zustimmung geben darf. Deshalb verlangt die Mitarbeit in der Gesellschaft vom Christen immer neue Gewissensentscheidungen. Er soll ihnen nicht ausweichen und sich nicht in die private Sphäre zurückziehen, sondern die Zusammenarbeit von Glaubenden und Nichtglaubenden am Gemeinwohl als christlichen Auftrag verstehen. Sein Verhalten muß zugleich konstruktiv und kritisch sein. Das gilt auch für Konfliktsituationen. Den Anspruch Gottes an sein Schaffen muß er stets höher stellen als den der Gesellschaft. 21

3.3. Hoffnung auf vollendete Erlösung

Bei aller Bemühung um Befreiung des Menschen in der Arbeitswelt wird es Rückschläge und Enttäuschungen geben, die durch menschliche Schwäche und Schuld hervorgerufen werden. Wir Christen bekennen, „daß alles Tun des Menschen, 22

das durch Stolz und ungeordnete Selbstliebe täglich gefährdet ist, durch Christi Kreuz und Auferstehung gereinigt und zur Vollendung gebracht werden muß"[20].
Christen dürfen nicht der Resignation verfallen. Sie glauben daran, daß sie durch die Bereitschaft, sich selbst zu ändern, durch persönlichen Einsatz und Eintreten für den anderen wenigstens kleine Schritte zur Verbesserung der Situation, zur Befreiung des Menschen in der Arbeitswelt erreichen können.

Die Hoffnung auf eine durch die Liebe Christi und seiner Jünger neu entstehende Menschheitsfamilie wird den Christen sowohl im Tätigsein wie im Erleiden tragen. Er weiß, daß die Gestalt dieser Welt vergehen wird, daß aber „Gott eine neue Wohnstätte und eine neue Erde bereitet, auf der die Gerechtigkeit wohnt"[21]. Der Tod kann von Menschen Geschaffenes nicht endgültig vernichten, denn er wird besiegt werden. „Die Liebe wird bleiben, wie das, was sie einst getan hat."[22] 23

Zweiter Abschnitt: Leitsätze

1. Christen bejahen die Arbeit als 24

- Auftrag Gottes für diese Welt,
- Erwerb des Lebensunterhaltes,
- Selbstentfaltung,
- Dienst an den Mitmenschen,

[20] Vat. II., Kirche und Welt 37.
[22] Vat. II., Kirche und Welt 39; vgl. 1 Kor 13,8; 3,14.
[21] Vat. II., Kirche und Welt 39; vgl. 2 Petr 3,13.

– Weg zur Vollkommenheit,
– Lobpreis Gottes.

2. Die durch die Arbeit erreichte Entwicklung ist vor allem durch Überheblichkeit und Selbstsucht des Menschen gefährdet. In der Nachfolge des Herrn, der Diener aller wurde, sollen wir die Arbeit mit dem Erlösungswerk Christi verbinden. 25

3. Für den Menschen ist nicht nur die Arbeit wichtig, sondern auch die Freizeit. Das richtige Verhältnis zu Arbeit und Freizeit ist für das Leben des einzelnen entscheidend. Die Vollendung des Lebens erwarten die Glaubenden als Gabe Gottes. 26

4. Vom Gesetz her ist die Stellung von Frau und Mann gleich. Das gilt auch für die Arbeitswelt. Für den Christen darf es keinen Wertunterschied zwischen Frau und Mann geben.[23] Die Verwirklichung dieses Grundsatzes bedarf ständiger Bemühung. Dabei ist den physischen und psychischen Besonderheiten der Frau verstärkt Rechnung zu tragen. 27

Dritter Abschnitt: Pastorale Folgerungen für die christliche Gemeinde

Pastorale Appelle

1. *Christen* sind besonders verpflichtet, die in der Arbeitswelt für alle Menschen verbindlichen Grundhaltungen vorbildlich zu leben.[24] Dazu zählen vor allem: 28
– Arbeitswille und Streben nach fachlichem Können,

---

[23] Vgl. Gal 3,28.
[24] Vgl. Vat. II., Kirche und Welt 34.

- Ehrlichkeit und Verantwortungsbewußtsein,
- Kollegialität und Hilfsbereitschaft,
- Hilfeleistung für Leistungsbehinderte und Isolierte,
- Achtung des persönlichen und gesellschaftlichen Eigentums.

Erläuterungen der Fachkommission zu Absatz 28

Spannungen zwischen den Verhaltensweisen Ehrlichkeit und Verantwortungsbewußtsein, Kollegialität und Hilfsbereitschaft werden nicht immer zu vermeiden sein. Diese dürfen jedoch nicht zur Resignation führen. **E. 3**

2. *Christen* sollen sich für Gerechtigkeit in der Arbeitswelt und eine ständige Verbesserung der Lebens- und Arbeitsbedingungen einsetzen. Kirchliche Einrichtungen müssen dabei vorbildlich sein. **29**

3. *Christen* dürfen nicht dulden, daß die Wertschätzung des Menschen vom sozialen Ansehen seines Berufes bestimmt wird. Jeder soll der Geringschätzung einfacher Arbeiten entgegenwirken. **30**

4. *Christen* sollten unter Ausschöpfung aller ihnen zur Verfügung stehenden Möglichkeiten ihrer Mitverantwortung für das Betriebsgeschehen gerecht werden. Sie werden ermutigt, ihren Fähigkeiten und ihrer Belastbarkeit entsprechend Funktionen zu übernehmen, die sie mit ihrem Gewissen vereinbaren können. **31**

5. *Christen* sollen Möglichkeiten der Weiterbildung wahrnehmen, um den erhöhten Anforderungen, die sich aus der raschen Entwicklung von Wissenschaft und Technik ergeben, gerecht zu werden. **32**

Sie dürfen nicht nur die eigene Qualifizierung im Blick haben, sondern sollen auch andere zur Weiterbildung ermutigen und

ihnen dabei helfen. Die Gefahr einer einseitig ausgerichteten Bildung ist zu bedenken.
Christen, die wegen ihrer Glaubenshaltung im beruflichen Fortkommen behindert sind, sollen dies nicht nur als Verlust ansehen. Sie sollen bedenken, daß ihr Wirken als Christen nicht allein von der Position abhängt. In jedem Beruf können sie den Mitmenschen nahe sein und die Grundhaltungen in der Arbeitswelt gewissenhaft leben.

6. *Christen* müssen danach streben, echte Gleichberechti- **33**
gung und Partnerschaft von Mann und Frau zu verwirklichen. Sie sollen sich dafür einsetzen, daß in Familie und Beruf für alle Frauen die Voraussetzungen zur vollen Wahrnehmung ihrer Rechte geschaffen werden und ihnen die Entfaltung ihrer Persönlichkeit ermöglicht wird. Die von ihnen erwarteten Leistungen müssen ihrem physischen und psychischen Leistungsvermögen entsprechen.

7. *Eltern* sollten sich bewußt sein, daß die Erziehung der **34**
Kinder nicht als zweitrangig eingestuft und gegenüber der Berufsarbeit vernachlässigt werden darf. Stehen Mütter im Arbeitsprozeß, so muß ihnen geholfen werden, berufliche Aufgaben und familiäre Verpflichtungen in Einklang zu bringen, ohne daß ihnen allein die Last des Haushaltes aufgebürdet werden darf.

Erläuterungen der Fachkommission zu Absatz 34

Sind Eltern berufstätig, dann müssen sie auch die Hausarbeit gemeinsam **E. 4**
leisten. Der Erziehung der Kinder ist gegenüber dem Streben nach materiellen Gütern vorrangige Beachtung zu schenken. Ausdruck echter Partnerschaft kann auch die Übernahme der Haushaltspflichten durch den Mann sein bei gleichzeitiger Aufgabe seiner Berufstätigkeit. Das kann besonders dann geboten sein, wenn die Aufrechterhaltung der Berufstätigkeit der Frau der Familie das notwendige Einkommen sichert oder die Frau aus gesundheitlichen Gründen wohl ihre Berufsarbeit, aber keine Hausarbeit leisten kann.

Arbeitsw.

8. *Christliche Familien* sollten bedenken, daß Hausarbeit wie Berufsarbeit zu werten ist, wenn ein Familienmitglied ausschließlich Hausarbeit leistet und deshalb nicht berufstätig ist. Dabei sollten sie sich bewußt sein, daß Hausarbeit ein Dienst für die Familie und der damit verbundene Verzicht auf die Berufsarbeit nicht selbstverständlich ist. 35

9. *Berufstätige Frauen mit Kleinkindern* sollen alle Rechte voll in Anspruch nehmen, die ihnen ermöglichen, sich der vordringlichen Aufgabe der Erziehung zu widmen.[25] 36

10. *Berufstätige Familienmitglieder* sollten bei Vorhandensein entsprechender Möglichkeiten eine Teilbeschäftigung oder Heimarbeit aufnehmen, wenn in der Familie Kinder, alte oder kranke Menschen zu betreuen sind. 37

---

[25] Zu beachten sind die gesetzlichen Bestimmungen zur Unterstützung der berufstätigen Mutter, wie zum Beispiel:

— Verordnung über die Einführung der 40-Stunden-Arbeitswoche und die Erhöhung des Mindesturlaubs für vollbeschäftigte werktätige Mütter mit mehreren Kindern vom 10. Mai 1972 (1),

— Verordnung über die Erhöhung der staatlichen Geburtenbeihilfe und die Verlängerung des Wochenurlaubs vom 10. Mai 1972 (2),

— Anordnung über die Vergabe von Heimarbeit vom 1. Oktober 1964 (3).

— Im Gesetzbuch der Arbeit der Deutschen Demokratischen Republik vom 12. April 1961 sind weitere Hilfen verankert;
so heißt es u. a. im
1. Kapitel, § 2, Abschnitt 6: „... Den Frauen, die durch familiäre Pflichten vorübergehend verhindert sind, ganztägig zu arbeiten, soll die Möglichkeit geschaffen werden, durch Teilbeschäftigung ihr Recht auf Arbeit wahrzunehmen" (4).
11. Kapitel, § 131, Abschnitt 4: „Müttern ist auf Verlangen im Anschluß an den Wochenurlaub unbezahlte Freizeit längstens bis zum Ende des ersten Lebensjahres des Kindes zu gewähren. Die Betriebszugehörigkeit wird dadurch nicht unterbrochen" (5).
Literatur: Staatliche Dokumente zur Förderung der Frau in der DDR, Staatsverlag der DDR, Berlin 1973, (1) S. 194 ff., (2) S. 218 ff., (3) S. 346, (4) S. 22, (5) S. 29.

Erläuterungen der Fachkommission zu Absatz 35–37

Die Berufstätigkeit der Frau hat auf die Familie positive und negative Auswirkungen. Positiv sind die Möglichkeiten zur Entfaltung der Fähigkeiten, zur Stärkung des Selbstbewußtseins der Frau, zur Solidarität der Familienmitglieder, zur Offenheit für Probleme der Menschen außerhalb der Familie, für veränderte partnerschaftliche Beziehungen zwischen Mann und Frau u. a.; negativ sind der Mangel an Zeit für das Familienleben und die Kindererziehung, Überbelastung – besonders bei Qualifizierung – u. a. Oft werden in einer Familie mit kleinen Kindern die negativen Folgen zumindest zeitweise überwiegen. E. 5

11. *Familien* sollten Möglichkeiten gegenseitiger Hilfe erkennen und nutzbar machen. Dies kann geschehen durch die Betreuung von Kindern Berufstätiger durch Nichtberufstätige, auch gegen entsprechende materielle Vergütung. 38

Erläuterungen der Fachkommission zu Absatz 38

Häufig ergeben sich für Frauen nach längerem Ausscheiden aus ihrer Berufsausübung große Schwierigkeiten, wieder einen ihrer Ausbildung entsprechenden Arbeitsplatz zu bekommen. Für diese könnten Arbeitsplätze erhalten werden und auch den Nichtberufstätigen Möglichkeiten des Verdienens und gesellschaftlichen Mittuns erschlossen werden. E. 6
Siehe auch Anmerkung 25!

12. *Eltern* und *Mitarbeiter im pastoralen Dienst* sollen die Heranwachsenden auf den Eintritt in die Berufswelt vorbereiten. Dazu gehören vor allen Dingen: 39

- Hinführung zu einer christlichen Sicht der Arbeit,
- Bildung des Gewissens,
- Beratung bei der Berufswahl,
- Weckung des Interesses an Berufen im kirchlichen Dienst,
- Hilfestellung für die Annahme eines Berufes, der dem Berufswunsch des einzelnen wenig entspricht.

13. *Eltern* sollen die Zusammenarbeit mit Bildungseinrichtungen und Berufsberatungen suchen. Dadurch kommen sie der 40

Verpflichtung nach, ihren Kindern unter Berücksichtigung der objektiven Gegebenheiten bei der Entscheidung für einen Beruf beizustehen. Sie sollen sich auch über Ausbildungs- und Berufsmöglichkeiten im kirchlichen Dienst informieren.

Pastorale Empfehlung

Den *Dekanats-* und *Pfarrgemeinderäten* wird empfohlen, sich einen Überblick über die örtlichen Berufsmöglichkeiten zu verschaffen, um in den Pfarrgemeinden Hilfen bei der Berufsorientierung und -wahl geben zu können. Dabei ist zu beachten, daß für die Berufswahl nicht allein Verdienstmöglichkeiten und soziales Ansehen Maßstäbe sein dürfen. Das Erlernen und Ausüben sozialer Berufe ist besonders anzuregen und zu fördern. **41**

Pastoraler Appell

Eltern müssen sich der Verantwortung für ihre Kinder während der Zeit der Lehrausbildung voll bewußt sein. Sie sind Vertragspartner des Ausbildungsbetriebes. Als solche sollten sie öfter Kontakt mit den für die Lehrausbildung verantwortlichen Vertretern der Ausbildungsstätte suchen, um ihre Rechte wahrzunehmen und ihren Pflichten nachzukommen. **42**

Pastoraler Auftrag

Das *Seelsorgeamt* soll ausreichend Angebote zur Weiterbildung im Glauben machen, damit die religiöse Bildung nicht hinter der fachlichen zurückbleibt. Dabei sollen auch die Probleme der Arbeitswelt behandelt und im Lichte des Evan- **43**

geliums gedeutet werden. Glaubensseminare und Anregungen für das geistliche Leben sind weiterzuentwickeln.
Die Glaubensvertiefung soll besonders in Gruppen und Kreisen der Gemeinden erfolgen. Wirksame Weiterbildung kann auch in Fachgruppen geschehen, in denen Christen mit jeweils verwandten Berufen zusammengefaßt sind.

Pastorale Appelle

1. In einer immer stärker von Arbeitsintensität, Organisation und Zweckhaftigkeit geprägten Welt sollen *Christen* die Bemühungen um eine sinnerfüllte Freizeit unterstützen und durch eigene sinnvolle Freizeitgestaltung ein Beispiel dafür geben, daß menschliches Leben sich auch durch Muße, Meditation, Erleben von Natur und Kunst, Sport und Spiel entfaltet. Die Fähigkeit, das Leben zu feiern, gehört wesentlich zum Menschen. 44

2. *Eltern* und *Mitarbeiter im pastoralen Dienst* sollen das Bewußtsein fördern, daß Freizeit eine Chance zur Persönlichkeitsentfaltung und zur Einübung in ein erlöstes Menschsein ist. 45

Außerdem kann Freizeit zur Einübung von Fähigkeiten und Verhaltensweisen genutzt werden, die für das Zusammenleben der Menschen wichtig sind.

Der Christ sollte in die Gemeinschaft einbringen:

- Freude aus der Geborgenheit in Gott,
- Liebe und Überwindung des Hasses,
- Abbau von Ängsten und Hemmnissen,
- Gesprächsbereitschaft,
- Offenheit und Freimut.

Arbeitsw.

Pastoraler Auftrag

Das *Seelsorgeamt* soll dafür Sorge tragen, daß in den Erholungsgebieten in wirksamer Weise pastorale Dienste angeboten werden. 46
Neben den eigenen Gottesdiensten sollte auch die Möglichkeit ökumenischer Veranstaltungen bedacht werden.

Pastoraler Appell

Christen sollten darum wissen, daß Dienst und Hilfe für andere ein sinnvoller Gebrauch der freien Zeit ist und dem Beschenkten wie dem Gebenden Freude bereiten kann. Christen folgen darin Christus, der seine ganze Zeit für andere verschenkte. 47

BESCHLUSS DER PASTORALSYNODE

DIENST DER KIRCHE FÜR VERSÖHNUNG UND FRIEDEN

Dienst der Kirche für Versöhnung und Frieden

Den von der Pastoralsynode der Jurisdiktionsbezirke in der DDR verabschiedeten Beschluß „Dienst der Kirche für Versöhnung und Frieden" setze ich hiermit in Kraft.

Die Veröffentlichung in den Amtlichen Mitteilungen ordne ich hiermit an.

Berlin, 1. Dezember 1975	+ Alfred Card. Bengsch Erzbischof Bischof von Berlin
Dresden, 1. Dezember 1975	+ Gerhard Schaffran Bischof von Meißen
Görlitz, 1. Dezember 1975	+ Bernhard Huhn Bischof und Apostolischer Administrator von Görlitz
Erfurt, 1. Dezember 1975	+ Hugo Aufderbeck Bischof und Apostolischer Administrator in Erfurt- Meiningen
Schwerin, 1. Dezember 1975	+ Heinrich Theissing Bischof und Apostolischer Administrator in Schwerin
Magdeburg, 1. Dezember 1975	+ Johannes Braun Bischof und Apostolischer Administrator in Magdeburg

Dienst der Kirche für Versöhnung und Frieden[1]

ERSTES KAPITEL: VERSÖHNUNG DURCH CHRISTUS

Erster Abschnitt: Grundaussagen

In unserer Zeit, in der das Verlangen nach Frieden wächst, weiß 1
sich die Kirche durch den Auftrag Christi berufen zum Dienst der Versöhnung an Menschen und Völkern. Ihr ist die Aufgabe gestellt, in jeder Gesellschaftsordnung „Keimzelle der Einheit, der Hoffnung und des Heiles“[2] zu sein. Der Friede zwischen Menschen und Völkern ist Abbild und Teilhabe[3] an dem Frieden, den Christus gestiftet hat.

Für den Christen[4] ist Unfriede nicht nur Folge geschichtlicher Ent- 2
wicklungen, sondern immer auch Hinweis auf menschliche Schuld, Zeichen unserer Verschlossenheit gegenüber der Zuwendung und dem Anspruch Gottes. Aus diesem Zustand vermag sich der Mensch nicht allein zu befreien.

Deshalb hat Christus die Menschen mit Gott versöhnt und ist da- 3
durch „Ursprung der Einheit und des Friedens“[5] geworden. Die Versöhnung der Menschen mit Gott ist die freie Tat Christi,[6] der – selbst schuldlos – für seine Brüder[7] das Leben hingegeben und die

---

1 Für den Christen ist Frieden die Frucht der Versöhnung durch Christus. Die Kirche hat die Aufgabe, dieses christliche Verständnis in die Gesellschaft einzubringen. Dazu ist ein Synodenbeschluß eine Möglichkeit neben anderen Äußerungen der Kirche. Die Auswahl der Themen erfolgte unter dem Gesichtspunkt ihrer Eignung für eine synodale Beratung und Beschlußfassung.

2 Vat. II., Kirche 9.

3 Vgl. Eph 2,14–18.

4 Ein Synodenbeschluß wendet sich naturgemäß an die Christen der eigenen Konfession. Wenn das im Text nicht ständig durch das Attribut „katholisch“ betont wird, dann geschieht das in dem Bewußtsein, daß uns viele der Aussagen mit Christen anderer Konfessionen verbinden.

5 Vat. II., Kirche 9.

6 Vgl. Joh 10,17 f.

7 Vgl. Mk 10,45.

Menschheit aus der Herrschaft der Sünde und des Todes befreit hat.[8] So ist der Mensch den Mächten und Gewalten des Bösen nicht mehr hoffnungslos ausgeliefert,[9] auch wenn er täglich die Bedrohung des Friedens und der Zukunft durch Haß, Intoleranz, ungerechte Verteilung der Güter, Kriege und vielfältige Verletzung der Menschenwürde erfährt.

Wie verhalten wir uns in dieser zwiespältigen Situation? Wer an die von Gott gewirkte Erneuerung glaubt, darf nicht mehr unter das Gesetz der Sünde und des Hasses zurückfallen, sondern muß bereit sein, sich und die Welt im Geiste Christi zu verändern. Alle Bemühungen um eine menschlichere Welt sieht der Christ als heute schon mögliche Schritte auf dem Weg zum neuen Himmel und zur neuen Erde.[10] Gottes Verheißung erfüllt ihn mit geduldiger Ungeduld: Deshalb darf er gegen Zwietracht und Feindseligkeit nicht passiv bleiben, denn die Versöhnungstat Christi ist schon vollbracht; er darf aber auch nicht ungeduldig den neuen Himmel und die neue Erde herbeizwingen wollen, denn Gott selbst will sie uns schenken. 4

Zweiter Abschnitt: Pastorale Folgerungen

1. *Vergebung*

Wir alle werden schuldig und bedürfen ständig der Vergebung Gottes und der Vergebung untereinander. Nach Jesu Weisung sollen wir immer neu zur Vergebung bereit sein.[11] Wirklich vergeben kann nur, wer die eigene Schuld erkennt und selbst zu Buße und Umkehr bereit ist.[12] Vergebung ist eine Kraft, die die Welt verändert. 5

[8] Vgl. Röm 3,24.
[9] Vgl. Kol 1,13.
[10] Vgl. Offb 21,1.
[11] Vgl. Mt 18,21 f.
[12] Vgl. Beschluß der Pastoralsynode, Glaube heute 16.

Pastorale Appelle

Der *katholische Christ* soll im Bußsakrament seine persönliche Schuld bekennen, die Vergebung Gottes dankbar empfangen und aus der Kraft der empfangenen Vergebung auch anderen verzeihen. 6

Christen sollen in der Liebe Christi Vergebung gewähren und annehmen. 7
Einzelne und Gruppen der Gemeinde dürfen nicht nachtragend und unversöhnlich sein. Schuldiggewordenen sollen sie einen neuen Anfang ermöglichen.

Pastorale Empfehlung

Die *Mitarbeiter im Verkündigungsdienst* sollen die Gläubigen darauf hinweisen, daß persönliche Schuld auch das Zusammenleben der Menschen und die Kirche selbst belastet. 8
Diese soziale Dimension der Schuld soll vor allem im Bußritus der Eucharistiefeier und in Bußgottesdiensten zur Geltung kommen.

2. *Toleranz*

Das II. Vatikanische Konzil sagt: „Achtung und Liebe sind auch denen zu gewähren, die in gesellschaftlichen, politischen oder auch religiösen Fragen anders denken oder handeln als wir. Je mehr wir in Menschlichkeit und Liebe inneres Verständnis für ihr Denken aufbringen, desto leichter wird es für uns, mit ihnen ins Gespräch zu kommen. Diese Liebe und Güte dürfen uns aber keineswegs gegenüber der Wahrheit und dem Guten gleichgültig machen. Vielmehr drängt die Liebe selbst die Jünger Christi, allen Menschen die Heilswahrheiten zu ver- 9 künden. Man muß jedoch unterscheiden zwischen dem Irrtum, der immer zu verwerfen ist, und dem Irrenden, der seine Würde als Person stets behält."[13]

Pastorale Appelle

10 *Christen* sollen sich um Verständigung mit Menschen anderer Auffassungen bemühen und zugleich ihren Glauben und ihre Hoffnung bezeugen.

11 *Gruppen* und *Gemeinschaften* in der Kirche sollen offen sein und sich vor Gruppenegoismus hüten. Niemand sollte durch vorgefaßte Meinungen einzelne oder Gruppen verdächtigen, verurteilen oder aus der Gemeinschaft hinausdrängen.

12 *Alle, die in der Kirche Amt oder Einfluß haben,* werden besonders aufgefordert zur Aufgeschlossenheit für die Situation des anderen, zu Geduld, Verständnis und Vergebungsbereitschaft.

ZWEITES KAPITEL: KIRCHE ALS ZEICHEN UND WERKZEUG DER VERSÖHNUNG

Erster Abschnitt: Grundaussagen

13 „Die Kirche ist in Christus gleichsam das Sakrament, d. h. Zeichen und Werkzeug für die innigste Vereinigung mit Gott wie für die Einheit der ganzen Menschheit."[14] Die Kraft der Versöhnungstat Christi soll durch sie wirksam werden. In Wort und Sakrament bringt Gott Versöhnung und Frieden und befähigt die Menschen, eine brüderliche Gemeinschaft zu bilden.

[13] Vat. II., Kirche und Welt 28.
[14] Vat. II., Kirche 1.

Die Verschiedenartigkeit der Menschen und ihre unterschiedliche Stellung, die oft Zwietracht und Feindseligkeit hervorrufen, sollen in der Gemeinschaft der Glaubenden in Liebe und Versöhnungsbereitschaft angenommen werden. „Denn ihr alle, die ihr auf Christus getauft seid, habt Christus angezogen. Da gibt es nicht mehr Juden und Griechen, Sklaven und Freie, Mann und Frau, denn ihr alle seid eins in Christus Jesus."[15] 14

In der Eucharistie wird die Einheit der Glaubenden in Christus am deutlichsten dargestellt und erneuert. Solche „communio" setzt die Versöhnungsbereitschaft der Gemeinde und des einzelnen voraus. „Wenn du deine Gabe zum Altar bringst und dich dort erinnerst, daß dein Bruder etwas gegen dich hat, dann laß deine Gabe dort vor dem Altar und geh erst hin und versöhne dich mit deinem Bruder! Dann komm und bringe deine Gabe dar."[16] 15

Die Kirche verbindet von ihrem Wesen her Völker und Rassen. Ihre Sendung gilt allen Menschen. Sie ist in fast allen Ländern gegenwärtig. Aus ihrer religiösen Sendung erwachsen ihr hohe Verantwortung und echte Möglichkeiten, Impulse für Versöhnung, Toleranz und Konfliktbewältigung zu geben. „Dabei bestimmt die Kirche kein irdischer Machtwille."[17] 16

Zweiter Abschnitt: Pastorale Folgerungen

1. *Gesinnung des Friedens*

Jede Bemühung um Frieden im täglichen Leben hat verändernde Kraft. Sie ist in jedem Lebensstadium von Bedeutung und beginnt bei der Erziehung der Kinder. 17

---

[15] Gal 3,27 f.
[16] Mt 5,23 f.
[17] Vat. II., Kirche und Welt 3; vgl. auch 42.

Versöhn.

Pastorale Appelle

Christen sind aufgerufen, durch Wort und Beispiel Gesinnung des Friedens zu wecken und zu wahren in Verbindung mit allen Menschen guten Willens, die den Frieden in der Ordnung der Gerechtigkeit und Liebe begründet sehen.[18] **18**

Bei der christlichen Erziehung sollen Tugenden des Friedens besondere Beachtung finden: **19**
- Aufmerksamkeit für fremdes Leid und Ungerechtigkeit,
- Verständnis für die Lebensinteressen der anderen, zum Beispiel im Zusammenleben der Generationen,
- Achtung der Rechte von Minderheiten und Schwachen,[19]
- Abbau von Vorurteilen,
- Weckung von Vergebungsbereitschaft,[20]
- Verzicht auf Gewaltanwendung.

Christliche Eltern und *Erzieher* sollen den Kindern Tapferkeit vor allem durch Beispiele von Gewissenstreue, Zivilcourage und Gewaltlosigkeit nahebringen. **20**

Christliche Eltern sollen ihren Kindern die Gefahren und Folgen eines Krieges bewußt machen. Sie sollen darauf achten, **21**

---

[18] „Der Friede besteht nicht darin, daß kein Krieg ist; er läßt sich auch nicht bloß durch das Gleichgewicht entgegengesetzter Kräfte sichern; er entspringt ferner nicht dem Machtgebot eines Starken; er heißt vielmehr mit Recht und eigentlich ein ‚Werk der Gerechtigkeit' (Jes 32,17). Er ist die Frucht der Ordnung, die ihr göttlicher Stifter in die menschliche Gesellschaft eingestiftet hat und die von den Menschen durch stetes Streben nach immer vollkommenerer Gerechtigkeit verwirklicht werden muß ... Der feste Wille, andere Menschen und Völker und ihre Würde zu achten, gepaart mit einsatzbereiter und tätiger Brüderlichkeit – das sind unerläßliche Voraussetzungen für den Aufbau des Friedens. So ist der Friede auch die Frucht der Liebe, die über das hinausgeht, was die Gerechtigkeit zu leisten vermag" (Vat. II., Kirche und Welt 78; vgl. auch Kirche und Welt 72.76.77; vgl. auch Anmerkung 31).

[19] Vgl. Vat. II., Kirche und Welt 59 und 73.

[20] Vgl. Beschluß der Pastoralsynode, Vorbereitung auf die Ehe 9.

daß die Kinder nicht durch Spielzeug, Fernsehen, Film, Literatur und andere Einflüsse für kriegerische Handlungen begeistert werden.

2. *Bewältigung von Konflikten*

Menschliches Leben bedeutet Zusammenleben mit Menschen, die anders sind. In dieser Andersartigkeit liegen Spannungen. Solche Spannungen sind unvermeidbar, weil Menschen 22
- verschieden veranlagt,
- durch ihre persönliche Entwicklung unterschiedlich geprägt,
- durch ihre jeweiligen Aufgaben und Interessen bestimmt sind.

Bei der Austragung dieser Spannungen kann es zu Konflikten kommen, die unverschuldet sind oder schuldhaft im menschlichen Verhalten gründen. Konflikte entstehen schuldhaft, wenn Menschen 23
- anmaßend und unduldsam sind,
- nicht mehr aufeinander hören,
- sich von Mißtrauen leiten lassen,
- einander täuschen oder wichtige Informationen vorenthalten,
- nur den eigenen Vorteil suchen.

Wer die Ursachen der Spannungen kennt und sich brüderlich auf den Mitmenschen einstellt, wird viele Konflikte vermeiden können.

Für Christen gibt es im Vertrauen auf den versöhnenden Christus keine „hoffnungslosen Konflikte". Ob die Menschen unserer Zeit glauben können, daß Jesus vom Vater gesandt ist, um alle Menschen in einer neuen Gemeinsamkeit, im Reich Gottes, zu sammeln, hängt weitgehend davon ab, wie wir diese 24

Gemeinsamkeiten darstellen, und das heißt auch, wie wir mit unseren Konflikten fertig werden.[21]

25 Für die Bewältigung von Konflikten, die aus Schuld entspringen, gilt die Antwort Jesu an Petrus, als er fragte: „Herr, wenn mein Bruder sich gegen mich verfehlt, wie oft soll ich ihm vergeben? Bis zu siebenmal?" Jesus antwortet: „Ich sage dir, nicht bis siebenmal, sondern bis zu siebenundsiebzigmal."[22] Für die Bewältigung unvermeidbarer Konflikte gilt, daß sie brüderlich, in Liebe und Wahrhaftigkeit gelöst oder ausgehalten werden müssen. Der bewußte Verzicht auf die Inanspruchnahme zustehender Rechte kann unter Umständen wertvoller sein als ein Beharren auf Rechtspositionen.

Pastorale Appelle

26 *Christen* sollen versuchen, Konflikte zu lösen. Dazu sind Verständnis für die Eigenart des anderen und Vergebungsbereitschaft notwendig.

27 Nicht alle Konflikte sind lösbar. *Christen* sollen lernen, mit solchen Konflikten zu leben, ohne sie aus ihrem Bewußtsein zu verdrängen. Sie sollen zu verantwortbaren Kompromissen bereit sein, dürfen aber nicht „faule Kompromisse" schließen.

28 *Christen* werden aufgefordert, jungen Menschen zu helfen, wenn diese in wichtigen Lebensfragen – wie Jugendweihe, Beruf, Wehrdienst, Wahl des Ehepartners – verantwortlich Entscheidungen zu treffen haben.[23] Entspricht deren Entschei-

[21] Vgl. Joh 17,21–23.

[22] Mt 18,21f; vgl. auch Beschluß der Pastoralsynode, Akzente christlichen Lebens in Ehe und Familie 78 und 85.

[23] Vgl. Beschluß der Pastoralsynode, Vorbereitung auf die Ehe 36. Beschluß der Pastoralsynode, Der Christ in der Arbeitswelt 39 und 41.

dung nicht der eigenen Überzeugung, so ist diese zu ertragen; selbst Entscheidungen gegen kirchliche Ordnungen oder den Glauben sollten menschliche Bindungen nicht zerstören.

DRITTES KAPITEL: CHRISTEN IM DIENST DER VERSÖHNUNG

Erster Abschnitt: Grundaussagen

Die unmittelbaren Dienste für den Frieden sind hauptsächlich 29
Aufgaben des einzelnen Christen.[24] Durch Christus versöhnt, stellt er sein Leben in den Dienst der Versöhnung. Er schließt sich dem an, der gekommen ist, zu dienen, nicht, sich bedienen zu lassen.[25] Einheit, Gerechtigkeit, Frieden unter den Menschen und Befreiung von Schuld sind zuerst Früchte des Versöhnungsdienstes Jesu;

[24] Die von Christus der Kirche übertragene Sendung „bezieht sich zwar nicht auf den politischen, wirtschaftlichen oder sozialen Bereich: das Ziel, das Christus ihr gesetzt hat, gehört ... der religiösen Ordnung an". Aus dieser religiösen Sendung schöpft die Kirche „Auftrag, Licht und Kraft, um der menschlichen Gemeinschaft ... nach göttlichem Gesetz behilflich zu sein" (Vat. II., Kirche und Welt 42). Es ist die besondere Aufgabe der Laien, „die Welt mit christlichem Geist zu durchdringen"; sie sind dazu berufen, „überall, und zwar inmitten der menschlichen Schicksalsgemeinschaft, Christi Zeugen zu sein"; sie sind „eigentlich, wenn auch nicht ausschließlich, zuständig für die weltlichen Aufgaben und Tätigkeiten". Dabei darf kein künstlicher Gegensatz „zwischen beruflicher und gesellschaftlicher Tätigkeit auf der einen Seite und dem religiösen Leben auf der anderen" konstruiert werden. „Ein Christ, der seine irdischen Pflichten vernachlässigt, versäumt damit seine Pflichten gegenüber dem Nächsten, ja gegen Gott selbst, und bringt sein ewiges Heil in Gefahr" (Vat. II., Kirche und Welt 43; vgl. auch 77–90).

[25] Vgl. Mk 10,45.

sie sind uns zur Weitergabe anvertraut.[26] Die Verwirklichung des Friedens hängt von jedem einzelnen ab. Durch sein Verhalten und Handeln vermehrt er den Frieden oder den Unfrieden.

Wer Frieden stiften will, muß mit Mißverständnis, Benachteiligung und Anfeindung rechnen. Angst darf nicht das Handeln lähmen. Es gelten die Worte der Schrift: „Wer sich also fürchtet, ist in der Liebe nicht vollendet"[27] und: „Der Jünger ist nicht über dem Meister."[28] Daraus folgt, daß der Christ die alltägliche Last seiner Bemühungen um Versöhnung und Frieden als Teilnahme an der Passion Jesu verstehen darf. Für ihn gilt aber auch die Verheißung: „Selig die Friedensstifter, denn sie werden Söhne Gottes heißen."[29] **30**

Wer Frieden stiften will, darf sich auch gegenüber den Nöten in der Welt nicht verschließen. „Der Christ muß, gerade weil er ein Christ ist, seinen Platz neben den Hilflosen einnehmen. Er muß von dem Seinigen nehmen, um ihnen in ihren unmittelbaren Nöten zu helfen. Er muß sich selbst zur Hilfe anbieten, auf vielfältige Weise, um eine bessere Welt, eine gerechtere Welt aufzubauen."[30] **31**

---

[26] „Der Christ weiß die Entwicklung der Welt durch Gottes Auftrag den Menschen aufgegeben. Dieser Auftrag nimmt uns in den Dienst für die Zukunft und läßt uns mit allen Menschen guten Willens zusammenarbeiten, um die Welt menschlicher zu machen und das Leben der Menschen in Gerechtigkeit, Frieden und Freiheit zu gestalten" (Beschluß der Pastoralsynode, Glaube heute 69). Die „Allgemeine Erklärung der Menschenrechte" vom 10. 12. 1948 durch die UNO ist ein wichtiger Versuch, eine gemeinsame Basis für die Versöhnung der Menschheit zu schaffen. (Vgl. auch Johannes XXIII., Pacem in terris, Leipzig 1963, S. 30 f.)

[27] 1 Joh 4,18.

[28] Mt 10,24.

[29] Mt 5,9.

[30] Paul VI., Botschaft für die Fastenzeit 1975.

Zweiter Abschnitt: Pastorale Folgerungen

1. *Wahrhaftigkeit*

Eine der Grundlagen des friedlichen Zusammenlebens der Menschen ist die Wahrhaftigkeit.[31] Aus Gottes Gebot schöpft der Christ die Überzeugung, daß nur ehrliche Mitarbeit dem Gemeinwohl wirklich hilft. 32

Pastorale Appelle

Christen werden bei ihrer Mitarbeit im beruflichen und öffentlichen Leben zu Aufrichtigkeit und verantwortbaren Entscheidungen ermutigt. Dabei sollen sie sich gegenseitig helfen 33
- durch Mitteilung persönlicher Erfahrungen,
- durch gemeinsame Orientierung am Evangelium,
- durch Gebet mit- und füreinander.

Christen sollen die Möglichkeiten und Grenzen ihres Weltdienstes ständig neu bedenken. 34
Sie sollen bereit sein, Verzichte und dauernde Nachteile, die aus ihren Entscheidungen möglicherweise folgen, aus der Kraft des gemeinsamen Glaubens zu tragen.

Christen, die wehrpflichtig sind, sollen in Fragen des Wehrdienstes verantwortete Entscheidungen treffen. Vor allem die, 35

[31] Das friedliche Zusammenleben der Menschen ist nach dem Verständnis der Christen gewährleistet in einem „Ordnungsgefüge, das in der Wahrheit gründet, nach den Richtlinien der Gerechtigkeit erbaut, von lebendiger Liebe erfüllt ist und sich schließlich in der Freiheit verwirklicht" (Johannes XXIII., Pacem in terris, Leipzig 1963, S. 36).

welche mit der Aufgabe christlicher Erziehung betraut sind, sollen die Jugendlichen zu solchen Entscheidungen befähigen.[32]

Christen, die Wehrdienst leisten, werden daran erinnert, daß in allen Situationen des Lebens das Wort der Schrift gilt: „Man muß Gott mehr gehorchen als den Menschen."[33] **36**

[32] Äußerungen des kirchlichen Lehramtes bieten Gesichtspunkte zu einer differenzierten Beurteilung: „Darum ist es in unserem Zeitalter, das sich rühmt, Atomzeitalter zu sein, Wahnsinn (alienum a ratione), den Krieg noch als das geeignete Mittel zur Wiederherstellung verletzter Rechte zu betrachten" (Johannes XXIII., Pacem in terris, Leipzig 1963, S. XXVII).

„Der Krieg ist nicht aus der Welt geschafft. Solange die Gefahr von Krieg besteht und solange es noch keine zuständige internationale Autorität gibt, die mit entsprechenden Mitteln ausgestattet ist, kann man, wenn alle Möglichkeiten einer friedlichen Regelung erschöpft sind, einer Regierung das Recht auf sittlich erlaubte Verteidigung nicht absprechen" (Vat. II., Kirche und Welt 79).

„Ferner scheint es angebracht, daß Gesetze für die in humaner Weise Vorsorge treffen, die aus Gewissensgründen den Wehrdienst verweigern, vorausgesetzt, daß sie zu einer anderen Form des Dienstes an der menschlichen Gemeinschaft bereit sind" (Vat. II., Kirche und Welt 79).

Es ist auch wichtig, die einschlägigen gesetzlichen Bestimmungen zu kennen, z. B.: „Wer ... sich weigert, den Wehrdienst zu leisten, wird mit Freiheitsstrafen bis zu 5 Jahren oder mit Verurteilung auf Bewährung oder mit Strafarrest bestraft" (Strafgesetzbuch der DDR, § 256, 1).

„Anordnung des Nationalen Verteidigungsrates der DDR über die Aufstellung von Baueinheiten ... vom 7. 9. 1964.

§ 1 (1) Im Bereich des Ministeriums für Nationale Verteidigung sind Baueinheiten aufzustellen.

(2) Der Dienst in den Baueinheiten ist Wehrersatzdienst ... Er wird ohne Waffe durchgeführt.

§ 2 (1) Die Baueinheiten haben die Aufgabe, Arbeitsleistungen im Interesse der DDR zu erfüllen. Dazu gehören insbesondere: a) Mitarbeit bei Straßen- und Verkehrsbauten sowie Ausbau von Verteidigungs- und sonstigen militärischen Anlagen; ...

§ 4 (1) Zum Dienst in den Baueinheiten werden solche Wehrpflichtigen herangezogen, die aus religiösen Anschauungen oder aus ähnlichen Gründen den Wehrdienst mit der Waffe ablehnen ..."

Gesetzblatt der DDR vom 16. 9. 1964, Teil I, Nr. 11, S. 129.

[33] Apg 5,29.

Pastorale Empfehlung

Die *Mitarbeiter im Verkündigungsdienst* sollen dafür Sorge tragen, daß die Christen für ihre in konkreten Situationen zu treffenden Entscheidungen Hilfen erfahren. Sie sollen bewußt machen, daß die kirchliche Gemeinschaft Verständnis für sie hat und bereit ist, ihnen beizustehen.[34] 37
Die Hilfe soll in angemessener Weise erfolgen durch persönliche Aussprache und andere Formen religiöser Unterweisung und Gewissensbildung, wie Besinnungstage, Predigt und Hirtenwort.

2. *Feindesliebe*

Jesus Christus hat sich in Liebe allen Menschen, selbst seinen Feinden, zugewandt. Er war bereit, sie anzuhören und mit ihnen zu sprechen. Sogar in seinem Sterben betete er um Vergebung für seine Mörder. Er hat seine Jünger zur Feindesliebe aufgerufen, weil er wußte, daß nicht Haß und Vergeltung zum Frieden führen, sondern Liebe und Vergebung. So sind auch wir zur Feindesliebe verpflichtet.[35] 38
In der Nachfolge Christi ist jede gewaltfreie Aktion der gewaltsamen Aktion vorzuziehen.
Auf diese Weise kann das Evangelium wirkmächtig werden in der Befreiungsgeschichte der Menschheit.

Pastoraler Appell

Christen müssen ihre mitmenschlichen Beziehungen entsprechend dem Evangelium gestalten. Im privaten wie im öffentlichen Leben sollen sie ihr Verhalten von der Liebe zum Nächsten bestimmen lassen. Sie müssen sich dem Haß gegen Men- 39

[34] Vgl. Beschluß der Pastoralsynode, Diakonie der Gemeinde 18.
[35] Vgl. Mt 5,43–48.

schen entschieden widersetzen und alles tun, um das durch menschliche Schuld verursachte Unrecht zu überwinden.

3. *Versöhnung unter den Völkern*

Christus hat die trennenden Schranken zwischen den Menschen abgebaut und will alle Völker zur Einheit zusammenführen. Wichtige Hilfen für den Frieden sind Verständigung und Freundschaft mit Menschen anderer Völker und Rassen. 40

Pastoraler Appell

Christen sollen die Begegnungen mit Menschen anderer Länder dazu nutzen, Verständigung und Versöhnung zu fördern. Sie mögen gastfreundlich sein, Bescheidenheit im Auftreten wahren, fremde Sprachen lernen und sich um das Verständnis der Geschichte und der Eigenart anderer Völker mühen. 41

Sie mögen sich besonders um freundschaftliche Kontakte mit den Menschen jener Völker mühen, die unter der nationalsozialistischen Gewaltherrschaft und deren Folgen viel zu leiden hatten. 42

4. *Nöte der Welt*

Viele Menschen leben in äußerster geistiger und materieller Not, in Unwissenheit, Armut, Krankheit, Hunger und sozialer Ungerechtigkeit. Trotz ernsthafter Bemühungen um menschenwürdige Lebensbedingungen für alle geschieht zuwenig. Ein dauerhafter Friede ist nicht denkbar ohne einen gerechten Ausgleich zwischen den wohlhabenden Industrienationen und den Entwicklungsländern. So ist der Einsatz für die Entwicklungsförderung ein Dienst am Frieden. Die Hilfe für notleidende Völker ist nicht nur eine Aufgabe der Nächstenliebe, sondern 43 vor allem eine fundamentale Pflicht der Gerechtigkeit. Die Bereitschaft zur Hilfe entspricht dem Geist der Armut, den das Evangelium fordert.[36]

Pastoraler Appell

Christen sollen erkennen, daß Entwicklungsförderung wichtiger ist als Sicherung und Steigerung des eigenen Wohlstandes. Sie sollen bereit sein, um des gerechten Ausgleichs willen Einschränkungen des eigenen Lebensstandards auf sich zu nehmen. Sie sollen helfen, daß diese Erkenntnis sich bei möglichst vielen Menschen durchsetzt und die Bereitschaft zur Hilfe wächst.[37] 44

Pastorale Empfehlungen

Die *Mitarbeiter im Verkündigungsdienst* sollen häufiger auf die Nöte der Welt hinweisen. Sie sollen Verständnis für die Probleme der Entwicklungsländer und Verantwortung für die Lebensmöglichkeiten aller Menschen wecken und die uns möglichen Formen konkreter Hilfe aufzeigen. 45

Das *Bischöfliche Werk „Not in der Welt"* soll Verbindungen zwischen Empfangenden und Gebenden vermitteln und vertiefen, um weitere konkrete Hilfeleistungen zu ermöglichen. 46

Wunsch

Die *Berliner Ordinarienkonferenz* wird gebeten, auf eine Koordinierung der Arbeit des Bischöflichen Werkes „Not in der Welt" mit den entsprechenden Bemühungen der evangelischen Kirche hinzuwirken. 47

[36] Der Beschluß der Pastoralsynode muß sich auf diese Aussagen beschränken und kann deshalb nicht die eigentliche Missionsaufgabe der Kirche beschreiben.
[37] Vgl. Beschluß der Pastoralsynode, Ökumene im Bereich der Gemeinde 32.

Pastoraler Appell

Die *Gemeindemitglieder* werden aufgefordert, das Bischöfliche Werk „Not in der Welt" weiterhin zu unterstützen. Diese Unterstützung sollte sich nicht auf eine einmalige Kollekte im Jahr beschränken. Der einzelne soll seinen Möglichkeiten entsprechend auch ohne Aufforderung Hilfe leisten. **48**

5. *Gebet für den Frieden*

Jeder Auftrag Gottes erfordert das Hinhören auf seinen Anruf. Es ist deshalb notwendig, die Verwirklichung von Frieden und Versöhnung in das Gebet und damit in die Liebe Christi einzubeziehen. **49**

Pastorale Empfehlung

Der *Pfarrer* und die *für die Gottesdienstgestaltung Verantwortlichen* sollen bei der Auswahl und Formulierung der Fürbitten darauf achten, daß aktuelle Anliegen der Verwirklichung des Friedens in der Welt in das Gebet der Gemeinde aufgenommen werden. Insbesondere sollen sie den im Januar gefeierten Weltgebetstag des Friedens zum Anlaß nehmen, die Verantwortung jedes einzelnen für den Frieden bewußt zu machen. **50**

Pastoraler Appell

Die *Christen* werden aufgerufen, das Bemühen um Gerechtigkeit und Frieden ständig mit dem Gebet zu begleiten. Das Gebet stärkt in ihnen die Hoffnung auf den verheißenen Frieden, schärft ihr Gewissen für die Nöte der Welt und ermutigt sie auf dem Weg der Versöhnung. **51**

ANHANG

Abkürzungen für die Kolumnentitel

Glaube	=	Glaube heute
Diakonie	=	Diakonie der Gemeinde
Verkünd.	=	Aspekte des Verkündigungsdienstes der Gemeinde
Dienste	=	Dienste und Ordnungen im Leben der Gemeinde
Ökum.	=	Ökumene im Bereich der Gemeinde
Vorb. Ehe	=	Vorbereitung auf die Ehe
Ehe	=	Akzente christlichen Lebens in Ehe und Familie
Arbeitsw.	=	Der Christ in der Arbeitswelt
Versöhn.	=	Dienst der Kirche für Versöhnung und Frieden

Adressaten der Beschlüsse der Pastoralsynode

Kirchenrechtliche Verbindlichkeit der Beschlüsse der Pastoralsynode

Grundaussagen[1]	
Glaube	1–10, 12–14, 16–20, 22–28, 30–40, 54–57, 68–73, 81
Diakonie	1–7
Verkünd.	1–17, 27, 28, 38, 44, 45, 54–56, 60–62, 72–75, 85–91
Dienste	1–6, 12–17, 24–35, 39–41, 43–49, 55–65, 69, 70, 72, 77, 78, 85, 86, 89
Ökum.	1–3, 12–18, 23, 24, 30, 32–38, 41, 45, 46, 48, 50, 52, 54, 56, 57
Vorb. Ehe	1–12, 15–19, 22–28
Ehe	1–10, 20–27, 51–56, 68–76
Arbeitsw.	1–23
Versöhn.	1–5, 9, 13–16, 17, 22–25, 29–31, 32, 38, 40, 43, 49
Pastorale Leitsätze[2]	
Glaube	11, 15, 21, 29, 41, 58, 74
Diakonie	8–15
Verkünd.	18, 29, 39, 46, 57, 63, 76, 92–94
Dienste	7–11
Ökum.	4–11
Vorb. Ehe	13, 14, 20, 21, 29, 30

[1] *Beschreibung:* In kurzer, knapper Form werden die wichtigsten Aussagen zum Thema zusammengefaßt, aus denen nachfolgend Handlungsweisen abgeleitet werden. Grundaussagen können im Sinn eines Bekenntnisses der Synode zu bestimmten Glaubenswahrheiten der Kirche oder im Sinn einer theologischen Feldbegrenzung formuliert werden.
Rechtsverbindlichkeit: Es können als „Grundaussagen" nur solche Aussagen dargestellt werden, die der kirchlichen Lehre entsprechen. Alle „Grundaussagen" haben deshalb ein großes moralisches Gewicht.

[2] *Beschreibung:* In kurzer, knapper Form werden die pastoralen Zielsetzungen zusammengefaßt, aus denen nachfolgend Handlungsweisen abgeleitet werden.
Rechtsverbindlichkeit: Die im „Leitsatz" aufgezeigen pastoralen Ziele werden durch die Inkraftsetzung durch den Gesetzgeber verbindliche pastorale Zielsetzungen.

Ehe	11, 28–34, 57–62, 77–84
Arbeitsw.	24–27

Pastorale Anweisungen[3]

Diakonie	42, 73
Verkünd.	49
Dienste	22, 23, 71
Ökum.	43
Ehe	16

Pastorale Empfehlungen[4]

Glaube	42–49, 59–66, 75–78
Diakonie	39–41, 43–72
Verkünd.	19–24, 30–32, 40–42, 50–53, 58, 59 64–70, 78–83
Dienste	19, 20, 50–53, 66–68, 73–76, 79–84, 88
Ökum.	19–22, 25, 26, 31, 40, 42, 47, 49, 51, 53, 55
Vorb. Ehe	46–49
Ehe	17, 18, 39–49, 65, 92–95
Arbeitsw.	41
Versöhn.	8, 37, 45, 46, 50

[3] *Beschreibung:* Eine „Pastorale Anweisung" ist die Darlegung verbindlicher Regelungen für Handlungs- und Verhaltensweisen bei bestimmten pastoralen Aufgaben oder für bestimmte Personen und Personengruppen im pastoralen Dienst. Der jeweilige Adressat der Anweisung muß eindeutig erkennbar sein.
Rechtsverbindlichkeit: Eine „Pastorale Anweisung" gilt nach Inkraftsetzung durch den Gesetzgeber als verbindliche Norm (Gesetz, Anordnung).

[4] *Beschreibung:* Eine „Pastorale Empfehlung" ist die Darlegung von Anregungen und Ratschlägen für Handlungs- und Verhaltensweisen bei bestimmten pastoralen Aufgaben oder für bestimmte Personen und Personengruppen im pastoralen Dienst. Der jeweilige Adressat der Empfehlung muß eindeutig erkennbar sein.
Rechtsverbindlichkeit: Der in einer „Pastoralen Empfehlung" erteilte und vom Gesetzgeber bestätigte Rat ist in der Regel zu befolgen, wenn nicht entsprechende Gründe entgegenstehen.

Pastorale Appelle[5]

Glaube	50–53, 67, 80
Diakonie	16–38
Verkünd.	25, 26, 33–37, 43, 47, 48, 71, 95–106
Dienste	18, 36
Ökum.	39
Vorb. Ehe	31–45
Ehe	12–15, 35–38, 63, 64, 85–91
Arbeitsw.	28–40, 42, 44, 45, 47
Versöhn.	6, 7, 10–12, 18–21, 26–28, 33–36, 39, 41, 42, 44, 48, 51

Pastorale Aufträge[6]

Glaube	79
Verkünd.	77, 84
Dienste	54, 92, 93
Ökum.	27–29, 44
Vorb. Ehe	50, 51
Ehe	19, 66, 96
Arbeitsw.	43, 46

[5] *Beschreibung:* Ein „Pastoraler Appell" spricht Empfehlungen an die Gläubigen aus. Er kann beinhalten: Aufruf, Ermunterung, Ermutigung, Mahnung, Wunsch.
Rechtsverbindlichkeit: Ein „Pastoraler Appell" richtet sich an das Gewissen der Gläubigen.

[6] *Beschreibung:* Ein „Pastoraler Auftrag" an Personen, Gruppen oder kirchliche Einrichtungen ist klar und eindeutig zu erteilen. Eventuelle Fristen, die einzuhalten oder zu beachten sind, sowie Gremien oder Personen, an die zu berichten ist, sollen im Auftrag genannt werden. Der jeweilige Adressat des Auftrags muß eindeutig erkennbar sein.
Rechtsverbindlichkeit: Ein „Pastoraler Auftrag" gilt nach Bestätigung durch den Gesetzgeber als erteilt und ist verbindlich.

Pastorale Wünsche[7]

Diakonie	74, 75
Dienste	21, 37, 38, 42, 87, 90, 91
Vorb. Ehe	52–54
Ehe	50, 67, 97, 98
Versöhn.	47

[7] *Beschreibung:* Ein „Wunsch" ist möglich sowohl bei Angelegenheiten, die in die Zuständigkeit der Berliner Ordinarienkonferenz oder der einzelnen Ortsordinarien fallen, sowie bei Angelegenheiten, die ihre Zuständigkeit überschreiten. Alle Synodentexte der Typen 2.1.–2.6. [Grundaussage, Leitsatz, Pastorale Anweisung, Pastorale Empfehlung, Pastoraler Auftrag, Pastoraler Appell] gelten als „richtungsweisende pastorale Empfehlungen" an den Gesetzgeber (vgl. Statut Art. 13.5.). Die Form des Wunsches ist deshalb auch dann zu wählen, wenn die Synode ein Anliegen aussprechen will, das diesen Stellenwert nicht erhalten soll.
Rechtsverbindlichkeit: Ein Wunsch hat keine Rechtsverbindlichkeit.

Sachregister der Beschlüsse der Pastoralsynode

Für die Zusammenstellung der Register danken wir Herrn Pfarrer Eberhard Prause, Dresden, und dem Sekretariat der Pastoralsynode.

Der Verlauf der Pastoralsynode

1970

Bildung einer Vorbereitungskommission

1971

Ankündigung der Pastoralsynode

Errichtung der Zentralen Arbeitsgruppe und der Zentralen Arbeitsstelle

Sammlung von 12 000 Vorschlägen zur Thematik aus den Gemeinden

Errichtung von 7 Fachgruppen zur Bearbeitung der Vorschläge

1972

Verabschiedung von Statut, Wahlordnung und Geschäftsordnung

Diskussion der Vorpapiere der 7 Fachgruppen in den Gemeinden

Benennung von Kandidaten für die Wahl zu Synodalen in den Gemeinden

Durchführung einer diözesanen pastoralen Veranstaltung in jedem Jurisdiktionsbezirk

Wahl und Berufung der Synodalen

1973

1. Vollversammlung

Wahl des Präsidiums und aller anderen Organe der Synode
Bildung von 5 Fachkommissionen
Diskussion des Arbeitspapiers: Glaube heute

2. Vollversammlung

1. Lesung: Glaube heute
Diakonie der Gemeinde
Vorbereitung auf die Ehe
Diskussion: Gesamtkonzept für die Synodenarbeit

1974

3. Vollversammlung

1. Lesung: Glaube heute (Fortsetzung)
Ökumene im Bereich der Gemeinde
Der Christ in der Arbeitswelt
2. Lesung: Diakonie der Gemeinde

4. Vollversammlung

1. Lesung: Dienste und Ordnungen im Leben der Gemeinde
2. Lesung: Glaube heute
Vorbereitung auf die Ehe

1975

5. Vollversammlung

1. Lesung: Aspekte des Verkündigungsdienstes der Gemeinde
Akzente christlichen Lebens in Ehe und Familie
Dienst der Kirche für Versöhnung und Frieden

2. Lesung: Ökumene im Bereich der Gemeinde
Der Christ in der Arbeitswelt

6. Vollversammlung

2. Lesung: Aspekte des Verkündigungsdienstes der Gemeinde
Akzente christlichen Lebens in Ehe und Familie
Dienste und Ordnungen im Leben der Gemeinde
Dienst der Kirche für Versöhnung und Frieden

7. Vollversammlung

Schlußabstimmung über redigierte Beschlüsse der 6. Vollversammlung

Die Synodalen

Bischöfe und Weihbischöfe	9
Welt- und Ordenspriester	71
Laien und Ordensschwestern	71
Gesamtzahl der Synodalen	151
Durchschnittsalter der Synodalen zu Beginn der Vollversammlungen	41,75 Jahre

Synodalen wurden:

die Mitglieder der Berliner Ordinarienkonferenz	9
durch Wahl der Dekanatspriesterkonvente und Dekanatslaienräte	101
durch Wahl zentraler Gremien	20
durch Berufung der Berliner Ordinarienkonferenz	21

Priestersynodale

Priester in der ordentlichen Seelsorge	
Pfarrer	32
Kapläne	6
	38
Priester in der außerordentlichen Seelsorge	
Ordensgeistliche	2
Studentenpfarrer	4
am Philosoph.-Theol. Studium Erfurt	6
an Ausbildungsstätten	5
mit pastoralen Sonderaufgaben	11
in der Verwaltung	5
	33

Laiensynodale

Frauen	34
Männer	37
	71
Laien im kirchlichen Dienst	
Seelsorgehelferinnen	5
Ordensfrauen	6
mit pastoralen Sonderaufgaben	6
in der Caritasarbeit	4
	21
Laien nicht im kirchlichen Dienst	
in Gesundheitswesen, Sozialpflege	13
im Erziehungs- und Bildungswesen	9
in Industrie, Technik, Bauwesen	12
in Landwirtschaft, Gartenbau	4
in Wissenschaft, Forschung	5
in Wirtschaft, Verwaltung, Justiz	5
Studenten	2
	50
davon z. Z. als Hausfrau tätig	5

INHALT